职业教育智能网联汽车类专业活页式创新教材

智能座舱系统开发应用与测试

主　编　刘　杰　罗秋实
副主编　吴敬霆　魏胜君　焦　爽
参　编　郭美华　金志辉　刘　佳　吴升富

二维码总码

机 械 工 业 出 版 社

本书按照高等院校智能网联汽车技术、智能车辆工程、汽车智能技术、新能源汽车技术等汽车相关专业人才培养方案要求，面向智能网联汽车产业紧缺岗位的实际需求编写，有助于培养智能座舱软硬件兼备的紧缺型人才。全书提炼、整理了走进智能座舱、语音交互系统开发与测试、人脸识别交互系统开发与测试、驾驶员监控系统开发与测试、手势交互系统开发与测试、智能座舱显示触控系统的装调与测试、智能座椅装调与测试、智能座舱 OTA 与远程控制系统装调与测试 8 个任务环节。根据任务要求，构建智能座舱底层代码实现环节和教学实训车装调测试环节。

本书可作为中等职业院校、高等职业院校、技工技师院校、应用技术型本科院校的智能网联汽车技术、智能车辆工程、汽车智能技术、新能源汽车技术等汽车相关专业的教学用书，也可作为智能汽车方向普及专业知识的选修课程教学用书；还可作为广大智能汽车兴趣爱好者和自学者学习智能座舱的参考教材。

图书在版编目（CIP）数据

智能座舱系统开发应用与测试 / 刘杰，罗秋实主编. 北京：机械工业出版社，2024. 11. --（职业教育智能网联汽车类专业活页式创新教材）. --ISBN 978-7-111-77400-6

Ⅰ. U463.83

中国国家版本馆CIP数据核字第2025ME4533号

机械工业出版社（北京市百万庄大街22号　邮政编码100037）
策划编辑：李　军　　　　责任编辑：李　军　丁　锋
责任校对：牟丽英　丁梦卓　封面设计：马精明
责任印制：张　博
北京建宏印刷有限公司印刷
2025年3月第1版第1次印刷
184mm×260mm·17印张·384千字
标准书号：ISBN 978-7-111-77400-6
定价：69.90元

电话服务　　　　　　　网络服务
客服电话：010-88361066　机　工　官　网：www.cmpbook.com
　　　　　010-88379833　机　工　官　博：weibo.com/cmp1952
　　　　　010-68326294　金　书　网：www.golden-book.com
封底无防伪标均为盗版　　机工教育服务网：www.cmpedu.com

前　言

随着新四化的开展，汽车已经开始从简单的交通工具逐渐向智能终端转变，智能座舱作为驾乘人员和车辆进行交流的空间，逐步成为汽车企业产品智能化的新破局点。智能座舱从多个方面带给驾乘人员不一样的体验，包括乘坐舒适度、提供娱乐和信息服务、保证驾乘人员的安全以及促进工作和休闲的平衡等。智能座舱作为智能汽车的重要组成部分，相比于智能驾驶而言，更容易实现，也更容易落地。其搭载的核心技术包括人机交互技术、传感器感知与识别技术、人工智能与机器学习技术等，都是本书重点介绍的内容。相比于其他智能座舱教材，本书的特色如下。

1）智能座舱课程是智能网联汽车技术、智能车辆工程、智能汽车技术、新能源汽车技术等汽车相关专业新开设课程，绝大多数高等职业院校缺乏智能座舱教学实训车或实训平台；本教材在考虑高校不额外增加课程教学投入实际情况下，任务环节都引入了编程训练，既让学习者了解智能座舱的底层逻辑和核心代码编写，又可以在教学中引入实操环节，方便没有实操设备的广大高职院校对智能座舱课程的开展和推广，解决高校智能网联汽车人才培养和课程开发前期缺乏大额资金投入的困难。人工智能爱好者在家利用一台笔记本计算机就可以很好地学习智能座舱的底层逻辑代码编写，非常方便广大爱好者自学成才。

2）本书结合高等职业教育特点和智能网联汽车在我国快速发展的现状，强调汽车专业人才的培养对接企业和市场需求，因此，本书既引入了时兴的智能座舱人脸识别、语音识别、手势识别等人机交互知识，又考虑了人工智能专业术语的广度和深度，不能把没有太多 AI 算法基础的初学者拒之门外。书籍的排版和内容的编撰在知识性、趣味性、难易程度等方面，力求与学情达到最佳的匹配程度，使学生们在教材的引导和教师的讲解中，乐于学习、易于学习，轻松快乐地掌握智能座舱的核心功能。

3）本书内容在呈现形式上，配套资源丰富，包括了学习视频、学习通线上课程网站资源、教师课堂教学手册、学生课堂学习手册、学生课后任务工单等。其中视频动画资料以二维码的形式插入本书相关内容之间，主要介绍智能座舱教学实训车的实操实训环节，可配合视频资源进行实操实训；未能购置智能座舱教学实训车的院校和读者，也可根据视频资源了解智能座舱安装和调试。

本书由校企合作共同开发。企业的深度参与可保证教材资源符合企业需求和行业需求,在此特别感谢易飒(广州)智能科技有限公司和易飒(深圳)智能科技有限公司对本书编写工作的大力支持。易飒(广州)智能科技有限公司作为全国智能网联汽车产教融合创新联合体副理事长单位和全国职业院校智能网联汽车专业建设白皮书第一副主编单位,拥有丰富的智能座舱岗课赛证解决方案,助力解决高速发展的智能网联汽车产业人才培养瓶颈,打造产业生态优质人才枢纽。本书虽是校企深度合作并经过教学实践运行之后精心整理编写,但因时间精力不足,能力水平有限,书中难免有疏漏与不当之处,欢迎读者对本书和配套资源多提宝贵意见,欢迎广大读者随时沟通和批评指正。

编 者

目 录

前 言

绪 论 / 001
 一、教材授课目标 / 001
 二、教材使用方法 / 002
 三、学习任务设计 / 002
 四、教材配套信息化资源 / 004

学习任务 1　走进智能座舱 / 005

 任务说明 / 005
  【任务描述】 / 005
  【任务育人目标】 / 005
  【任务接受】 / 005
 知识准备 / 006
  一、智能座舱的定义 / 006
  二、智能座舱发展的驱动因素 / 007
  三、智能座舱发展阶段 / 010
  四、智能座舱的主要功能 / 011
  五、智能座舱的创新技术 / 012
  六、智能座舱的技术架构 / 013
  七、智能座舱的发展趋势 / 018
  八、智能座舱面临的挑战 / 018
 任务实施 / 018
 任务小结 / 020
 任务工单 / 021

学习任务 2　语音交互系统开发与测试 / 023

 任务说明 / 023
  【任务描述】 / 023
  【任务育人目标】 / 023
  【任务接受】 / 023
 知识准备 / 024
  一、语音交互的定义 / 024

二、语音交互组成　　　　　　　　　　　　　　　　　　　　　　　　　　/ 024
　　三、语音交互系统的工作流程　　　　　　　　　　　　　　　　　　　　/ 025
　　四、语音交互核心技术　　　　　　　　　　　　　　　　　　　　　　　/ 025
　　五、语音交互优缺点　　　　　　　　　　　　　　　　　　　　　　　　/ 029
　　六、基于 Python 的语音识别 API 调用　　　　　　　　　　　　　　　　/ 030
任务分解　　　　　　　　　　　　　　　　　　　　　　　　　　　　　/ 034
任务实施　　　　　　　　　　　　　　　　　　　　　　　　　　　　　/ 034
　　子任务 1　语音交互系统的开发　　　　　　　　　　　　　　　　　　　/ 034
　　子任务 2　语音交互系统的调试　　　　　　　　　　　　　　　　　　　/ 043
　　子任务 3　语音交互系统的固件烧入和测试　　　　　　　　　　　　　　/ 050
任务小结　　　　　　　　　　　　　　　　　　　　　　　　　　　　　/ 055
任务工单　　　　　　　　　　　　　　　　　　　　　　　　　　　　　/ 057

学习任务 3　人脸识别交互系统开发与测试　　　　　　　　　　　　　　/ 059

任务说明　　　　　　　　　　　　　　　　　　　　　　　　　　　　　/ 059
　　【任务描述】　　　　　　　　　　　　　　　　　　　　　　　　　　　/ 059
　　【任务育人目标】　　　　　　　　　　　　　　　　　　　　　　　　　/ 059
　　【任务接受】　　　　　　　　　　　　　　　　　　　　　　　　　　　/ 060
知识准备　　　　　　　　　　　　　　　　　　　　　　　　　　　　　/ 060
　　一、人脸识别的定义　　　　　　　　　　　　　　　　　　　　　　　　/ 060
　　二、人脸识别在智能座舱中的应用　　　　　　　　　　　　　　　　　　/ 060
　　三、人脸识别系统的技术原理　　　　　　　　　　　　　　　　　　　　/ 061
　　四、人脸识别系统的技术流程　　　　　　　　　　　　　　　　　　　　/ 061
　　五、基于 OpenCV 和 dlib 库的人脸识别系统　　　　　　　　　　　　　/ 073
　　六、Ubuntu 系统概述　　　　　　　　　　　　　　　　　　　　　　　/ 076
　　七、ROS 概述　　　　　　　　　　　　　　　　　　　　　　　　　　 / 079
　　八、车载摄像头（摄像机）概述　　　　　　　　　　　　　　　　　　　/ 081
任务分解　　　　　　　　　　　　　　　　　　　　　　　　　　　　　/ 084
任务实施　　　　　　　　　　　　　　　　　　　　　　　　　　　　　/ 084
　　子任务 1　人脸识别系统的 Python 代码开发　　　　　　　　　　　　　/ 084
　　子任务 2　在台架上进行人脸识别程序的调试　　　　　　　　　　　　　/ 090
　　子任务 3　摄像头的拆装与标定　　　　　　　　　　　　　　　　　　　/ 092
　　子任务 4　人脸识别系统的固件烧入和测试　　　　　　　　　　　　　　/ 099
任务小结　　　　　　　　　　　　　　　　　　　　　　　　　　　　　/ 102
任务工单　　　　　　　　　　　　　　　　　　　　　　　　　　　　　/ 105

学习任务 4　驾驶员监控系统开发与测试　　/ 107

任务说明　　/ 107
【任务描述】　　/ 107
【任务育人目标】　　/ 107
【任务接受】　　/ 108

知识准备　　/ 108
一、驾驶员监控系统的定义　　/ 108
二、DMS 在智能座舱中的应用　　/ 108
三、DMS 技术原理　　/ 108
四、DMS 分类　　/ 109
五、DMS 技术方案　　/ 110
六、DMS 快速发展　　/ 112
七、DMS 面临的挑战　　/ 113
八、基于 dlib 框架实现驾驶员疲劳检测　　/ 114

任务分解　　/ 119
任务实施　　/ 119
子任务 1　DMS 中关于疲劳后人眼闭合的 Python 代码开发　　/ 119
子任务 2　DMS 中关于疲劳后嘴巴闭合的 Python 代码开发　　/ 126
子任务 3　DMS 中关于疲劳后眨眼、闭嘴检测的 Python 代码开发　　/ 131
子任务 4　DMS 的固件烧入和测试　　/ 133

任务小结　　/ 136
任务工单　　/ 139

学习任务 5　手势交互系统开发与测试　　/ 141

任务说明　　/ 141
【任务描述】　　/ 141
【任务育人目标】　　/ 141
【任务接受】　　/ 142

知识准备　　/ 142
一、手势概念　　/ 142
二、手势的分类　　/ 142
二、手势识别定义　　/ 143
四、手势获取技术分类　　/ 143
五、手势交互工作流程和原理　　/ 144
六、手势分割　　/ 145
七、手势分析（特征提取和分析）　　/ 147
八、手势识别　　/ 148
九、手势识别的优缺点　　/ 152

十、基于 MediaPipe +OpenCV 实现手势识别　　　　　　　　　　　　　　　／ 153

　任务分解　　　　　　　　　　　　　　　　　　　　　　　　　　　　　／ 156

　任务实施　　　　　　　　　　　　　　　　　　　　　　　　　　　　　／ 157

　　子任务 1　手势交互系统 21 个关键点标记的 Python 代码开发　　　　　／ 157
　　子任务 2　手势交互系统中常见手势识别 Python 代码开发　　　　　　 ／ 159
　　子任务 3　手势交互系统的固件烧入和测试　　　　　　　　　　　　　／ 164

　任务小结　　　　　　　　　　　　　　　　　　　　　　　　　　　　　／ 167

　任务工单　　　　　　　　　　　　　　　　　　　　　　　　　　　　　／ 169

学习任务 6　智能座舱显示触控系统的装调与测试　　　　　　　　　　／ 171

　任务说明　　　　　　　　　　　　　　　　　　　　　　　　　　　　　／ 171

　　【任务描述】　　　　　　　　　　　　　　　　　　　　　　　　　　／ 171
　　【任务育人目标】　　　　　　　　　　　　　　　　　　　　　　　　／ 171
　　【任务接受】　　　　　　　　　　　　　　　　　　　　　　　　　　／ 172

　知识准备　　　　　　　　　　　　　　　　　　　　　　　　　　　　　／ 172

　　一、汽车显示触控系统的定义　　　　　　　　　　　　　　　　　　　／ 172
　　二、汽车显示触控系统的发展史　　　　　　　　　　　　　　　　　　／ 172
　　三、显示触控屏在汽车上的分类　　　　　　　　　　　　　　　　　　／ 175
　　四、汽车显示屏的工作原理　　　　　　　　　　　　　　　　　　　　／ 181
　　五、触控屏的工作原理　　　　　　　　　　　　　　　　　　　　　　／ 188
　　六、一芯多屏技术　　　　　　　　　　　　　　　　　　　　　　　　／ 190
　　七、多（跨）域融合技术　　　　　　　　　　　　　　　　　　　　　／ 192
　　八、HUD 技术　　　　　　　　　　　　　　　　　　　　　　　　　　／ 192

　任务分解　　　　　　　　　　　　　　　　　　　　　　　　　　　　　／ 196

　任务实施　　　　　　　　　　　　　　　　　　　　　　　　　　　　　／ 196

　　子任务 1　触控式交互系统的调试与测试　　　　　　　　　　　　　　／ 196
　　子任务 2　C-HUD 的拆装　　　　　　　　　　　　　　　　　　　　　／ 200
　　子任务 3　C-HUD 的调试与测试　　　　　　　　　　　　　　　　　　／ 202

　任务小结　　　　　　　　　　　　　　　　　　　　　　　　　　　　　／ 208

　任务工单　　　　　　　　　　　　　　　　　　　　　　　　　　　　　／ 209

学习任务 7　智能座椅装调与测试　　　　　　　　　　　　　　　　　／ 213

　任务说明　　　　　　　　　　　　　　　　　　　　　　　　　　　　　／ 213

　　【任务描述】　　　　　　　　　　　　　　　　　　　　　　　　　　／ 213
　　【任务育人目标】　　　　　　　　　　　　　　　　　　　　　　　　／ 213
　　【任务接受】　　　　　　　　　　　　　　　　　　　　　　　　　　／ 213

　知识准备　　　　　　　　　　　　　　　　　　　　　　　　　　　　　／ 214

    一、智能座椅的定义　　　　　　　　　　　　　　　　　　　　　　　　　　／214
    二、智能座椅的功能　　　　　　　　　　　　　　　　　　　　　　　　　　／214
    三、智能座椅的结构组成　　　　　　　　　　　　　　　　　　　　　　　　／218
    四、汽车座椅生产厂家　　　　　　　　　　　　　　　　　　　　　　　　　／220
    五、智能座椅串口通信　　　　　　　　　　　　　　　　　　　　　　　　　／223
  任务分解　　　　　　　　　　　　　　　　　　　　　　　　　　　　　　　　／227
  任务实施　　　　　　　　　　　　　　　　　　　　　　　　　　　　　　　　／227
    子任务 1　汽车智能座椅的拆装和调试　　　　　　　　　　　　　　　　　　／227
    子任务 2　汽车智能座椅的开发和测试　　　　　　　　　　　　　　　　　　／231
  任务小结　　　　　　　　　　　　　　　　　　　　　　　　　　　　　　　　／235
  任务工单　　　　　　　　　　　　　　　　　　　　　　　　　　　　　　　　／237

学习任务 8　智能座舱 OTA 与远程控制系统装调与测试　　　　　　　　　　　／239

  任务说明　　　　　　　　　　　　　　　　　　　　　　　　　　　　　　　　／239
    【任务描述】　　　　　　　　　　　　　　　　　　　　　　　　　　　　　／239
    【任务育人目标】　　　　　　　　　　　　　　　　　　　　　　　　　　　／239
    【任务接受】　　　　　　　　　　　　　　　　　　　　　　　　　　　　　／240
  知识准备　　　　　　　　　　　　　　　　　　　　　　　　　　　　　　　　／240
    一、OTA 的定义　　　　　　　　　　　　　　　　　　　　　　　　　　　／240
    二、OTA 技术架构　　　　　　　　　　　　　　　　　　　　　　　　　　／240
    三、OTA 技术的分类　　　　　　　　　　　　　　　　　　　　　　　　　／243
    四、OTA 下载方式　　　　　　　　　　　　　　　　　　　　　　　　　　／245
    五、OTA 设计要求　　　　　　　　　　　　　　　　　　　　　　　　　　／245
    六、远程控制定义　　　　　　　　　　　　　　　　　　　　　　　　　　　／246
    七、车辆远程控制功能　　　　　　　　　　　　　　　　　　　　　　　　　／247
    八、车辆远程控制技术原理　　　　　　　　　　　　　　　　　　　　　　　／249
    九、车辆远程控制的优缺点　　　　　　　　　　　　　　　　　　　　　　　／249
  任务分解　　　　　　　　　　　　　　　　　　　　　　　　　　　　　　　　／252
  任务实施　　　　　　　　　　　　　　　　　　　　　　　　　　　　　　　　／252
    子任务 1　汽车 OTA 系统的调试　　　　　　　　　　　　　　　　　　　　／252
    子任务 2　汽车远程控制系统的调试　　　　　　　　　　　　　　　　　　　／257
  任务小结　　　　　　　　　　　　　　　　　　　　　　　　　　　　　　　　／259
  任务工单　　　　　　　　　　　　　　　　　　　　　　　　　　　　　　　　／261

绪 论

一、教材授课目标

【知识目标】

1）能概述智能座舱的定义、发展阶段、技术架构、关键技术及技术瓶颈。
2）能掌握智能座舱语音交互系统的开发与装调、测试。
3）能掌握智能座舱人脸识别系统的开发与装调、测试。
4）能掌握智能座舱手势交互系统的开发与装调、测试。
5）能掌握智能座舱驾驶员监控系统的开发与装调、测试。
6）能掌握智能座舱智能座椅的开发与装调、测试。
7）熟悉智能座舱 OTA 与远程控制系统的装调、测试。

【技能目标】

1）能根据需求进行相关资料的查阅与整理。
2）能独立完成智能座舱语音交互系统的 Python 语音开发、装调与测试。
3）能独立完成智能座舱人脸识别系统的 Python 开发、装调与测试。
4）能独立完成智能座舱手势交互系统的 Python 开发、装调与测试。
5）能独立完成智能座舱驾驶员监控系统的 Python 开发、装调与测试。
6）能独立完成智能座舱触控式交互系统的装调与测试。
7）能独立完成智能座椅的 Python 开发，并与团队成员共同完成智能座椅的装调与测试。
8）能独立完成智能座舱 OTA 与远程控制系统的拆装、调试。
9）能独立分析任务并分解任务需求，制定计划并寻找合适的方法和工具进行解决。

【素养目标】

1）培养强烈的爱国主义情怀和民族自信心、自豪感。
2）养成爱岗敬业的职业道德和诚实、守信的道德素养。
3）养成一丝不苟、精益求精的工匠精神。
4）养成独立的工作能力、表达能力。
5）具有创新精神和科学探究能力。

二、教材使用方法

在正式的学习开始前，应仔细阅读以下内容，做好相应的学习准备。

1. 教师明确教学目标 做好课前备课工作

在课堂教学之前，教师应根据学生的特点和专业培养目标明确本课程的教学目标。根据教学目标，结合教材内容制定教学计划。教师应对教材内容进行详细的研究，掌握教材的重点和难点，尤其是智能座舱核心模块的开发所涉及的算法理论和编程语言，需要教师课前进行充分的知识储备。教师可以根据教学目标和与教材配套的信息化资料，设计课前预热活动，并根据学生的实际情况进行适当的补充和调整教学内容，以满足学生的学习需求。

2. 主动学习和自主探究的学习方法

本教材涉及智能座舱核心模块开发内容，知识面较广，内容较深，实操性强，应培养主动学习精神和自主探究的学习方法。可借助教材配套信息化学习资源查阅与学习相关的背景知识，尤其是对智能座舱核心人机交互技术模块的开发，涉及编程语言需要发扬主动学习精神在课前主动预习和课后实操的巩固练习。

3. 根据实际条件选择实操设备并进行实操作业

本教材对智能座舱核心人机交互技术模块的实操，涉及底层代码开发和拆装、调试。对于部分高职院校没有采购智能座舱教学实训车，不具备人机交互技术模块的拆装、调试实操条件的，可自主选择利用多媒体机房模拟人机交互技术模块的底层代码开发及实操实训。

三、学习任务设计

序号	学习任务	任务目标	育人目标	建议学时
学习任务1	走进智能座舱	（1）能概述智能座舱的定义、发展驱动因素、发展阶段 （2）能概述智能座舱的主要功能、创新技术、技术架构 （3）知道智能座舱发展趋势和面临的挑战	（1）培养爱国兴邦情怀 （2）树立民族自信心和自豪感 （3）培养科技是第一生产力意识 （4）培养追求科学和放眼看世界的全球意识	6学时
学习任务2	语音交互系统开发与测试	（1）能概述语音交互系统技术背景、开发流程 （2）能完成语音交互系统的Python开发 （3）能完成语音交互系统的拆装、调试	（1）培养独立思考和自主创新的能力，使学生具备主动学习、自主学习的能力，从而适应和促进社会的快速变化 （2）拓宽国际视野和全球意识，使学生了解和认识国际社会的发展趋势和重大问题，增强国际交往和合作的能力 （3）培养科学思维的能力，实现科学决策和科学发展	8学时

（续）

序号	学习任务	任务目标	育人目标	建议学时
学习任务3	人脸识别交互系统开发与测试	（1）能概述人脸识别交互系统技术背景、开发流程 （2）能完成人脸识别系统的Python开发 （3）能完成人脸识别系统的拆装、调试	（1）提高法制观念和法律素养，不能进行科技犯罪 （2）培养道德素质和道德情操，树立正确的品德观和行为规范	8学时
学习任务4	驾驶员监控系统开发与测试	（1）能概述驾驶员监控系统技术背景、开发流程 （2）能完成驾驶员监控系统的Python开发 （3）能完成驾驶员监控系统的拆装、调试	（1）培养安全意识 （2）增强发展意识和发展能力，使学生理解和实现利用科技进步来推动人的全面发展	8学时
学习任务5	手势交互系统开发与测试	（1）知道手势交互系统技术背景、开发流程 （2）能完成手势交互系统的Python开发 （3）能完成手势交互系统的拆装、调试	（1）在编程实操中培养独立思考和自主寻求解决问题办法的探索精神 （2）在装调实操中培养合作精神和精益求精工匠精神	6学时
学习任务6	智能座舱显示触控系统的装调与测试	（1）能概述一芯多屏技术概述、技术特点、驱动因素、发展趋势 （2）能完成触控式交互系统的拆装与调试 （3）能完成触控式交互系统的调试与测试	（1）树立民族自信心 （2）培养科技强国的责任意识和责任担当	8学时
学习任务7	智能座椅装调与测试	（1）能概述智能座椅系统技术背景、开发流程 （2）能完成智能座椅系统的Python开发 （3）能完成智能座椅系统的拆装、调试	（1）培养实操过程中团队合作精神 （2）塑造平等意识和平等观念，促进学生的平等交往、平等竞争和平等发展	6学时
学习任务8	智能座舱OTA与远程控制系统装调与测试	（1）能概述OTA定义、类型、技术架构、原理。熟悉OTA系统的功能、下载方式和设计要求 （2）能概述远程控制技术原理、特点及在车辆上的应用 （3）能完成OTA与远程控制系统的调试	（1）培养爱岗敬业的职业素养 （2）培养诚实守信的道德素养	4学时

四、教材配套信息化资源

序号	资源名称	课件	视频
1	教学实训车简介		√
2	语音交互系统的调试	√	√
3	语音交互系统的测试	√	√
4	摄像头的拆装与标定	√	√
5	人脸识别系统的调试与测试	√	√
6	DMS 系统的调试与测试	√	√
7	手势识别系统的调试与测试	√	√
8	触控交互系统的调试与测试	√	√
9	抬头显示系统的拆装	√	√
10	抬头显示系统的调试与测试	√	√
11	智能座椅系统的拆装与调试	√	√
12	智能座椅系统的开发与测试	√	√
13	OTA 系统的调试	√	√
14	远程控制系统的调试	√	√

学习任务 1
走进智能座舱

任务说明

【任务描述】

如果您是新能源汽车销售的实习生,在接待客户时,如何向客户介绍新能源汽车的亮点——智能座舱?智能座舱搭载了哪些创新技术,拥有哪些功能呢?智能座舱能够给客户用车带来哪些方便?客户应该如何选择合适的具有智能座舱功能的新能源汽车?要回答这些问题都需要学习智能座舱有关的基本知识。

【任务育人目标】

知识目标:
1)能简述智能座舱的发展历程,发展阶段、发展趋势及面临的挑战。
2)能概述智能座舱在汽车中的主要功能应用及创新技术。
3)能概述智能座舱与智能汽车的区别。
4)能概述智能座舱技术架构的构成与核心组成模块。

技能目标:
1)自主查询资料的能力。
2)自主分析问题、解决问题的能力。

素养目标:
1)培养爱国兴邦的情怀。
2)树立民族自信心和自豪感。
3)培养科技是第一生产力意识。
4)培养追求科学和放眼看世界的全球意识。

【任务接受】

学生担任新能源汽车销售岗位的实习生角色,应用本任务所学的智能座舱的基础知识,通过诚信、友善的方式为客户介绍智能座舱概念、技术及功能,增强客户对民族汽车品牌和自主研发的智能座舱的了解、自豪和信任。

知识准备

一、智能座舱的定义

1. 什么是智能座舱

汽车座舱即车内驾驶和乘坐的空间。智能座舱（intelligent cabin）是指配备了智能化和网联化的座舱。智能座舱是为驾乘人员提供驾乘或其他功能的全流程智能体验的车内空间，以及基于网络互联体验的车内空间外延。智能座舱的智能包括以下几项。

（1）对人的智能　智能座舱通过软硬件设备和感知技术的突破简化了人机交互过程，让车辆感知更加精细化和人性化。例如，在车辆的 AB 柱及后视镜上安装摄像头，提供情绪识别、驾乘人员年龄检测、遗留物检测、安全带检测等。车辆在行驶过程中，智能座舱可以为驾乘人员提供场景化服务，实现驾乘功能、娱乐功能、社交功能、办公功能等，甚至对人的急救功能，让座舱成为第三生活空间。智能座舱正逐渐从驾驶体验向出行体验转变。

（2）对车的智能　智能座舱是伴随着智能汽车的发展而产生的。智能座舱已成为整车智能化发展的核心构件之一，是汽车智能驾驶功能的延伸，是与其他的智能终端设备共同集成智能化和网联化技术，实现与人、路、车、云端进行智能交互的座舱，可以实现机器半自主甚至自主决策。智能座舱概念图如图 1-1 所示。

图 1-1　智能座舱概念图

2. 智能驾驶与智能座舱的关系

智能汽车包括智能驾驶和智能座舱两个模块，属于人工智能技术的分支。智能驾驶又称为自动驾驶，包括辅助驾驶和无人驾驶，从 0 智能到无人驾驶，分为 L0~L5 共 6 个级别。智能驾驶和智能座舱是相辅相成的关系，如图 1-2 所示。当车辆进入自动驾驶状态时，智能座舱可以自动切换至娱乐模式或工作模式，让驾驶员和乘客可以更加轻松地完成自己的事务。智能座舱结合人工智能技术可以实现智能驾驶或自动驾驶的功能。例如，通过传感器等设备，智能座舱可以实现车辆的自动驾驶、自动制动、自动避障等功能，减轻了驾驶员的压力和疲劳。

图 1-2　智能座舱与智能驾驶的融合

目前,智能座舱和智能驾驶还处于不同的架构下,但随着人工智能技术的不断进步,智能座舱和智能驾驶的一体化将是大势所趋。未来,汽车制造商将通过将两者融合在一起,打造更加完善的智能化汽车系统,并推动汽车技术的进一步升级和变革,为用户提供更加智能、高效的用车体验。

二、智能座舱发展的驱动因素

为什么会有这个"新事物"?哪些因素在背后影响"新事物"的孕育与发展?要回答以上问题,就要从新事物的孕育与发展驱动因素入手。

1. 国家战略角度:"汽车强国"战略目标,助推智能座舱

为实现"汽车强国"的战略目标,近年来国家相关部门出台了多项关于新能源汽车、智联网汽车的扶持、培育和鼓励政策,明确了安全、高效、绿色、文明的智能汽车强国目标,释放出加快智能汽车发展步伐的强烈信号。例如,"新能源汽车产业发展规划""智能汽车创新发展战略"等,见表1-1。

表1-1　国家出台的部分鼓励政策

文件名称	发布部门	发布时间
中国智能网联汽车技术发路线图	工信部	2016.01
国家车辆网标准体系建设指南（智能网联汽车）	工信部、国家标准化管理委员会	2017.12
车联网产业发展行动计划	工信部	2018.12
智能汽车创新发展战略	国家发改委	2020.02
节能与新能源汽车技术路线图 2.0	工信部、中国汽车工程学会	2020.10
新能源汽车产业发展规划	国务院办公厅	2020.11
关于加强智能网联汽车生产企业及产品转入管理的意见	工信部	2021.07
车联网网络安全和数据安全标准体系建设指南	工信部	2022.02
关于开展智能网联汽车准入和上路通行试点工作的通知	工信部	2023.11

这些政策的出台，为智能汽车的发展建立了完善的行业标准、法规、补贴政策，促进了技术的规范化和标准化，推动资本积极进入，激发了消费者购车需求，鼓励相关企业加强研发投入，提高技术水平，推动产业升级和转型，在政策、供需市场、资本、产业生态层面为智能汽车的发展奠定了良好的基础。

2. 技术角度：技术突破助力智能座舱落地开花

（1）传统分布式架构升级到集中式架构和中央计算电子架构　在传统分布式架构中，车内各功能模块的电子控制单元（Electronic Control Unit，ECU）各自为政，其主控芯片中 CPU 的算力，是为对应功能专门设计的，算力低下且无法协同，另外，传统的 FlexRay、LIN 和 CAN 低速总线数据传输能力也弱。上述两点均无法满足智能座舱应用场景中高效、准确处理和分析数据的需求。

集中式 E/E 架构（EEA，Electrical/Electronic Architecture 即电子电气架构）和中央计算电子架构的采用，可降低整车成本，提高整车可拓展性，为整车空中下载技术（Over-the-Air Technology，OTA）创造了基础条件，非常适合智能座舱发展所需的调整和升级，如图 1-3 所示。

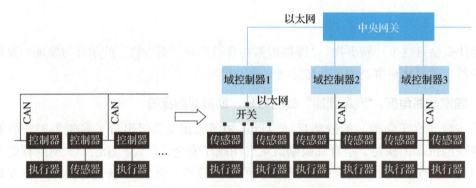

图 1-3　分布式架构升级到集中式架构

（2）芯片算力及域控制器的发展　随着整车 E/E 架构由分布式架构向域集中式架构升级，智能座舱域控制器成为智能座舱的大脑。智能座舱集成的功能越来越多，需要处理的数据越来越多，也越来越复杂，因此座舱对算力的需求将持续增长。加上座舱内的应用生态越来越丰富，对安全性的要求也变得越来越高，数据的安全处理，在一定程度上也推高了座舱对算力的需求。

芯片技术的发展大大推动了智能座舱的迭代升级。目前乘用车智能座舱域控制器的主控系统级芯片（System on Chip，SoC）被消费电子芯片厂商高通牢牢把控，占据了绝大部分市场。

（3）市场角度：自动驾驶难产，智能座舱先行

1）易落地。智能座舱、自动驾驶是智能汽车的两大核心模块，在当前的汽车智能化进程中，因自动驾驶技术的发展受到了政策、法规和技术成熟度的制约，进展缓慢，而智能座舱则无需遵守像自动驾驶那样的法规限制，产业链生态成熟，在技术研发与产业化方面的成本和风险也更低，因此在现阶段智能座舱系统是汽车智能化过程中的一个重

要突破点。

2）易呈现品牌差异。在不同汽车品牌关键硬件技术、车身设计、宣传等方面越发同质化的背景下，由于智能座舱具有可自定义、灵活的特性，因此在寻求汽车差异化的路上，智能座舱更容易和品牌特性相结合，形成具有品牌特征的差异性，成为车企争相竞逐的焦点。另外，传统互联网企业进入汽车行业，在传统的硬件开发、整车制造没有优势的情况下，利用互联网产品思维打造的智能座舱可以助其在市场上实现弯道超车。

3）易感知。对于大多数普通消费者来说，他们对汽车的发动机、底盘、电气设备、自动驾驶的参数以及专业知识的了解有限，相比之下，对在物理空间、显示设备、智能交互、在线导航和在线娱乐等方面全面升级的智能座舱而言，这些方面不仅可以提高用户的便利性和互动性，还能够极大地提升用户的使用感受和体验，在消费者体验和选购车的过程中，更容易打动消费者。

（4）客户角度：消费者需求是关键推动因素　政策在资本、供需市场、技术、供应链生态和人才方面的影响对智能汽车和智能座舱的发展起到只是促进作用，用户需求才是行业发展的基础和商业逻辑成立的关键。

1）历史痛点。互联网、数字化和智能产品/服务等新技术已经深入到人们的生活中，人们已经逐渐适应了智能产品/服务、数字化和互联网化的生活方式，并且对于这种生活方式已经产生了依赖和习惯。由于传统汽车座舱具有操作频繁、信息繁杂、互动性差、功能单一、人性化不足等问题，消费者需要一个智能化的汽车座舱来解决以上问题。

2）未来延伸。随着自动驾驶、软件、硬件、材料、通信等技术的突破发展和人们生活方式的变化，汽车已经不再是单纯的交通工具，而是成为人们生活中不可或缺的一部分。智能汽车将演进为新型的移动智能终端、第三生活空间，消费者在未来将对汽车座舱的智能、个性、安全、可靠、健康等方面提出更高的期望和需求。例如：随着显示技术的不断发展，未来智能座舱可能会采用全息显示技术，将娱乐信息和互联网内容以更加逼真的方式呈现在车内，提供更加丰富和个性化的驾驶体验。随着自动驾驶技术的发展与普及，未来消费者在座舱内的主要任务将不是驾驶，而是会基于娱乐、休息、办公等场景，对汽车座舱的智能化空间设计提出更多的需求。特斯拉智能座舱的游戏功能如图 1-4 所示。

图 1-4　特斯拉智能座舱游戏功能

三、智能座舱发展阶段

1. 电子座舱阶段

电子座舱阶段起步于车载信息娱乐系统，最早可追溯到 1924 年的车载收音机。2001 年宝马引入了中央显示屏，从此中央显示屏入驻汽车座舱；2006 美国开放了 GPS 民用化，基于触屏显示的导航功能成为推动座舱电子化的强劲动力；2018 年来自伟世通和安波福两个主流的电子座舱控制域方案开始将电子座舱域推向市场。

电子座舱主要包括中控屏幕、车载信息系统、车载娱乐系统等，电子信息系统逐步整合，组成"电子座舱域"，能够实现导航、实时路况、辅助驾驶、车辆信息反馈、故障报警、车载娱乐等功能。随着数字显示技术的发展，该阶段也引入了数字化仪表、液晶显示屏的数字化技术。图 1-5 所示是瑞典高端货车品牌斯堪尼亚（SCANIA）的电子化座舱。

图 1-5　SCANIA 重型货车电子化座舱

2. 人机互动阶段

人机互动阶段彰显座舱的个性化和人性化的设计。智能座舱的主动交互设计体现在很多方面，例如，具有智能学习的能力，系统可以适应客户的需求，根据用户习惯来预测下一个任务。而汽车则会通过不断优化，综合处理复杂的信息，为用户提供最精准的出行解决方案，成为用户越来越走心的朋友。针对驾乘人员提供的个性化服务，具有更多的应用价值和更广的前景，汽车座舱具备自主学习功能，实现机器自主或者半自主的决策，例如，选择最佳的车内场景环境，根据车主表情或者语音自主选择播放合适音乐，根据天气情况开启空调制冷或者加热功能、座椅通风功能等，如图 1-6 所示。

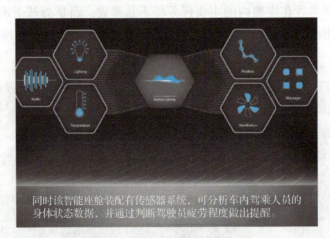

图 1-6　智能座舱与人进行交互

3. 第三生活空间阶段

智能座舱的发展趋势是与智能驾驶相结合，最终解放驾驶员的手和大脑，成为一个智能移动的终端。智能座舱不仅可以实现人机互动的功能，还可以代替手机、计算机的功能，并可以召开商务会议、开展工作等，成为家、工作场所之外的第三生活空间，如图1-7所示。

a)　　　　　　　　　b)　　　　　　　　　c)　　　　　　　　　d)

图1-7　智能座舱成为第三生活空间

想一想：现代汽车的座舱发展到了哪个阶段？

智能座舱发展里程碑事件如图1-8所示。

| 2012年，特斯拉Model S在美国上市，搭载17in[⊖]嵌入式中控屏幕，基本取消物理按键。 | 2018年CES展，伟世通发布智能座舱系统SmartCore，基于域控制器整合车载中控和仪表盘等座舱零部件。 | 2020年CES展，VISIONAVTR没有方向盘，驾驶员通过中控台上的多功能控制中心进行操控。通过简单的举手，一个界面就会投射到掌心，使驾乘人员能够直观地与VISIONAVTR进行交互。 |

| 20世纪90年代开始，车载嵌入式电子产品种类日益增多，平台化、模块化开发的需求明显，车载操作系统得以应用。 | 2015年，安卓Auto和苹果Carplay分别发布，实现了手机和车载系统的互联。 | 2019年CES展，多家车企、零部件供应商和科技企业发布了完整智能座舱解决方案，整合人工智能、VR等前沿科技。 | 2021年CES展，宝马全新一代iDrive 8系统加入5G技术，将操作系统与数字模拟技术相融合，其设计更具实用性。梅赛德斯-奔驰展示了全新一代人机交互系统，采用超大曲面屏、悬浮感十足的三块大尺寸OLED屏无缝衔接，联手博世推出远程智能家居控制系统。松下发布的AR HUD技术将3D、人工智能驱动的关键信息投影到驾驶员的视线中。 |

图1-8　智能座舱发展里程碑事件

四、智能座舱的主要功能

1. 人机交互功能

智能座舱核心功能是人机交互。智能座舱可以通过语音、手势、触控等方式进行人机交互，使驾驶员可以更方便地操作车辆和各种功能，实现智能控制。人机交互技术也是智能座舱的核心技术。

2. 安全监控功能

智能座舱可以监控车辆的各种行驶数据，如车速、转弯角度、制动情况等，以及驾驶员的疲劳程度、注意力分散情况、身体健康状况等，提供及时的预警和提示。

⊖　1in=0.0254m。

3. 信息娱乐功能

智能座舱可以提供远程办公、上网、通信、音频、视频、游戏等信息娱乐功能，让智能座舱成为第三生活空间。

4. 环境感知功能

智能座舱可以实时感知车内外的环境变化，如车辆位置、续驶里程、路况、温度、湿度、气压等，以便进行实时调节和优化。

5. 驾乘舒适功能

提供智能香熏、智能座椅、露营超级大床等舒适性功能，使驾乘人员在行驶、使用过程中感到更加舒适。

6. OTA 和远程控制功能

OTA（Over-the-Air Technology，空中下载技术）可实现对智能座舱的软件升级、车辆远程监控、故障远程修复，持续赋能车主逐步开放新功能，优化产品体验，提供更好的系统服务。车辆远程控制是指通过手机或者服务器可以远程控制车辆起动、开门、空调、音响等功能，可查看车辆实时状态、故障诊断、定位、盗抢锁车报警等功能。

7. 车联网功能

车联网通信技术是指在交通环境中，实现路侧单元、行人、云端服务之间的信息交互和协同的技术，如图 1-9 所示，具体包括以下几项。

（1）车云互联 用于连接车辆与云端。包括 OTA 和远程控制技术。

（2）车际互联 用于连接车辆与周边车辆、路侧单元、行人，主要指 C-V2X 技术，即车与万物互联技术。

图 1-9 智能座舱车联网功能

五、智能座舱的创新技术

智能座舱的发展日新月异，离不开各种创新技术的支持，目前市面上应用在智能座舱上创新技术主要包括以下几类。

1. 人机交互技术

人机交互技术是智能座舱的核心技术之一，包括语音交互技术、触控交互技术、手势识别技术、视觉交互技术等，为驾驶员提供智能体验，并促进行车安全。

2. 人工智能与机器学习技术

人工智能和机器学习技术在智能座舱中发挥着重要作用。座舱系统可以通过学习驾乘人员的偏好和习惯，为其提供个性化的服务。例如，根据驾乘人员的音乐喜好，系统可以自动播放其偏好的音乐列表。此外，人工智能还可以实现语音助手和智能推荐等功能，为驾乘人员提供更加智能化的服务和建议。

3. 感知与识别技术

智能座舱利用传感器和摄像头等设备，对驾乘人员和环境进行感知与识别。例如，通过人脸识别技术，座舱系统可以识别驾乘人员的身份，并自动调整座椅、音乐和温度等设置。通过环境感知，座舱系统可以实时监控车内外的温度、湿度、光线等因素，从而提供最适宜的乘坐环境。

4. 虚拟现实和增强现实技术

虚拟现实和增强现实技术为智能座舱带来了全新的体验。驾乘人员可以通过虚拟现实抬头显示，享受沉浸式的娱乐内容，如观看电影、玩游戏或参与虚拟旅行等。而增强现实技术则可以将虚拟元素叠加到现实场景中，为驾乘人员提供更加丰富的信息和导航服务，使驾驶过程更加安全和便捷，如图 1-10 所示。

图 1-10　增强现实技术在导航中的应用

六、智能座舱的技术架构

1. 智能座舱的技术架构

智能座舱系统以域控制器为中心，在技术架构平台上融合座舱软硬件资源，实现人车交互和车与外界互联。各个厂家提出的智能座舱解决方案各不相同，技术架构互有差异，但其组成都包括硬件部分和软件部分。

（1）硬件部分　包括底层硬件层（各类 SOC、座舱域控制器、T-BOX、智能座椅等）、中间传感器层（包括摄像头、扬声器阵列、温度传感器等）、终端执行机构（包括电动机、智能座椅等）和用于 OTA 和远程控制通信设备，如图 1-11 所示。

（2）软件部分　包括系统软件、应用软件。系统软件又称为基础软件，属于底层软件，包括操作系统、中间件软件（Hypervisor 虚拟机监视器）、通信软件等，是介于硬件和应用软件之间的过渡中间层，应用软件通过操作系统调用硬件资源。应用软件（App）属于面向用户的上层软件，在应用层调用系统已有接口实现相关功能，包括人机交互软件（包括人脸识别系统、语音识别系统、手势识别系统、DMS 系统等）、信息娱乐软件、各类办公软件等。也有人认为在系统软件和应用软件之间还存在所谓的功能软件，如各类控制算法软件，用于调配座舱域控制器等系统资源，数据保护安全软件、通信软件等。随着软件定义汽车时代到来，软件在智能座舱技术架构组成中越发重要。

2. 技术架构的发展趋势

集中式 EEA 架构（又称为 E/E 架构，电子电气架构）阶段，汽车按照不同的功能维度，划分了经典的动力域、车身域、底盘域、座舱域、自动驾驶域等，由域控制器（DCU）对不同电控单元（ECU）进行统一的管理调度，提高了汽车功能的可扩展性，使汽车制造商可以根据用户需求和技术发展进行灵活地调整和升级。

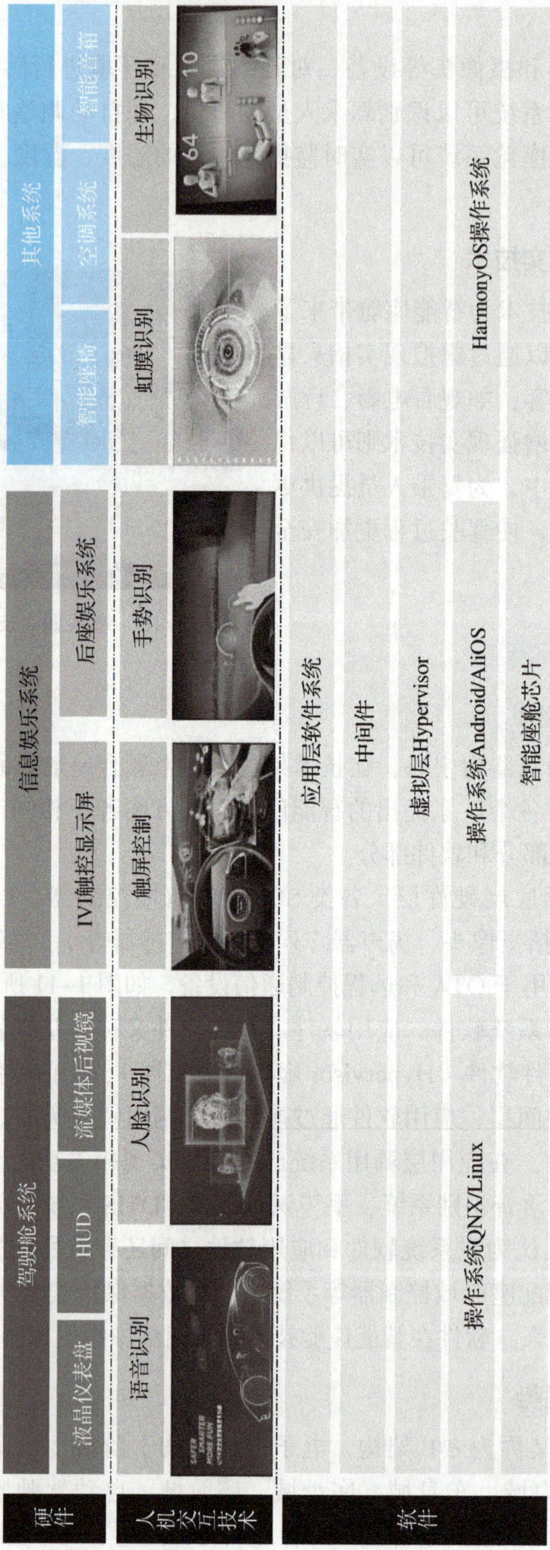

图 1-11 智能座舱技术架构的组成

随着智能汽车域功能对计算要求越来越高,智能汽车进入了多域融合阶段,并向中央计算-区域控制的阶段发展,如图1-12所示。目前智能汽车的EEA架构基本上已经融合成了三个域:自动驾驶域(AD),智能座舱域(CD),车身控制域(VD)。智能座舱域控制器(CDC)对整个座舱智能化提供算力平台支持。

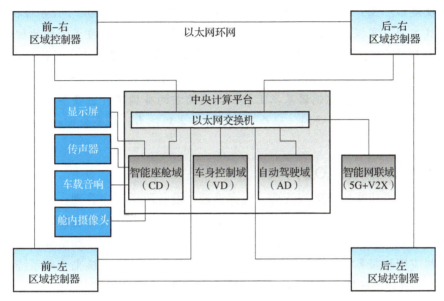

图1-12 智能汽车中央计算-区域控制EEA架构

3. 智能座舱域控制器

智能座舱域控制器(CDC)是智能座舱技术架构的核心。CDC一般由一颗高算力的SoC芯片作为核心,再辅以相关功能安全芯片,外围辅助配套芯片等,形成完整的座舱域计算单元,如图1-13所示。CDC中的高算力SoC芯片,主要包括CPU,GPU,NPU等部件,其功能如下。

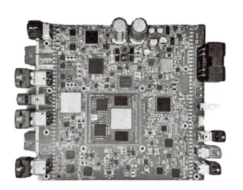

图1-13 智能座舱域控制器

(1)CPU 用于通用逻辑运算,如系统调度、外部资源访问。

(2)GPU 座舱SoC芯片需要用于图像的3D渲染、图像拼接以及运行大型的3D游戏等,因此座舱SoC芯片需要高算力的GPU子系统。

(3)NPU 作为神经网络算法的加速器,负责处理AI方面的计算需求。

（4）外围接口　CDC 需要使用大量的外围接口来支持多种硬件设备，如显示屏、摄像头、音响和传声器等。

> **扩展阅读**
>
> 　　科技是第一生产力。我国还处于社会主义初级阶段，需要大力引导科技创新，发展民族工业，掌握核心技术。智能座舱域控制器是智能座舱技术架构的核心，应该鼓励民族汽车工业自研具有自主知识产权的座舱域控制器，落实科技兴国战略。同时，要认识到，与发达国家相比，我国在核心技术领域的科学技术水平还有一定的差距，例如，座舱域控制器基本上被以高通为首的美国芯片巨头垄断。因此需要加强基础教育，实施科教兴国，培养创新精神和实践能力，提高公民的科学素养。

4. 智能座舱操作系统（OS）

操作系统主要功能包括进程管理、内存管理、设备驱动程序管理、文件管理等，是应用程序和底层硬件的接口。智能座舱技术架构中面向客户端需要运行多个不同的软件以提供应用和服务，例如，车辆信息娱乐系统、导航系统、车辆诊断系统、驾驶辅助系统等。这些应用和服务需要在智能座舱中使用不同的操作系统内核来管理系统资源、控制硬件设备和提供系统服务。智能座舱常见的操作系统如下。

（1）Linux 内核　Linux 是一种开源的操作系统内核，广泛应用于各种嵌入式系统和移动设备中，包括新能源汽车智能座舱。Linux 内核具有高度的可定制性和灵活性，可以根据座舱系统的需求进行定制和优化。例如，很多智能座舱系统使用基于 Linux 内核的 Android Automotive 操作系统，提供丰富的应用和服务支持。

（2）QNX 内核　QNX 是一种实时操作系统内核，被广泛应用于汽车领域。QNX 内核具有高度的实时性和可靠性，适用于对系统响应时间和稳定性要求较高的智能座舱应用，如车辆的安全和驾驶辅助系统。

（3）AUTOSAR（Automotive Open System Architecture）内核　AUTOSAR 是一种开放的汽车电子系统架构，包括了一系列的软件规范和标准。可以提供统一的软件接口和服务，实现不同硬件和软件模块之间的互操作性和可替换性。许多新能源汽车厂商使用 AUTOSAR 内核来构建其智能座舱系统。

（4）Windows 内核　Windows 内核作为一种常见的计算机桌面操作系统，在某些新能源汽车智能座舱中也有应用。例如，一些电动汽车厂商采用基于 Windows 内核的操作系统来构建其车辆信息娱乐系统，提供丰富的图形界面和多媒体功能。

（5）RTOS 内核（Real Time Operating System，实时操作系统）　RTOS 内核是指当外界事件或数据产生时，能够接受并以足够快的速度予以处理，其处理的结果又能在规定的时间之内来控制生产过程或对处理系统做出快速响应，调度一切可利用的资源完成实时任务，并控制所有实时任务协调一致运行的操作系统。提供及时响应和高可靠性是其主要特点。

目前大部分主机厂的车载操作系统都是基于 Linux、Android 定制的操作系统，根据对不同操作内核 OS 改造的程度不同，车载操作系统分为定制型、ROM 型和超级 App

三类。

（1）定制型 OS　具体包括特斯拉 Version、Google 车载 Android，华为的鸿蒙操作系统，百度的 AliOS 操作系统等，它们属于基于 Linux 自主研发的独立操作系统。

（2）ROM 型 OS　基于 Linux 或 Android 等基础型操作系统进行有限的定制化开发，不涉及系统内核更改，一般只修改更新操作系统自带的应用程序、云服务、应用程序框架等，由于 Android 应用生态更好，目前国内主机厂的方案大多是基于 Android 定制车载操作系统，例如：比亚迪 DiLink、蔚来 NIOOS、小鹏 XmartoS 等。

（3）超级 App　超级 App 的典型代表为苹果 CarPlay、百度 Carlife、华为 hicar 等。此类操作系统，在严格意义上不算是操作系统，本质是一个通过有线或无线的方式将手机与车机进行连接，将手机屏幕内容映射到车载中控，为用户提供地图、娱乐、通信、社交等功能的 App。

扩展阅读

鸿蒙操作系统由华为公司于 2019 年 8 月发布，打破了国外对操作系统的垄断，是一款全新的具有自主知识产权的操作系统。华为鸿蒙系统的崛起，有助于提升国民对国产操作系统的认知度和认同感，激发国民的爱国热情和创新精神。其次，通过学习鸿蒙系统，可以接触到最前沿的移动设备技术，提升自己在信息技术领域的竞争力。最后，鸿蒙系统的普及和应用有助于推动我国信息技术产业的自主可控发展，确保国家信息安全。

5. Hypervisor（虚拟机监视器）

Hypervisor 又称为虚拟机监视器（Virtual Machine Monitor，VMM），是虚拟机的核心，是一层位于操作系统和计算机硬件之间的代码，用来将硬件平台分割成多个虚拟机，从而实现一台主机安装一个操作系统，在此基础上通过虚拟机技术来虚拟多个操作系统，如图 1-14 所示。

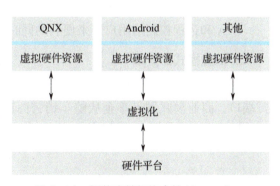

图 1-14　智能座舱架构中的 Hypervisor

Hypervisor 分为两种不同的类型，基于裸机的 Type 1 型和基于主机的 Type 2 型。其技术实现区别在于：基于裸机的 Hypervisor 直接运行在硬件上，而基于主机的 Hypervisor，则是运行在土操作系统上。在汽车智能座舱中，Type 1 型的 Hypervisor 得到了更加广泛的应用。

智能座舱域控制器中，针对不同功能需要不同的操作系统来支持，例如，QNX 负责仪表，保证仪表功能，Android 系统提供信息娱乐功能，RTOS 提供实时性功能等。基于 Hypervisor 的系统架构，能灵活地配置出多个不同的操作系统，运行在一个域控制器上，并能高效地协调域控制器里的不同功能，通信和协作。Hypervisor 技术的引入，使得硬件和软件资源可以按照产品需求，灵活地分配系统资源。

七、智能座舱的发展趋势

1. 架构升级融合

当前座舱芯片与自动驾驶芯片处于独立发展阶段，预测当硬件算力、架构设计、软件开发能力进一步提高，汽车整车架构迈入"中央计算式"时，"舱驾一体""舱行泊一体"将逐渐成为汽车架构升级融合的发展方向，座舱芯片将与自动驾驶芯片有望实现融合发展。

2. 软件定义汽车向生态定义汽车发展

在由硬件定义汽车过渡到软件定义汽车后，产品的生态边界将不断向外延伸。未来自动驾驶的实现，为汽车配备"隐形驾驶员"，解除其作为移动工具的桎梏，汽车座舱将摆脱驾驶和信息娱乐应用场景，逐渐进化成集家居、娱乐、工作、社交为一体的"智能移动空间"，万能的"场景性工具"，智能座舱将成为真正的移动第三空间。

八、智能座舱面临的挑战

1. 数据的"孤岛效应"

智能座舱的智能化需要依托大量的数据进行训练，从而实现智能程度更高的人机交互反馈效果，数据规模直接影响了智能座舱的用户体验。从车企角度，向外界公开车辆和驾驶数据是不符合行业各种要求的，车企间缺乏数据互联互通，形成了所谓的"孤岛效应"。

2. 信息和数据的安全隐患

OTA 和远程控制给用户带来便利的同时，也带来了数据安全隐患。

3. 商业模式的变革

软件定义汽车的到来，智能座舱将是车企获取用户数据、流量变现、OTA 收费的重要端口，商业模式倒逼车企从整车销售商向软件服务和数据流量持续性收费模式转变，主机厂将直面用户需求和挑战。

任务实施

教师把班级学生按两人一个队分组，分别扮演 ATIO 问界新能源汽车品牌（图 1-15）4S 店实习汽车销售顾问和新能源汽车潜在购买客户的角色。汽车销售顾问要向到店客户重点介绍问界 M7 智能座舱功能及独特优势，智能座舱给客户带来的驾驶便利和乐趣，引导客户购买。

图 1-15　华为问界 M7 汽车

销售顾问：欢迎光临！我是本店 001 号销售顾问，今天将为您提供全方位的汽车销售服务。

客　　　户：您好。我想换一部开起来比较省心，并方便上网娱乐的汽车。

销售顾问：好的。根据您的需求，我向您推荐本店的 ATIO 问界 M7 汽车。这款车以驾驶安全为基本原则，搭载了具有完全自主知识产权的华为鸿蒙操作系统支持的车机生态。鸿蒙操作系统涵盖了智能手机、笔记本计算机、智能汽车等，为车与手机、计算机的互联及协同提供了统一语言，让多个设备融合成一个"超级终端"，让您的车成为像手机一样的移动终端。

客　　　户：感觉有点高级呢，能不能具体介绍下这个车机生态呢？

销售顾问：好的。问界 M7 的车机生态是指以鸿蒙操作系统为核心的智能座舱和智能驾驶。智能座舱可以让问界 M7 成为一台"最舒服的车"。车机配备的鸿蒙操作系统可实现服务的跨设备无缝流转。例如，您在上车时，手机上的导航任务会自动流转到中控屏；驾驶时，前排驾乘人员可将手机第三方 App 内的目的地位置信息，通过碰一碰功能分享到中控屏；下车后，车载导航还将自动流转回手机，开启步行导航。

客　　　户：听您的意思，就是可以实现手机和车机互联了。

销售顾问：对的。手机移动端和车机端的互联是 M7 智能座舱非常容易实现的功能。借助这个功能，您可以在停车时候把手机游戏无缝链接到智能座舱配备的大屏上，借助 M7 配备的华为 SOUND 音响系统和 M7 的座舱环绕音设计，让您体验到音乐影院般的享受。

客　　　户：也就是我可以在座舱内看电影了。

销售顾问：完全可以。这个可以在问界智能座舱中轻松实现。来，我给您演示下智能座舱与移动端互联沉浸式体验座舱游戏电动功能和影院功能……（图 1-16）。

客　　　户：我非常满意 M7 的智能座舱和车机生态。相比这辆车，家里的车感觉就是一个交通工具。

图 1-16　智能座舱与移动端互联进行电动和电影的娱乐体验

销售顾问：对的。M7 的智能座舱和车机生态让您的爱车不再仅仅是一个交通工具了，而是成为家和工作场所之外的第三生活空间。通过本车搭载的鸿蒙智能座舱生态系统可以轻松实现人–车–家全场景的无缝互联。

客　　　户：这个体验太特殊了。感觉我买这个车就是买了一个可以移动的智能手机。

销售顾问：对的。这就是智能座舱生态系统带给客户的智能体验，也是本车相对于其他车型的亮点。如果您愿意，我乐意为您介绍本车智能座舱其他的功能和为您带来的便利。

客　　　户：好的。那麻烦您介绍下。

销售顾问：M7 鸿蒙车机生态中智能座舱具备多种功能，除了前面您体验的设备之间的互联互通功能，让导航/影音/视频通话等的无缝流转外，还可以实现座舱借助 OTA 实现与远端互联互通，让您免费升级最新的车辆功能包、导航地图、电影、音乐、游戏等，让您拥有最新的生态应用。座舱支持人脸识别驾驶员，语音与车机交互控制座舱、手势交互、抬头显示等，增加您驾驶的安全性和智能性……

客　　户：有这么多智能的功能啊，难怪叫智能座舱。

销售顾问：对。智能座舱是汽车座舱发展的趋势，只不过问界 M7 借助华为强大的研发实力打造了鸿蒙智能驾驶车机生态。

客　　户：您说的车机生态是不是除了智能座舱还有别的部分？

销售顾问：对的。您看现在您也对智能汽车慢慢懂了。智能汽车包括智能驾驶和智能座舱两大模块，问界 M7 把两个模块通过鸿蒙车载操作系统实现了有机互联，就称为所谓的车机生态。

客　　户：您能简单地介绍下智能驾驶和智能座舱这个车机生态吗？

销售顾问：好的。看来您对这款车的车机生态非常感兴趣，那我就简要介绍下。
本车的车机生态中，智能驾驶和智能座舱是有机结合的，共同为您的出行保驾护航。例如，本车的智能座舱 HUD 抬头显示、增强现实功能，可以实现车道级 AR 导航、倒车影像、巨幕观影、数字精灵等功能，这些功能只是车机生态的一小部分。如果您感兴趣，我可以请您试乘试驾下。

客　　户：好的，我非常感兴趣，我都迫不及待了。

销售顾问：好的，请您这边登记下……

任务小结

1）智能座舱和智能驾驶是智能汽车的两个部分，二者是相辅相成的关系。

2）智能座舱的发展阶段包括：电子座舱阶段、人机互动阶段、第三生活空间阶段。

3）智能座舱的主要功能包括：人机交互功能、安全监控功能、信息娱乐功能、环境感知功能、驾乘舒适功能、OTA 和远程控制功能、车联网功能。

4）智能座舱的创新技术：人机交互技术、人工智能与机器学习技术、感知与识别技术、虚拟现实与增强现实技术。

5）智能座舱的技术架构：以域控制器为中心，包括硬件部分和软件部分。各个厂家智能座舱的技术架构不尽相同，目前由集中式电子电气架构逐步过渡到多域融合阶段，并向中央计算 – 区域控制的阶段发展。

6）在 Hypervisor（虚拟机监视器）的帮助下，包括 Linux、QNX、Android 等座舱操作系统共享一套车机硬件。近年来随着华为鸿蒙操作系统异军突起，国产操作系统在座舱车机生态系统中占据一席之地。

7）智能座舱发展面临的挑战包括：数据的"孤岛效应"、信息和数据的安全隐患、商业模式的变革等。

任务工单

一、判断题

1. 智能汽车包括智能驾驶和智能座舱两个模块。（   ）
2. 华为 hicar 是华为公司基于 Android 进行有限的定制化开发的操作系统。（   ）
3. 智能座舱和智能驾驶紧密结合，智能驾驶的发展促进了智能座舱的发展，智能座舱也结合了智能驾驶的部分功能。（   ）
4. 智能座舱已经处于高级阶段，并且语音、手势交互在智能座舱中已经相对非常成熟。（   ）
5. 智能座舱是为用户提供驾乘或其他功能的全流程体验的车内空间以及基于网络互联体验的车内空间外延。（   ）
6. 智能座舱架构组成的核心模块是座舱人机交互算法。（   ）
7. 目前市面上的汽车智能座舱搭载技术，已经实现了人机多维度的交互方式。（   ）
8. 智能座舱可以实现多个系统板块的功能控制，提升驾乘体验，例如，可以实现人机交互系统，信息娱乐系统，环境控制系统的多个系统板块的功能控制。（   ）
9. 目前智能座舱的技术架构还处于分布式架构阶段。（   ）
10. 大部分的 Hypervisor 是 Type 2 类型。（   ）

二、不定项选择题

1. 下列哪个选项不是智能座舱的组成部分（   ）。
   A. 车联网　　　　　B. 自动驾驶　　　　C. 人脸识别　　　　D. 智能座椅
2. 智能座舱的发展历程不包括以下哪些阶段（   ）。
   A. 机械时代　　　　　　　　　　　　B. 数字化时代
   C. 电子化时代　　　　　　　　　　　D. 人机互动完全智能时代
3. 智能座舱包含以下哪些部分（   ）。
   A. 车联网　　　　B. 车内娱乐　　　　C. 车内驾驶　　　　D. 乘坐空间
4. 智能座舱的产生从市场角度洞悉包括以下哪些部分（   ）。
   A. 主机厂之间竞争越发激烈
   B. 互联网科技领域的博弈越发激烈
   C. 为提高工业智能化水平，实施强国战略，国家发展规划与相关政策也在大力支持
   D. 消费者对智能座舱体验的支付意愿有所提高
5. 以下哪些是智能座舱的优势（   ）。
   A. 舒适度　　　　B. 娱乐性　　　　　C. 安全性　　　　　D. 使用成本较高
6. 下列技术中哪些是目前市面上的汽车智能座舱已经搭载的人机交互技术（   ）。
   A. 语音交互　　　B. 视觉交互　　　　C. 触觉交互　　　　D. 手势交互

7. 智能座舱的主要功能包括（   ）。
   A. 环境感知　　　　B. 人机交互　　　　C. 信息娱乐　　　　D. 车联网
8. 下列哪些选项是目前主要的车载操作系统？（   ）
   A. Linux　　　　　B. QNX　　　　　　C. Windows　　　　D. Android
9. Hypervisor 可以实现让不同的操作系统共享智能座舱硬件资源，其中哪个操作系统与驾驶安全性相关？（   ）
   A. Linux　　　　　B. QNX　　　　　　C. Windows　　　　D. Android
10. 下列哪些选项不是智能座舱发展面临的挑战？（   ）
    A. 数据的"孤岛效应　　　　　　　　B. 客户数据的隐私保护
    C. 数据的安全性　　　　　　　　　　D. 座舱芯片

三、简答题

1. 简要介绍智能驾驶和智能座舱的关系？

答：

2. 在智能座舱的技术架构中，简要说明 Hypervisor 所处的位置？其存在的意义是什么？

答：

学习任务 2
语音交互系统开发与测试

任务说明

【任务描述】

如果您是某新能源汽车 4S 店售后维修工作人员，某天工作时接到客户改装座舱的需求，客户需要在座舱内增加语音交互控制车辆功能。在接到任务后，请问作为新能源汽车的技术服务人员，您应当怎么做才能满足客户升级车辆语音交互控制功能的需求？

【任务育人目标】

知识目标：

1）能简述语音交互系统在智能座舱的应用。
2）能概述语音交互系统的工作原理与技术。
3）能简述语音交互系统的开发流程。

技能目标：

1）能够正确使用 PyAudio 和 wave 录制音频并保存。
2）能够正确使用 requests 发送请求向语音识别服务器提交数据。
3）能够正确使用 base64 解析语音识别服务器返回的识别结果。
4）能够独立在整车环境中完成语音交互系统的测试。

素养目标：

1）培养独立思考和自主创新能力。
2）拓宽动手能力和实践精神。
3）培养科学思维能力。
4）培养团队合作精神。

【任务接受】

在学习本任务内容时，引导养成独立思考、自主创新的意识和能力，对语音交互开发过程中遇到的技术问题，能够独立思考和应对，并通过自主查找资料的方法解决开发过程中遇到的各种技术问题。对座舱语音交互功能进行烧入和调试的过程中，增强动手能力和科学思维能力的培养，增强团队合作精神。全面体现敬业、友善的社会主义核心价值观。

知识准备

一、语音交互的定义

语音交互（Voice User Interface，VUI）是指人类与设备通过自然语言进行信息的传递。车载常用语音功能有接听电话、开关车窗、广播音乐、路线导航、空调、部分灯光、车窗、车门、刮水器等语音指令等，如图2-1所示。语音交互技术是人工智能技术的重要组成部分。

 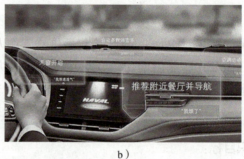

a)　　　　　　　　　　　　　　　b)

图2-1　语音交互的应用

二、语音交互组成

语音交互由语音识别ASR（Automatic Speech Recognition）、自然语言理解NLU（Natural Language Understanding）、自然语言生成NLG（Natural Language Generation）、语音合成TTS即文本转语音（Text To Speech）构成。但机器在生成自然语言前需要对理解的自然语言进行推理理解、意图识别，以决定下一步需要执行的操作或回复用户的方式，这个模块称为对话管理DM（Dialogue Management）或者对话引擎CE（Conversation Engine），如此就组成了一个简单的语音交互模型，如图2-2所示。在智能座舱语音交互系统中，还有一个机器语音唤醒过程，如图2-3所示。

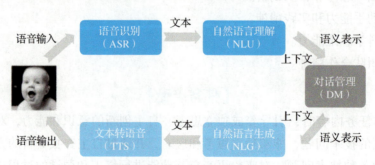

图2-2　简单语音交互模型

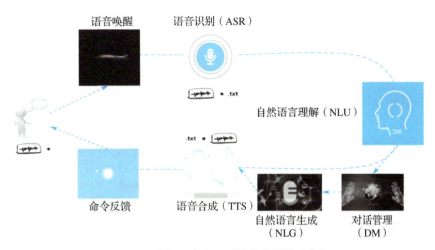

图 2-3 人机语音交互系统的典型处理框架

三、语音交互系统的工作流程

语音交互系统的工作流程如图 2-4 所示。

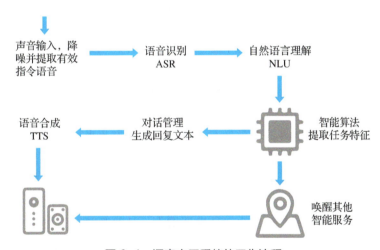

图 2-4 语音交互系统的工作流程

四、语音交互核心技术

语音识别、自然语言处理和语音合成是语音交互技术的三个核心技术。

1. 语音识别技术

（1）定义和组成　语音识别技术又称为自动语音识别（Automatic Speech Recognition，ASR），是指让机器通过识别和理解过程将一段语音信号转换成相对应的文本信息，系统主要包括信号处理、特征提取、声学模型，语言模型以及字典与解码五大部分，如图 2-5 所示。

（2）工作流程

1）特征提取技术需要对所采集到的声音信号进行滤波、分帧等预处理工作，把要分

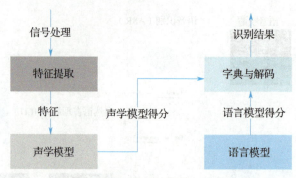

图 2-5 语音识别技术组成及工作流程

析的信号从原始信号中提取出来。

2)特征提取工作将声音信号从时域转换到频域,为声学模型提供合适的特征向量。

3)声学模型匹配技术再根据声学特征计算每一个特征向量在声学特征上的得分。

4)语言模型则根据语言学的相关理论,计算该声音信号对应的可能词组序列的概率。

5)最后根据已有的字典,对词组序列进行解码,得到最后可能的文本表示。

(3)声学模型　　声学模型是用于识别人发出声音的模型。发声的基本音素状态每个人互不相同,尽量获得不同人、不同年纪、性别、口音、语速的发声语料,同时尽量采集多种场景,如安静的、嘈杂的、远距离的发声语料生成声学模型。为了达到更好的效果,针对不同的语言,不同的方言会用不同的声学模型。

(4)语言模型　　语言模型是计算自然语言中句子或短语序列出现概率的一种数学模型。它旨在评估给定文本序列是否符合人类语言习惯,并据此分配一个概率值,即语言模型是基于概率论、统计学、信息论、机器学习对自然语言进行建模后的概率模型,语言模型是基于单词和语句的概率,使用大量的文本训练出来的。如果模型中只有两句话"今天星期一"和"明天星期二",那就只能识别出这两句,要想识别得更多,只需要涵盖足够的语料就行,不过随之而来的就是模型增大,计算量增大。所以实际应用中的模型通常是限定应用域的,例如,智能家居的,导航的,智能音箱的,医疗的等,降低计算量的同时还能提高精度。

语言模型的任务是预测一个句子在语言中出现的概率。截至目前,语言模型的发展先后经历了文法规则语言模型、统计语言模型、神经网络语言模型。

(5)关键技术　　语音识别涉及相关技术主要包括特征提取技术、模型匹配技术、模型训练技术三个方面,如图 2-6 所示。

2. 自然语言处理技术

(1)定义和分类　　自然语言处理(Natural Language Processing,NLP)是指将人的语言形式转化为机器可理解的、结构化的、完整的语义表示,目的是让计算机能够理解和生成人类语言。NLP 里细分领域和技术实在太多,根据 NLP 的终极目标,大致可以分为自然语言理解(Natural Language Understanding,NLU)、自然语言生成(Natural Language Generation,NLG)两种,如图 2-7 所示。

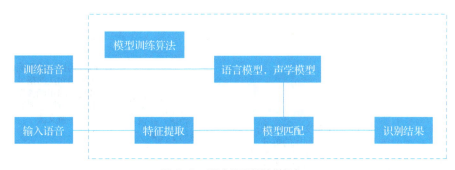

图 2-6　语音识别关键技术

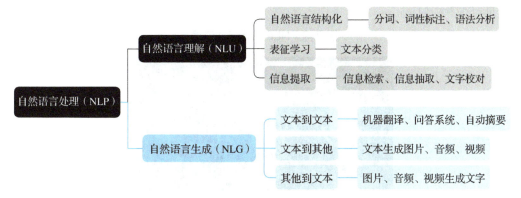

图 2-7　NLP 的分类

（2）工作逻辑　将用户的指令进行 Domain（领域）→ Intent（意图）→ Slot（属性抽取）三级拆分，如图 2-8 所示。

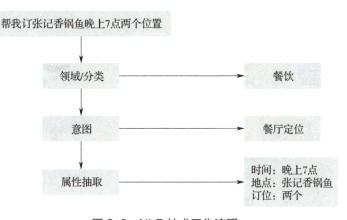

图 2-8　NLP 技术工作流程

（3）工作流程　自然语言处理（NLP）技术一般分为四个步骤，如图 2-9 所示。

3. 语音合成技术

（1）定义　语音合成，又称文本转语音（Text To Speech，TTS）技术，能将任意文字信息转化为相应语音朗读出来，如图 2-10 所示。

（2）工作流程　语音合成技术工作流程按获取输入的文本→语言处理→韵律处理→声学处理→输出音频文件进行，如图 2-11 所示。

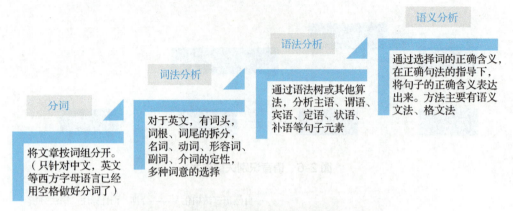

图 2-9　NLP 技术工作流程

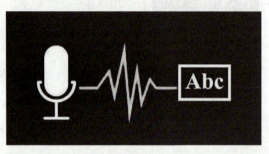

图 2-10　语音合成技术即文本转语音技术（Text To Speech，TTS）

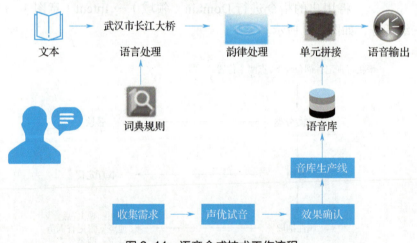

图 2-11　语音合成技术工作流程

（3）原理方法

1）波形拼接法。把波形语音编码技术用于语音合成。首先选取语音库中自然语言合成单元的语音波形单元，然后对这些单元进行编辑拼接、数据平滑处理，最后生成输出的语音，如图 2-12 所示。

优点：音质最佳，录音和合成音质差异小，句子的自然度较高。

缺点：非常依赖语音库的规模大小和制作质量；尺寸大，无法在嵌入式设备中应用；仍然存在拼接不连续性。

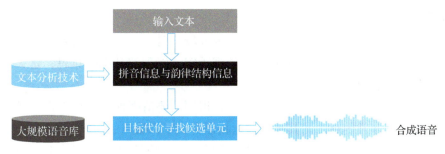

图 2-12　波形拼接法语音合成技术

2）参数合成法。通过数学方法对已有录音进行频谱特性参数建模，构建文本序列映射到语音特征的映射关系，生成参数合成器，如图 2-13 所示。

优点：对数据的需求较低，较少的录音样本即可完成建模，系统构建简单；具有较好的灵活性和拓展性。

缺点：音质和自然度较低，存在平滑性问题。

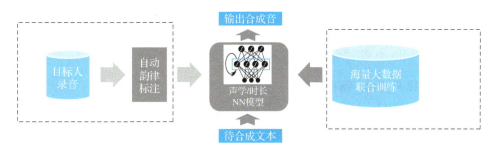

图 2-13　参数合成法语音合成技术

五、语音交互优缺点

1. 优点

（1）信息传递效率高　相比于传统的键盘输入，语音输入方式在速度及准确率方面更具优势，利用语音输入普通话时，速度是传统输入方式的 3.21 倍。

（2）空间便捷性　与触控相比，语音交互可以人机相距 3~5m 进行交互，增加了交互的便捷性。

（3）使用门槛低　对非文字使用场景非常友好。语音交互为老人、孩子，以及一些不方便使用文字的人群提供了便利，也在一些不方便使用文字或者手势的场景下，如驾驶、玩游戏，为使用者提供了便利。

（4）学习成本低　语音交互与人们平时说话一样，不需要特意学习，大大降低了学习的成本。

（5）传递声学信息，声纹识人　通过声纹可以进行身份判断，并且可以在下达指令的同时进行身份判断，效率更高。声音还可以判断性别、年龄层、情绪等信息。

（6）声音传递情感　语音交互可以传递情感、语气，因此在有情感诉求的场景下，语音交互是一个很好的选择。

2. 缺点

（1）信息接收效率较低　当信息量大、内容较长时，语音交互的效率就会降低。语音交互是线性的，也就是别人说话时，必须都听完才能理解其中的意思，这大大降低了语音交互的信息接收效率。

（2）嘈杂环境下语音识别精度降低　语音识别需要清晰地识别出人声，嘈杂环境使得人声的提取变得非常困难，尤其是针对远场语音交互，噪声的问题更加突出。

（3）数据保护和隐私安全　随着语音助手的普及，隐私和安全问题将变得更加重要。未来的发展将包括更强大的用户身份验证和隐私保护措施。

> **扩展阅读**
>
> 语音交互发展导致的用户数据隐私和保护问题，对人们提出了诚实、守信的道德准则。主机厂在给用户提供便利的语音交互智能座舱时，应该重视注意保护客户数据和隐私。

六、基于 Python 的语音识别 API 调用

1. 为什么选择 Python 编程语言

自 20 世纪 90 年代初 Python 语言诞生至今，已经牢牢占据了人工智能领域编程语言排名第一名的位置。它的优点有很多，如图 2-14 所示。

图 2-14　Python 语言的优点

（1）简单易学　相对于 Java 和 C++ 等编程语言，Python 语法更简单，更易上手，适用于编程初学者。

（2）开发效率高　Python 具有非常强大的第三方库，在此基础上进行开发，可大大提高开发效率。

（3）面向对象　函数、模块、数字、字符串都是对象，并且完全支持继承、重载、派生、多继承，提高了代码的可重用性和可维护性。自底向上、模块化的编程模式，将问题分解为独立的对象，并通过对象间的交互来解决问题，易维护、易复用、易扩展，更符合人类思维方式。

（4）免费开源　Python 的所有内容都是免费开源的。

（5）可扩展性、可扩充性、可嵌入性　如果需要一段关键代码运行得更快或者希望某些算法不公开，可以部分程序用 C、C++、Java 编写，然后在 Python 程序中使用它们。

2. 什么是 Python 的模块、标准库和第三方库

（1）模块　又称为库，是一个 Python 文件，定义了各种功能接口。把复杂的功能封装为模块（库），将功能实现的细节隐藏起来，使用该模块（库）的程序员不需要了解实现的细节。通过调用模块（库）封装好的功能，可以用仅仅几行 Python 代码实现某项复杂的功能，例如，可以用一行代码就实现一个 Web 服务器。

（2）标准库（Python Standard Library）　Python 语言的核心包含数字、字符串、列表、字典、文件等常见类型和函数。而 Python 标准库是 Python 语言自带的一组常用模块和工具库，它包含众多模块，通过函数、类和服务的庞大集合，可满足各种编程需求，例如，系统管理、网络通信、文本处理、数据库接口、图形系统、XML 处理等功能。标准库是和操作系统及硬件等底层打交道，因此使用 C 语言来编写，如访问计算机内存这种较低级别的程序，用户不需要了解用 C 语言复杂代码编写的标准库的内部构造，只需要调用接口使用即可。本任务用到的标准库如下。

1）webbrowser。Python 自带的标准库，无需安装，可以直接在 Python 中使用该模块来打开网页、PDF 文件等。使用打开网页函数是 *webbrowser.open_new_tab*()。

2）time。是获取时间信息的标准库，包括时间处理，时间格式化，计时基本功能。本任务用到的时间处理函数 time.time()，用于返回系统当前时间戳。

（3）第三方库　是由开发人员构建的开放源代码库，用于解决某个特定的问题。第三方库在开发者打包好后需发布到 Python 软件包索引（Python Package Index，PyPI）上，供其他用户下载并安装使用。Python 目前的第三方库有数万之多，并且每天都会有更新和新的库出现。第三方库包括了各种各样的模块，用于实现各种功能。本任务涉及的第三方库有以下几个。

1）PyAudio。PyAudio 是 Python 的一个音频处理模块，使用 PyAudio 可以在 Python 程序中调用计算机的传声器或音响进行录音，音频播放，生成 wav 文件等。

2）wave。Python 标准库中的 wave 模块是音频 wav 格式的便捷接口，可以将原始格式的音频数据写入对象之类的文件，并读取 wav 文件的属性。

3）base64。是一种编码算法，对数据内容进行编码，特别适合在 http 协议下快速传输数据。传统计算机编程的文本数据是通过 ASCII 编码将二进制和英文字母（或特殊字符）对应起来，实现人类语言与机器语言沟通。但图像、音频、视频等非文本数据的传输与存储，无法直接使用 ASCII 码转换为二进制数据，因此需要一种编码方式，能够将二进制数据转换为文本形式，便于传输和存储。base64 最早用于电子邮件中传输非文本数据，现多用于 http 协议下传输非文本数据。base64 包括小写字母 a~z、大写字母 A~Z、数字 0~9、符号"+""/"共 64 个字符的字符集。例如，在数据库中存储或传输时，base64 编码可以将图像数据转换为字符串，方便存储和处理。

（4）第三方库的安装和调用　常用的第三方库不需要手动下载和安装，可以使用 Python 的包管理工具 pip 进行安装，但是务必注意在使用某些第三方库时，会因为更新

安装时需要指定库的名称和版本号，如 pip 库，错误的版本会导致程序运行时报错。

1）第三方库安装命令行如下，安装第三方库 NumPy：

pip install numpy

2）第三方库在代码中的引用方法：

import numpy as np #% 引用 NumPy 库并别名为 np，可用别名访问模块中的接口函数。

3. 什么是 API 调用

API 即应用程序接口（Application Programming Interface），它定义了在一个应用程序中调用另一个应用程序的方式（或服务）。API 接口可以让开发者无需了解程序内部的具体实现细节，仅通过 API 接口来进行交互。API 可以通过调用 HTTP 请求来进行访问和使用，具体方式取决于该 API 提供商的要求和设计。一般情况下，调用 API 需要以下步骤。

1）在使用大部分 API 之前，首先需要访问 API 提供商网站并注册一个账户。

例如：百度语音识别 API 调用，需要先进入百度云官网，选择"立即使用"，如图 2-15 所示。https://ai.baidu.com/tech/speech?track=cp:ainsem|pf:pc|pp:878-chanpin-yuyinjishu|pu:yuyinshibie-baidu|ci:|kw:10521862

2）注册账号并登录，如图 2-16 所示。

图 2-15　百度语音识别先进入云官网　　　图 2-16　输入百度云账号和密码

3）进入网页 https://console.bce.baidu.com/ai/?_=1670147555850&fromai=1#/ai/speech/app/list，创建应用，如图 2-17 所示。

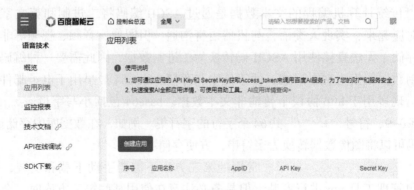

图 2-17　创建应用步骤 1

4）输入应用名称，如 test1；并填写应用归属："个人"；应用描述："学习测试"。单击"立即创建"，如图 2-18 所示。

图 2-18　创建应用步骤 2

5）单击"创建"就能获取一个 API 密钥。这个密钥可以用于身份验证及追踪使用量等目的，如图 2-19 所示。

图 2-19　获取 API 密钥和密码

6）编写用户代码。根据 API 文档，可以使用常见的编程语言如 Java、Python 等来编写代码以调用 API。在代码中指定 API 的请求地址和参数，发送 HTTP 请求来获取 API 的信息。

7）解析 API 的响应并处理结果。一旦 API 收到响应，需要解析响应并处理返回的结果以满足用户业务需求。

任务分解

要完成升级客户座舱语音交互功能的任务，需要将任务分解为三个子任务。

1. 子任务 1　语音交互系统的开发

编写程序实现语音识别，包括两个部分：

1）语音数据采集与保存。

2）语音识别 API（应用程序接口）调用 base64 可以将语音数据转换为字符串，方便存储和处理。

2. 子任务 2　语音交互系统的调试

3. 子任务 3　语音交互系统的固件烧入和测试

任务实施

子任务 1　语音交互系统的开发

任务要求：开发基于易飒科技提供的 API 接口调用的语音识别程序，要求能够识别：普通话、英语、粤语，本任务已经注册好对应的接口账号，可以直接使用，并能根据需求自行更换成百度或其他 API 接口。

前期准备

1. Python 的安装

Python 是一种高级的、动态类型的编程语言，它的设计注重代码的可读性和简洁性。Python 由 Guido van Rossum 于 1989 年首次公开发布，至今已经成为了全球最受欢迎的编程语言之一，如图 2-20 所示。

图 2-20　Python

（1）下载 Python 安装包

下载地址：https://www.python.org/downloads/；选择 Python 版本下载，运行下载的 EXE 安装包，如 python-3.8.7rc1-amd64.exe，（推荐版本是 3.8.7，不建议装 3.9 版本以上的），如图 2-21 所示。

（2）安装 Python

双击打开安装包，会弹出安装对话框，选择自定义安装（必须勾选 Add Python 3.8 to PATH）；设置选项全选，单击 next 按钮；设置安装文件夹（建议安装在 C 盘，如：

C:\Python），等待安装完成，会弹出完成对话框，如图 2-22 所示。

图 2-21　Python 安装包

图 2-22　自定义安装 Python

（3）验证 Python 安装是否成功

打开开始菜单，再打开命令行窗口，在命令提示符状态输入 Python，出现 Python 版本信息则为安装成功，如图 2-23 所示。

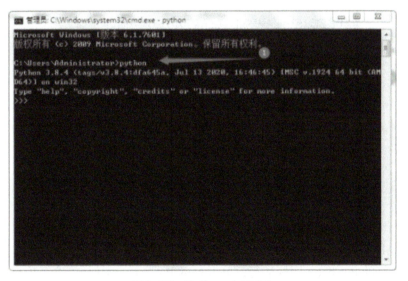

图 2-23　Python 安装成功

2. PyCharm 安装及项目创建

PyCharm 是一种 Python IDE（Integrated Development Environment，集成开发环境），带有一整套可以帮助用户在使用 Python 语言开发时提高其效率的工具，比如调试、语法高亮、项目管理、代码跳转、智能提示、自动完成、单元测试、版本控制。如图 2-24 所示。

图 2-24　PyCharm 界面

（1）下载 PyCharm 安装包

下载地址：https://www.jetbrains.com.cn/en-us/pycharm/download，选择 Community 版本（免费）进行下载安装即可，如图 2-25 所示。

图 2-25　PyCharm 下载界面

（2）安装 PyCharm

双击打开 .exe 程序；可以自行更改安装位置；全部选项勾选，最后单击下一步完成安装，如图 2-26 所示。

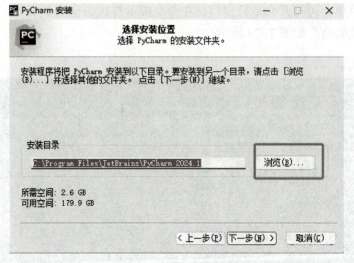

图 2-26　安装 PyCharm

（3）创建 Python 项目

双击安装好的 PyCharm 图标运行，单击 New Project，创建语音交互项目。如图 2-27 所示。

1）Name：项目名字为 SpeechProject。

2）Location：项目存储地址，存放到计算机桌面。

3）Interpreter Type：选择 custom environment（自定义环境）。

4）Environment：选择 Select existing（选择已存在环境）。

5）Type：选择 Python。

6）Python path：选择安装的 python.exe 路径（根据步骤（1）中 Python 安装的路径填写）。

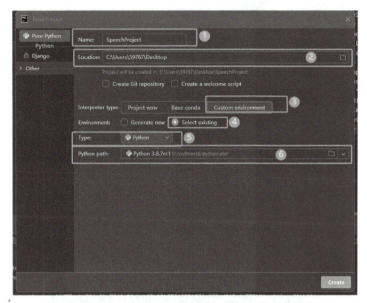

图 2-27 创建新项目

（4）新建 Python 程序

在新建的 SpeechProject 项目中，右键打开菜单栏，选择 New -> Python file，创建 Python 文件 audio_rec.py，如图 2-28 所示。

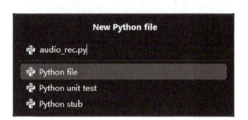

图 2-28 创建 Python 程序文件

任务实操

1. 导入、安装第三方库

1）安装项目所需库，本项目需要安装 Pyaudio、Wave、Requests 三个库。打开 PyCharm 的中 Terminal 终端框，如图 2-29 所示，并在终端框中依次输入以下三段命令，分别安装第三方库。

```
pip install pyaudio
pip install wave
pip install requests
```

2）由于 pip install 命令默认会去外国进行下载，如果遇到下载速度很慢，或者直接 HTTP 报错的，可以使用以下命令，修改下载镜像地址。

```
pip config set global.index-url
https://pypi.tuna.tsinghua.edu.cn/simple/
```

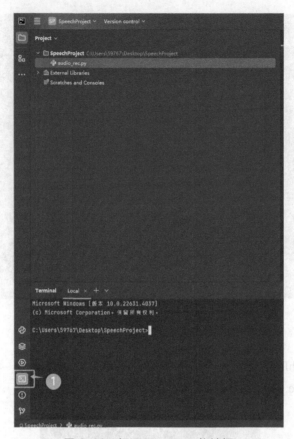

图 2-29 打开 Terminal 终端框

3）导入第三方库，在 audio_rec.py 的程序文件中输入以下代码，如图 2-30 所示。

```python
import pyaudio    # 音频处理模块
import wave       # wav音频文件处理模块
import requests   # 网络访问模块
import json       # json数据处理模块
```

图 2-30 导入第三方库代码

2. 编写语音数据采集与保存程序

代码如图 2-31 所示。

其中：

```
def get_audio(save_file):
```

● 定义一个名为 get_audio 的函数，接受一个参数 save_file，用于指定保存音频文件的名字。

```
CHUNK = 1024                    # 定义数据流块的大小
FORMAT = pyaudio.paInt16        # 指定数据类型为16位整型
CHANNELS = 1                    # 单声道
```

```python
    RATE = 16000   # 采样率为16000 Hz
    RECORD_SECONDS = 3   # 录音时间为3秒
    WAVE_OUTPUT_FILENAME = save_file   # 输出的文件名，由函数参数提供
```

```python
# 语音数据采集与保存，参数：保存文件的名字
def get_audio(save_file):
    # ------声音配置------
    CHUNK = 1024   # 定义数据流块
    FORMAT = pyaudio.paInt16   # 指定数据类型
    CHANNELS = 1   # 声道数
    RATE = 16000   # 采样率
    RECORD_SECONDS = 3   # 录音时间
    WAVE_OUTPUT_FILENAME = save_file   # 输出文件

    # ------录音相关代码------
    print('开始录音....')
    p = pyaudio.PyAudio()   # 初始化pyaudio
    stream = p.open(format=FORMAT,
                    channels=CHANNELS,
                    rate=RATE,
                    input=True,
                    frames_per_buffer=CHUNK)
    frames = []
    for i in range(0, int(RATE / CHUNK * RECORD_SECONDS)):
        data = stream.read(CHUNK)
        frames.append(data)
    stream.stop_stream()   # 录音停止
    stream.close()   # 录音关闭
    p.terminate()   # 录音终止

    # ------写入文件------
    wf = wave.open(WAVE_OUTPUT_FILENAME, 'wb')
    wf.setnchannels(CHANNELS)
    wf.setsampwidth(p.get_sample_size(FORMAT))
    wf.setframerate(RATE)
    wf.writeframes(b''.join(frames))
    wf.close()
    print('录音结束。')
```

图 2-31　编写语音数据采集与保存代码

● 这些参数配置了录音的基本设置，例如音频格式、声道数、采样率和录音时长等，根据 api 接口的需求可以自行进行修改。

```
p = pyaudio.PyAudio()    # 初始化 pyaudio
stream = p.open(format=FORMAT,
                channels=CHANNELS,
                rate=RATE,
                input=True,
                frames_per_buffer=CHUNK)
```

● 这部分代码初始化了 pyaudio，并打开了一个音频流，用来从传声器收集音频数据。

```
frames = []
for i in range(0, int(RATE / CHUNK * RECORD_SECONDS)):
    data = stream.read(CHUNK)
    frames.append(data)
```

- 这部分代码循环读取音频数据,将其存储在 frames 列表中。循环的次数是根据采样率、数据块大小和录音时长计算出来的。

```
stream.stop_stream()    # 停止音频流
stream.close()          # 关闭音频流
p.terminate()           # 终止 pyaudio 实例
```

- 录制完成后,停止并关闭音频流,同时终止 pyaudio 实例。

```
wf = wave.open(WAVE_OUTPUT_FILENAME, 'wb')
wf.setnchannels(CHANNELS)
wf.setsampwidth(p.get_sample_size(FORMAT))
wf.setframerate(RATE)
wf.writeframes(b''.join(frames))
wf.close()
print('录音结束。')
```

- 这部分代码打开一个 .wav 文件,并将录制的音频数据写入文件。最终输出文件名是由函数参数 save_file 指定的。

3. 编写语音识别程序

代码如图 2-32 所示。

```
# 开始执行语音采集函数
def EisaCloud_POST():
    # 易飒云API网址URL
    URL = "https://open.eisa.xyz/api/asr/"

    # 录制音频文件
    get_audio('test.wav')

    # 读取音频文件
    with open("test.wav", 'rb') as file:    # 以二进制格式打开一个文件
        data = file.read()    # 读取文件中的内容保存到data中

    # 上传音频,向服务器发送识别请求
    response = requests.post(URL, {"f": data}).text    # 用post方法将请求发送到识别接口的
URL    # print(response)    # 打印响应内容

    # 解析json格式的识别结果
    result = json.loads(response)['result']

    return result
```

图 2-32 语音识别程序

其中：

```
def get_audio(save_file):
```

●定义一个名为 EisaCloud_POST 的函数。

```
URL = "https://open.eisa.xyz/api/asr/"
```

●定义易飒云 API 的 URL，用于处理语音识别请求。

```
get_audio('test.wav')
```

●调用前面定义的 get_audio 函数，录制音频并保存为 test.wav 文件。

```
with open("test.wav", 'rb') as file:   # 以二进制格式打开一个文件
    data = file.read()    # 读取文件中的内容保存到 data 中
```

●以二进制模式打开 test.wav 文件，并读取文件内容到变量 data 中。

```
response = requests.post(URL, {"f": data}).text
result = json.loads(response)['result']
return result
```

●使用 requests 库的 post 方法将音频数据发送到易飒云的 API 接口，并将响应内容以文本形式保存到 response 变量中。将服务器返回的 JSON 响应解析为字典，并提取其中的 result 字段。返回识别结果。

4. 调用函数实现功能

代码如图 2-33 所示。

```
result = EisaCloud_POST()
print(result)
```

图 2-33　调用函数

5. 运行该代码查看程序

其完整代码如图 2-34 所示。

```
import pyaudio   # 音频处理模块
import wave   # wav音频文件处理模块
import requests   # 网络访问模块
import json   # json数据处理模块

# 语音数据采集与保存，参数：保存文件的名字
def get_audio(save_file):
    # ------声音配置------
```

图 2-34　完整代码

```python
CHUNK = 1024  # 定义数据流块
FORMAT = pyaudio.paInt16  # 指定数据类型
CHANNELS = 1  # 声道数
RATE = 16000  # 采样率
RECORD_SECONDS = 3  # 录音时间
WAVE_OUTPUT_FILENAME = save_file  # 输出文件

# ------录音相关代码------
print('开始录音....')
p = pyaudio.PyAudio()  # 初始化pyaudio
stream = p.open(format=FORMAT,
                channels=CHANNELS,
                rate=RATE,
                input=True,
                frames_per_buffer=CHUNK)
frames = []
for i in range(0, int(RATE / CHUNK * RECORD_SECONDS)):
    data = stream.read(CHUNK)
    frames.append(data)
stream.stop_stream()  # 录音停止
stream.close()  # 录音关闭
p.terminate()  # 录音终止

# ------写入文件------
wf = wave.open(WAVE_OUTPUT_FILENAME, 'wb')
wf.setnchannels(CHANNELS)
wf.setsampwidth(p.get_sample_size(FORMAT))
wf.setframerate(RATE)
wf.writeframes(b''.join(frames))
wf.close()
print('录音结束。')


# 开始执行语音采集函数
def EisaCloud_POST():
    # 易讯云API网址URL
    URL = "https://open.eisa.xyz/api/asr/"

    # 录制音频文件
    get_audio('test.wav')

    # 读取音频文件
    with open("test.wav", 'rb') as file:  # 以二进制格式打开一个文件
        data = file.read()  # 读取文件中的内容保存到data中

    # 上传音频,向服务器发送识别请求
    response = requests.post(URL, {"f": data}).text  # 用post方法将请求发送到识别接口的
URL  # print(response)  # 打印响应内容

    # 解析json格式的识别结果
    result = json.loads(response)['result']

    return result


# 开始执行语音识别函数
result = EisaCloud_POST()
print(result)
```

图 2-34 完整代码（续）

右键单击该程序，选择 Run 'audio_rec'，运行该程序，如图 2-35 所示。

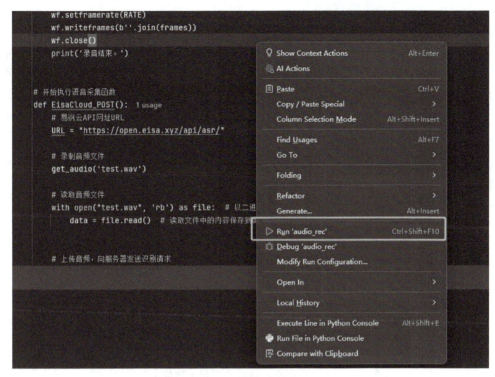

图 2-35　运行 Python 程序

6. 验证功能

运行程序后，程序会自动录制 3s 的音频并自动上传至云服务进行识别，如图 2-36 所示。

```
D:\python38\python.exe C:\Users\59767\Desktop\SpeechProject\audio_rec.py
开始录音....
录音结束。
打开天窗。

Process finished with exit code 0
```

图 2-36　语音识别“打开天窗”

子任务 2　语音交互系统的调试

任务要求：本任务要求调试好教学车和台架两者之间的通信互联功能。要求在教学车的传声器说话时装调台架软件界面的音量条有波动。同时台架播放音乐时，教学车内的耳机能够同步实现音乐播放。

前期准备

1）设备准备。

工具设备	名称	检查内容
	智能座舱教学实训车（简称"教学实训车"） 生产商：易飒（广州）智能科技有限公司 ★视频1：教学实训车简介	（1）绕车一周，检查两个阻车器是否放置在后轮的前后位置 （2）检查蓄电池电池电压，实验前蓄电池负极应处于断开状态。用10号扳手连接蓄电池负极并拧紧 （3）实验前确认智能座舱教学车处于关闭状态。连接蓄电池负极接线后，踩住制动踏板并起动教学车，仪表READY灯点亮，且档位处于P档，驻车制动灯点亮
	智能座舱测试装调台架（简称"台架"） 生产商：易飒（广州）智能科技有限公司	（1）检查确认台架220V电源已安全断开 （2）检查台架万向轮是否已锁止，确保万向轮处于锁止状态 （3）检查台架上的设备是否齐全
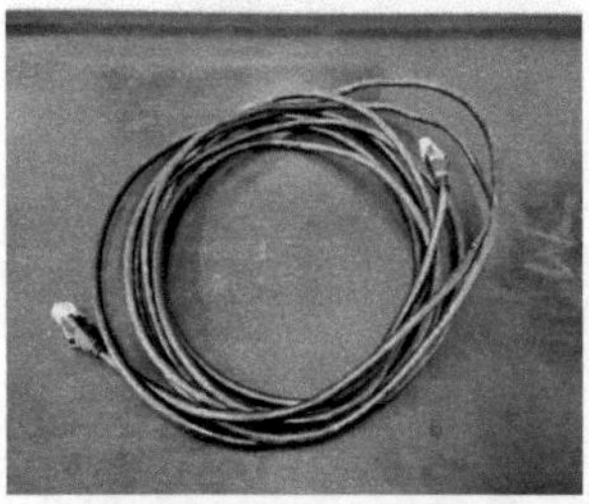	联机通信线（即网线）	（1）外观结构完整，表面不应有破损、变形、裂痕等问题 （2）接针脚无损坏、变形或生锈

2）工具准备。

工具设备	名称	检查内容
	触控笔	（1）外观结构完整，表面不应有破损、变形、裂痕、生锈等问题 （2）使用功能正常

（续）

工具设备	名称	检查内容
	安全帽	卡扣正常
	绝缘垫	无破损
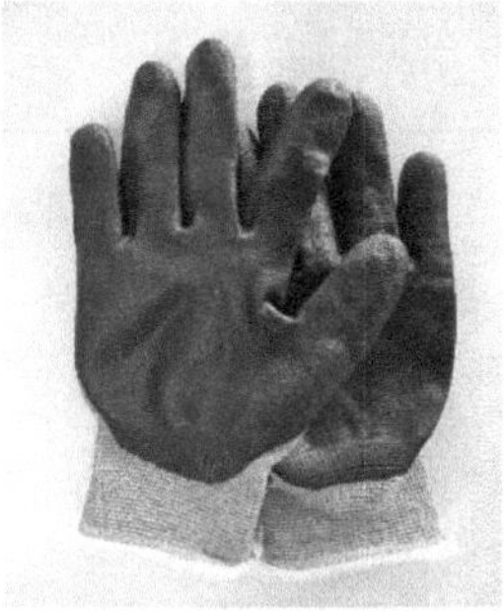	工作手套	无破损

3）教学车检查。

步骤	具体内容	图示
1	规范着装，佩戴安全帽并设置围挡和警示牌	
2	安装座椅、地板、方向盘三件套	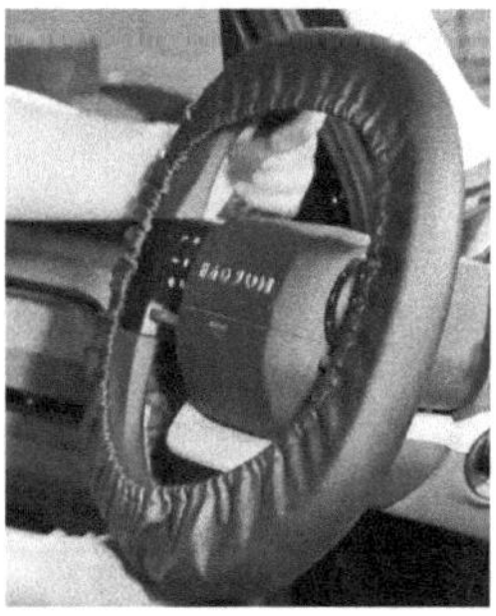

（续）

步骤	具体内容	图示
3	连接教学车蓄电池负极，并踩住制动踏板，给车辆上电。检查仪表 READY 灯、驻车制动指示灯、档位指示灯和车辆电量指示灯，车辆务必要处于 READY 状态	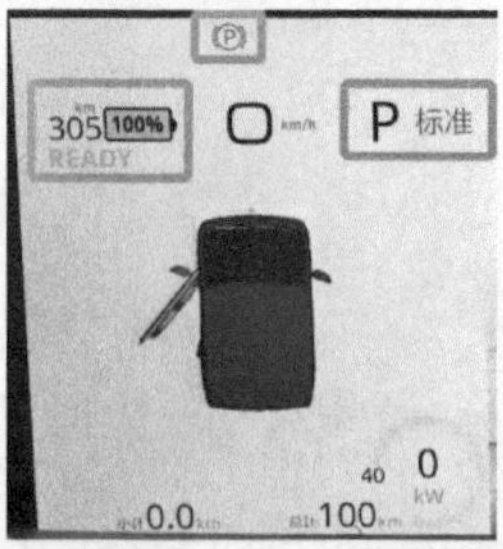
4	将钥匙打到 off 位置，关闭车辆	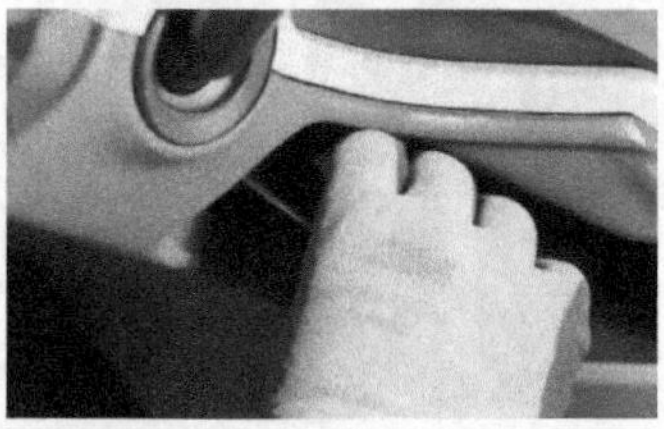

4）教学车和台架互联。

步骤	具体内容		图示
1	教学车端连接联机通信线	（1）在车辆故障诊断口处连接一个转接头用于连接网线 注意：连接位置位于主驾驶处方向盘下方诊断口处	
		（2）将联机通信线的一端接入车辆转接头处	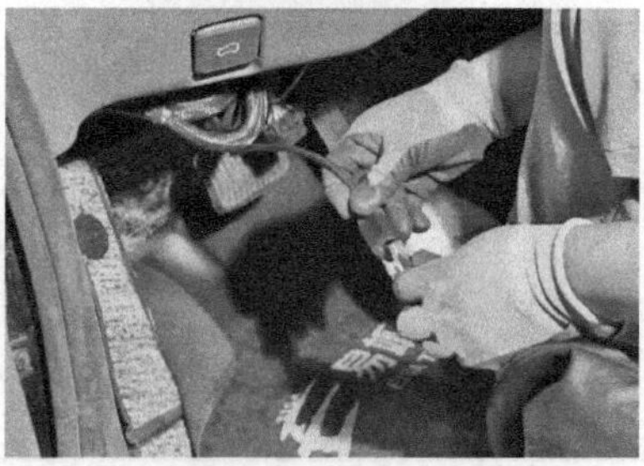
2	台架端连接联机通信线	注意：连接位置位于台架网线连接端口处	

任务实操

步骤	具体内容	图示
1	教学车上电。踩住制动踏板，给车辆上电	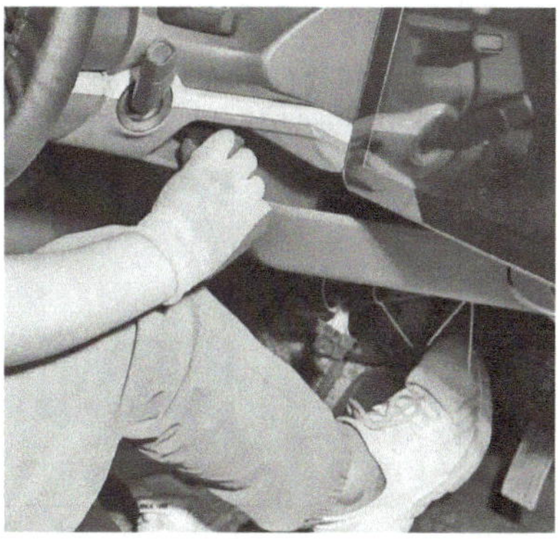
2	再次检查车辆状态。再次检查仪表READY灯、驻车制动指示灯、档位指示灯和车辆电量指示灯，车辆务必要处于READY状态，否则低压电池馈电，会造成车辆无法使用	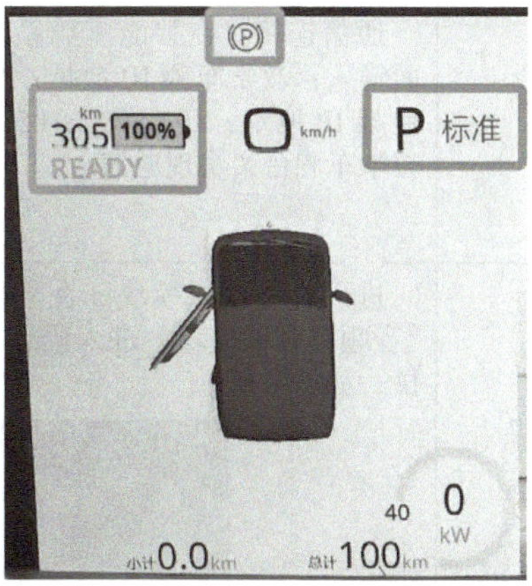
3	打开台架电源。连接台架电源线，并打开台架电源开关 注意：开关位置是位于插头旁边的红色按钮	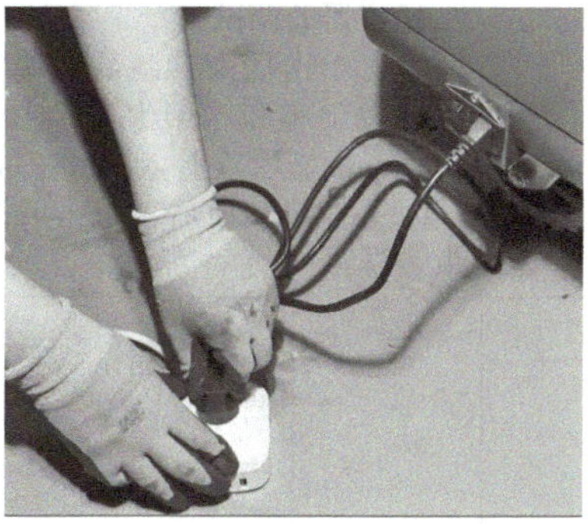
4	打开台架计算机。按计算机电源键启动台架上的计算机	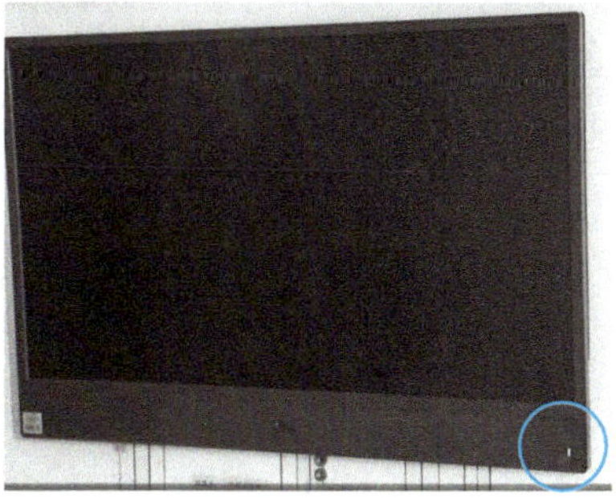

（续）

步骤	具体内容		图示
5	打开软件。在计算机桌面双击"智能座舱系统测试软件"，如下图所示 		
6	通信连接。在智能座舱系统测试软件界面输入：教学车辆IP地址：192.168.1.102，台架IP地址：192.168.1.105，并保存，让教学车和台架实现通信		
7	进入音频调试模块。在界面的左侧单击"音频"测试模块，进入语音交互系统的调试，如下图所示 		
8	扬声器的调试 （1）单击扬声器调试模块的"测试"按钮，教学车和台架上都会播放一段音乐，而且音量显示条上会显示音量的变化 （2）播放结束后，单击"测试结束"结束测试		
9	传声器的调试	（1）测试人员乙单击传声器调试模块的"测试"按钮	
		（2）测试人员甲坐在教学车内，并在车辆中控屏上使用触控笔单击传声器图标 ↓ ，唤醒语音交互功能 （3）对着方向盘处车辆传声器位置大声并清晰读出"语音测试"	

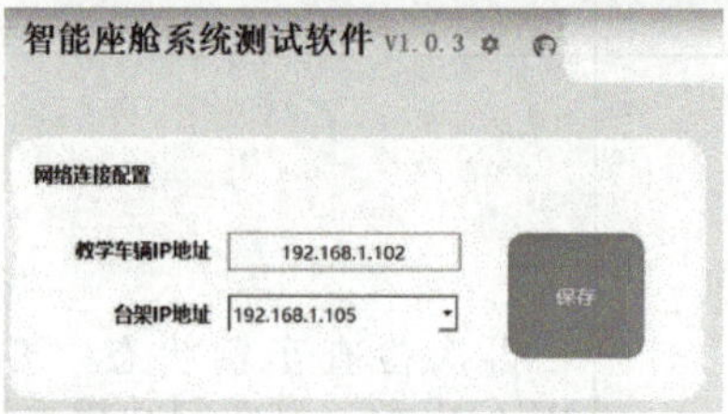

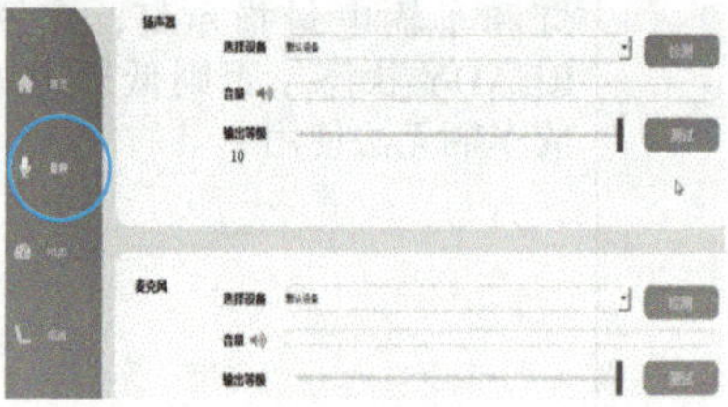

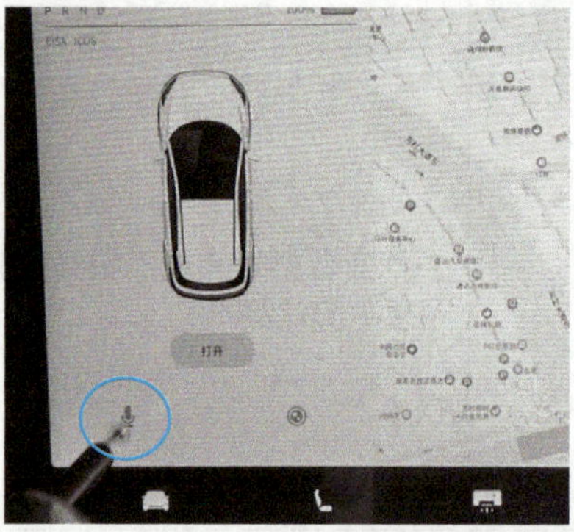

048

（续）

步骤	具体内容		图示
9	传声器的调试	（4）测试人员乙应该站在台架前观察软件传声器测试界面，"音量"显示条上会随着甲的发音有音量高低的变化 （5）测试结束后单击"停止测试"结束测试	
10		整理清洁 （1）关闭计算机 （2）关闭台架电源并拔出电源线 （3）关闭教学车并拔出车辆钥匙放置工作台定制钥匙盒内 （4）拆卸联机通信线 （5）拆卸教学车故障诊断口处的转接线	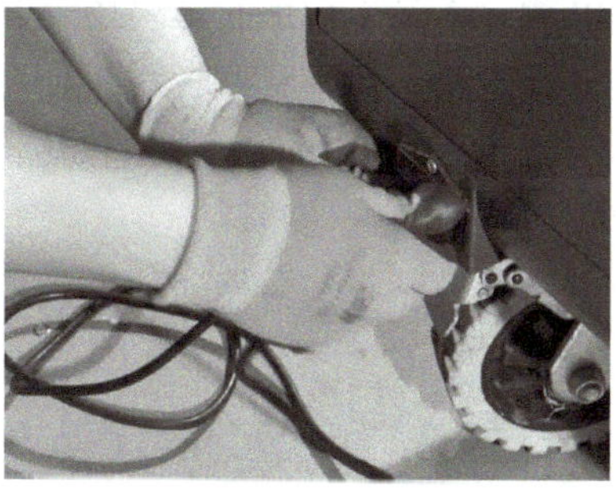
11		现场6S （1）整理线束 （2）清理工作台 （3）回收座椅、地板、方向盘三件套 （4）清洁整理教学车和台架 （5）脱下并整理安全帽、手套 （6）回收安全警示牌	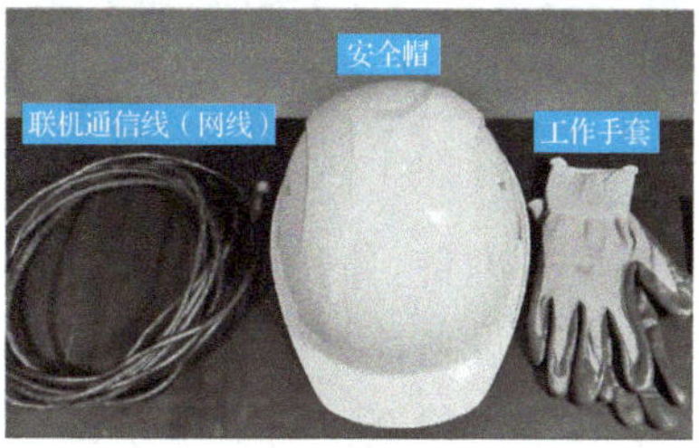

★视频2：语音交互系统的调试

实操故障处理

1）如果扬声器调试环节，单击"测试"按钮后，播放音乐没有声音，请问该如何排除故障呢？

答：根据故障现象采取溯源的方法，出现该故障的可能原因及应该采取的步骤包括：

①扬声器设置了静音。

②扬声器音量设置过低。

③检查扬声器本身或者线路是否有故障。

④检查车辆READY是否上电。

⑤检查联机通信线。

⑥检查教学车与台架通信连接是否正常。

2）如果传声器调试环节，测试人员甲在说话过程中，测试人员乙未发现传声器测试界面的音量条有音量高低的变化，请问该如何排除故障呢？

答：根据故障现象采取溯源的方法，出现该故障的可能原因及应该采取的步骤包括：

①测试人员甲说话音量过低。

②测试人员甲说话时远离扬声器。

③检查扬声器本身或者线路是否有故障。

④检查车辆 READY 是否上电。

⑤检查联机通信线。

⑥检查教学车与台架通信连接是否正常。

子任务 3　语音交互系统的固件烧入和测试

任务要求：本任务主要基于 Python 调用易飒云 API 进行语音识别，在教学车上实现刮水器、车窗、仿真香薰、仿真空调的语音控制功能，开发测试流程。

前期准备

1）设备准备：同子任务 2。

2）工具设备检查：同子任务 2。

3）教学车检查：同子任务 2。

4）教学车和台架互联：同子任务 2。

任务实操

步骤	具体内容	图示
1	教学车上电。踩住制动踏板，给车辆上电	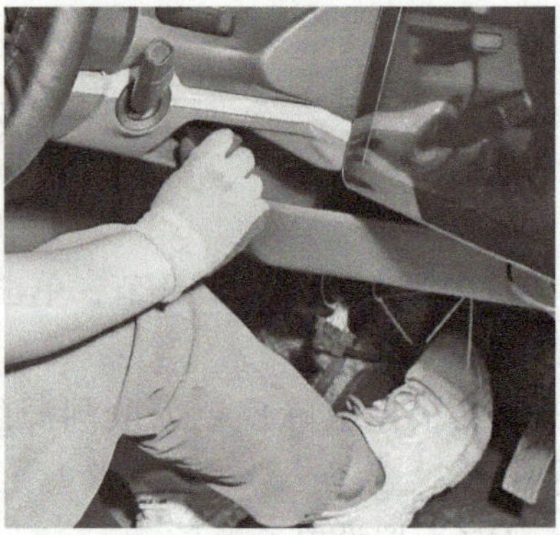

（续）

步骤	具体内容	图示
2	再次检查车辆状态。再次检查仪表 READY 灯、驻车制动指示灯、档位指示灯和车辆电量指示灯，车辆务必要处于 READY 状态，否则不允许进行下一步操作	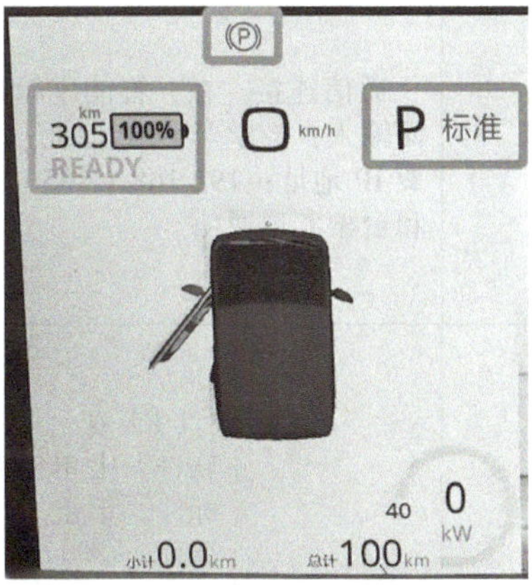
3	打开台架电源。连接台架电源线，并打开台架电源开关 注意：开关位置是位于插头旁边的红色按钮	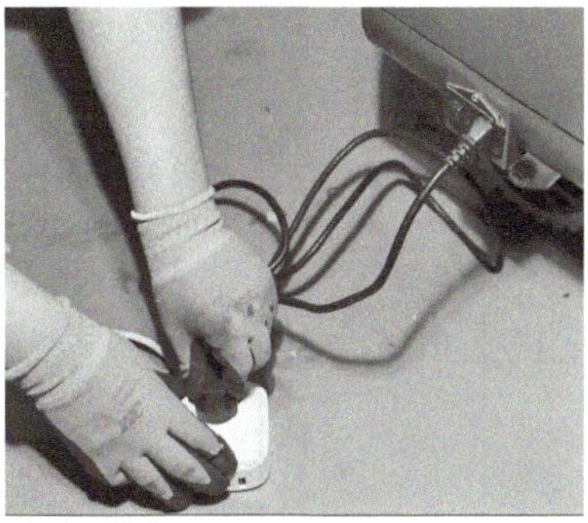
4	打开台架计算机。按计算机电源键启动台架上的计算机	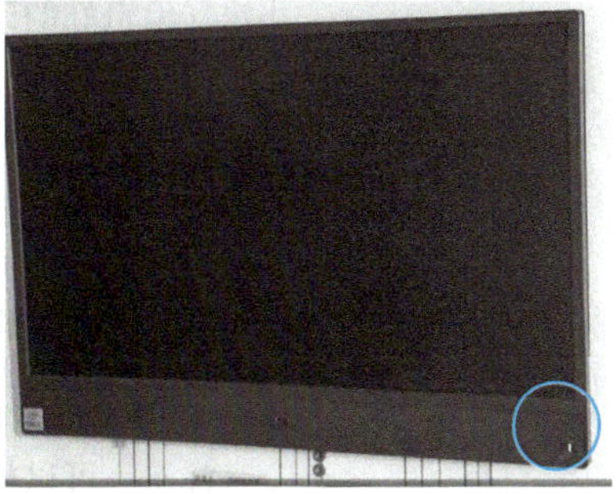
5	打开软件。在计算机桌面双击"智能座舱系统测试软件"，如下图所示 	

（续）

步骤	具体内容		图示
6	通信连接。在"智能座舱系统测试软件"界面输入：教学车辆IP地址：192.168.1.102，台架IP地址：192.168.1.105，并保存，让教学车和台架实现通信		
7	语音交互系统的固件烧入	（1）在"智能座舱系统测试软件"上单击右上方"设置"图标 ✿，单击SSH，进入固件烧入界面	
		（2）在固件烧入界面输入IP、Name、Password （3）单击"连接"按钮连接台架和教学车	
		（4）单击"选择文件"按钮。选择编辑好的语音交互系统代码文件 （5）单击"连接"按钮连接台架和教学车	
		（6）选择编辑好的语音交互系统代码文件，文件应以.py格式命名 注意：可以根据需求选择易飒云API调用的语音识别程序 （7）选择文件后单击"打开"按钮，打开文件	
		（8）单击"发送任务三文件"	

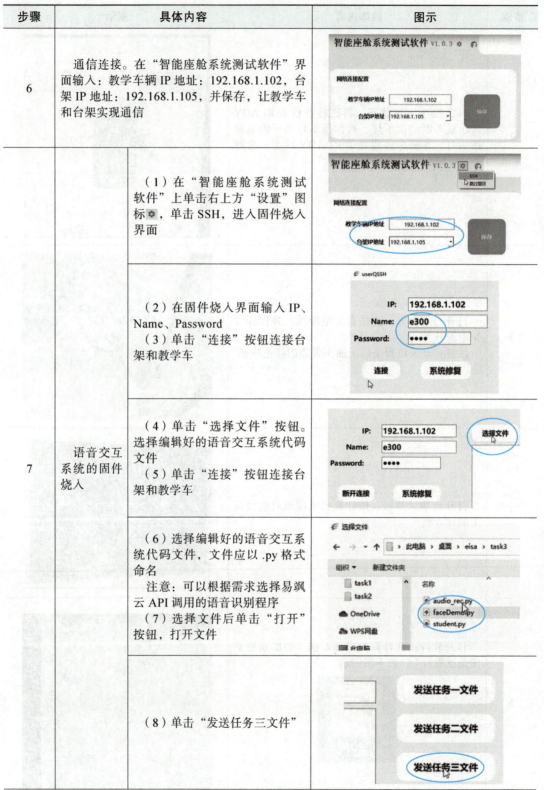

（续）

步骤		具体内容	图示
8	语音交互系统的测试	（1）测试人员坐在教学车内，并在车辆中控屏上用触控笔单击"传声器"图标，唤醒语音交互功能	
		（2）测试人员用触控笔单击中控屏传声器图标，并对着方向盘处车辆传声器位置大声读出"打开刮水器"。能看到刮水器正常打开并刮水 （3）测试人员再次用触控笔单击中控屏"传声器"图标，并大声说出"关闭刮水器"，刮水器应该可以停止作业	
		（4）测试人员用触控笔单击中控屏传声器图标，并对着方向盘处车辆传声器位置大声读出"打开车窗"，车窗应正常打开 （5）测试人员再次用触控笔单击中控屏传声器图标，并大声说出"关闭车窗"，车窗应正常关闭	
		（6）测试人员用触控笔单击中控屏传声器图标，并对着方向盘处车辆传声器位置大声读出"打开天窗"，天窗应正常打开 （7）测试人员再次用触控笔单击中控屏传声器图标，并大声说出"关闭天窗"。天窗应正常关闭 注意：该功能要求车辆配置天窗	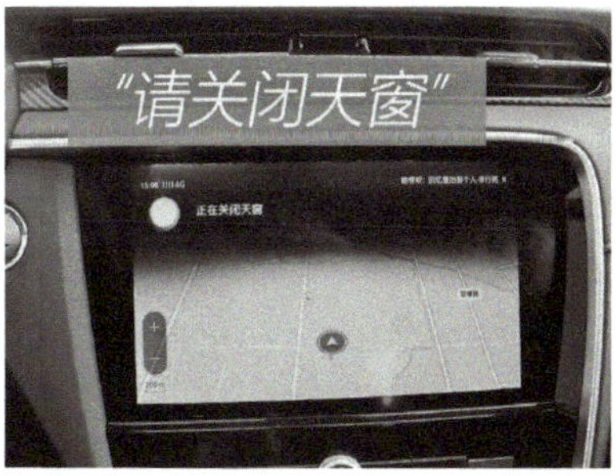

（续）

步骤	具体内容		图示
8	语音交互系统的测试	（8）测试人员用触控笔单击中控屏传声器图标，并对着方向盘处车辆传声器位置大声读出"打开空调"，空调应正常打开 （9）测试人员再次用触控笔单击中控屏传声器图标，并大声说出"关闭空调"，空调应正常关闭	
		（10）测试人员用触控笔单击中控屏传声器图标，并对着方向盘处车辆传声器位置大声读出"打开香薰"，香薰应正常打开 （11）测试人员再次用触控笔单击中控屏传声器图标，并大声说出"关闭香薰"，香薰应正常关闭	
9	整理清洁 （1）关闭计算机 （2）关闭台架电源并拔出电源线 （3）关闭教学车并拔出车辆钥匙，放置工作台定制钥匙盒内 （4）拆卸联机通信线 （5）拆卸教学车故障诊断口处的转接线 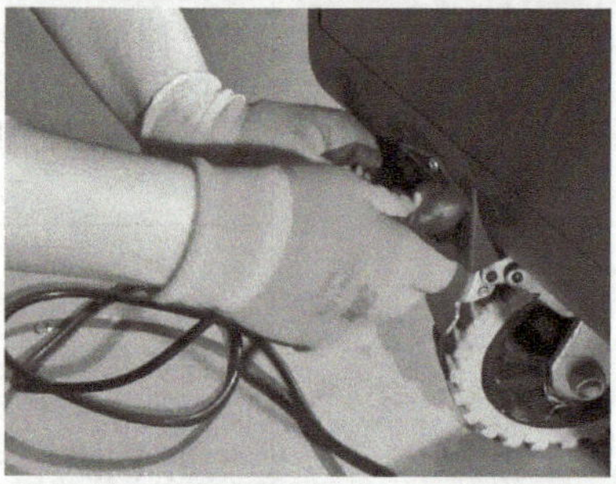		
10	现场6S （1）整理线束 （2）清理工作台 （3）回收座椅、地板、方向盘三件套 （4）清洁整理教学车和台架 （5）脱下并整理安全帽、手套 （6）回收安全警示牌 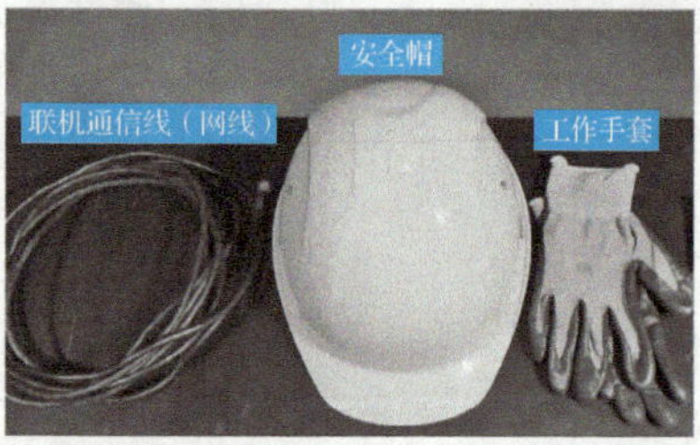		

★视频3：语音交互系统的测试

实操故障处理

1）在语音识别程序的固件烧入环节，如果在固件烧入界面输入 IP、Name、Password 后，不能实现连接，应该如何处理呢？

答：根据故障现象采取溯源的方法，出现该故障的可能原因及应该采取的步骤包括：

①检查 IP 地址是否输入正确。

②检查 Password 是否输入正确。

③检查联机通信线是否联机正常。

④检查车辆是否 READY 上电。

2）如果唤醒语音交互功能时，中控屏提示缺少语音模块，应该如何处理呢？

答：根据故障现象采取溯源的方法，出现该故障的可能原因及应该采取的步骤包括：

①检查代码文件是否编写正确。

②检查代码文件是否烧入正确。

3）唤醒语音交互功能时，如果中控屏未提示缺少语音模块，但是语音交互不成功，应该如何处理呢？

答：根据故障现象采取溯源的方法，出现该故障的可能原因及应该采取的步骤包括：

①检查代码文件是否编写正确。

②检查代码文件是否烧入正确。

③检查中控系统是否有文件缺失问题。

注意：实操环节中教师应该根据教学课堂实际情况进行分组，可两个同学为一组或四个同学为一组。实操过程中应该培养同学们的动手能力、分析问题和解决问题能力及团队合作精神。

任务小结

1）语音交互由语音识别 ASR（Automatic Speech Recognition）、自然语言理解 NLU（Natural Language Understanding）、自然语言生成 NLG（Natural Language Generation）、语音合成 TTS 即文本转语音（Text To Speech）、对话管理 DM（Dialogue Management）构成。

2）语音识别、自然语言处理和语音合成是语音交互技术的三个核心技术。

3）语音识别技术主要包括信号处理、特征提取、声学模型，语言模型以及字典与解码五大部分。

4）语音识别涉及的相关技术主要包括特征提取技术、模式匹配技术、模型训练技术三个方面。

5）自然语言处理大致可以分为自然语言理解（Natural Language Understanding，NLU）、自然语言生成（Natural Language Generation，NLG）两种。

6）语音合成又称文本转语音（Text To Speech，TTS）技术，能将任意文字信息转化为相应语音朗读出来。

7）语音合成的原理方法包括波形拼接法、参数合成法等。

任务工单

一、判断题

1. 语音交互的英文缩写是 VUD。（   ）
2. 语音交互模型由语音识别、自然语言理解、自然语言生成、语音合成构成。（   ）
3. 语音交互技术的三个核心技术包括语音识别、自然语言处理和语音合成。（   ）
4. 语音识别技术主要包括：特征提取技术、信号预处理及信号匹配技术三个方面。（   ）
5. 目前的智能座舱已经能够实现多人多线程同时对话的语音交互功能。（   ）
6. 语音交互技术进入汽车领域，不仅可以解放驾驶员双手，方便驾驶，还能让驾驶员将注意力转向路面，提高安全性。（   ）

二、不定项选择题

1. 下列哪个选项不是语音交互的核心技术（   ）。
   A. 语音识别　　　　　　　　B. 自然语言处理
   C. 语言唤醒技术　　　　　　D. 语音合成
2. 语音识别技术主要包括哪些部分（   ）。
   A. 信号处理　　　　　　　　B. 特征提取
   C. 声学模型　　　　　　　　D. 语言模型以及字典与解码
3. 截至目前，语言模型的发展经历的阶段包括（   ）。
   A. 文法规则语言模型　　　　B. 统计语言模型
   C. 神经网络语言模型　　　　D. AI 语言模型
4. 自然语言处理包括（   ）。
   A. 语音合成　　　　　　　　B. 自然语言理解
   C. 语音识别　　　　　　　　D. 自然语言生成
5. 语音识别涉及的相关技术主要包括（   ）。
   A. 特征提取技术　　　　　　B. 模式匹配技术
   C. 语言建模技术　　　　　　D. 模型训练技术
6. 自然语言处理（NLP）技术一般分为四个步骤（   ）。
   A. 分词　　　　　　　　　　B. 词法分析
   C. 语法分析　　　　　　　　D. 语义分析
7. 语音合成技术用到的主要方法包括（   ）。
   A. 录音编辑法　　　　　　　B. 规则合成法
   C. 波形拼接法　　　　　　　D. 参数合成法

8. 下列不属于语音交互的优点是（　　）。
　　A. 信息传递效率高　　　　　　B. 使用门槛低
　　C. 可以传递情感　　　　　　　D. 识别精度低
9. 下列哪些车型能够实现语音交互功能（　　）。
　　A. 小鹏 P7　　　　　　　　　　B. 问界 M7
　　C. 理想 L9　　　　　　　　　　D. 比亚迪秦

三、简答题

1. 简述语音交互系统的组成。
答：

2. 简述现阶段智能座舱语音交互功能的优缺点？
答：

学习任务 3
人脸识别交互系统开发与测试

任务说明

【任务描述】

人脸识别的应用变得越来越广泛,很多城市的火车站已经安装了人脸识别通行设备,进行人证对比过检,节省了大量的时间。除了火车站过安检,人脸识别还广泛应用于手机银行人脸识别登录、人脸识别支付、小区安防、超市营销等各种生活场景。

如果您是某新能源汽车 4S 店售后服务工作人员,在工作中接到客户改装座舱的需求,客户要求在座舱中加装人脸识别验证后才能实现车辆点火的防盗功能。在接到任务后,请问作为专业的技术服务人员,您应当怎么做才能满足客户在座舱中加装人脸识别验证的需求?您是否清楚人脸识别系统开发的方法?人脸识别系统开发完成之后又是如何进行测试的?

【任务育人目标】

知识目标:
1)能总结人脸识别的工作原理。
2)能概述人脸识别系统的特点与开发流程。
3)能概述人脸识别系统在智能座舱的应用。
4)能概述 OpenCV 及其应用。
5)能概述人脸识别程序的开发。
6)能简述人脸识别系统开发所需的工具设备。

技能目标:
1)能够正确编写代码获取人脸分类器。
2)能够正确编写代码获取人脸。
3)能够正确编写代码判断是否检测到人脸。
4)能够正确编写代码绘制人脸框。

素养目标:
1)培养独立思考和自主创新能力。
2)拓宽动手能力和实践精神。

3）培养科学思维能力。
4）培养团队合作精神。
5）培养数据安全和隐私保护法律意识。

【任务接受】

探讨人脸识别的现实意义和在生活中的广泛的应用，探讨数据安全和用户隐私保护意义，增强法制观念和诚信意识。在学习本任务内容时，引导独立思考、自主创新的意识和能力，对人脸识别开发过程中遇到的技术问题，能够独立思考和应对，并通过自主查找资料的方法解决开发过程中遇到的各种技术问题。在对座舱的人脸识别交互功能进行烧入和调试的过程中，增强动手能力和科学思维能力的培养，增强团队合作精神，全面体现敬业、友善的社会主义核心价值观。

知识准备

一、人脸识别的定义

人脸识别（Face Recognition，FR）是一种基于人的脸部特征信息进行身份识别的一种生物识别技术，是指用摄像机或摄像头采集含有人脸的图像或视频流，并自动在图像中检测和跟踪人脸（图3-1），进而对检测到的人脸进行脸部识别的一系列相关技术，通常也称为人像识别、面部识别。

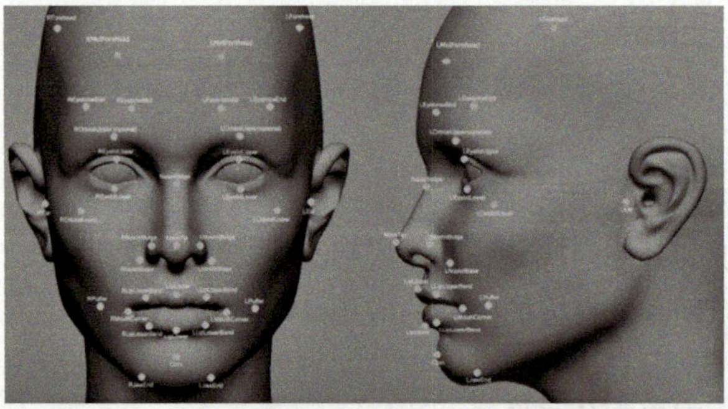

图 3-1 人脸识别

二、人脸识别在智能座舱中的应用

目前，车载人脸识别技术在汽车防盗、行车安全，甚至是自动驾驶等方面都起着至关重要的作用，可实现身份验证、驾驶员状态监控两大类功能。其中，身份验证类功能主要包括车辆解锁和起动、车内支付、个性化服务、资质认证等。驾驶员状态监控类功能主要包括疲劳驾驶监控、分心驾驶监控、健康状态监控、情绪识别等，如图3-2所示。

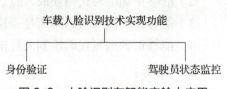

图 3-2 人脸识别在智能座舱中应用

三、人脸识别系统的技术原理

人脸识别的目的是从人脸图像中抽取人的个性化特征，并以此来识别人的身份。人脸识别技术原理简单来讲主要是三大步骤，如图3-3所示。

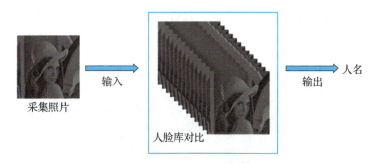

图 3-3　人脸识别步骤

四、人脸识别系统的技术流程

1. 人脸识别系统的组成及工作流程

人脸识别系统主要包括六个组成部分（图3-4），依据流程先后顺序如下。

（1）图像采集　使用摄像头或者其他设备采集人脸图像。

（2）人脸检测　利用人脸检测算法，识别图像中是否存在人脸。

（3）图像预处理　对人脸图像作出进一步的处理，包括灰度调整、图像滤波、图像尺寸归一化、人脸对齐等，以利于人脸图像的特征提取。

（4）特征提取　使用特征提取的方法，将人脸图像转换成一组数值，用来表示人脸的特征，如眼睛、鼻子、嘴巴的位置。

（5）特征匹配　将提取到的人脸特征与数据库中的人脸特征进行匹配对比，找出与之最相近的人脸，或者设置阈值从而判定该人脸不在数据库内。

（6）结果输出　可以是人脸身份信息输出或者其他输出形式，如通过验证等。

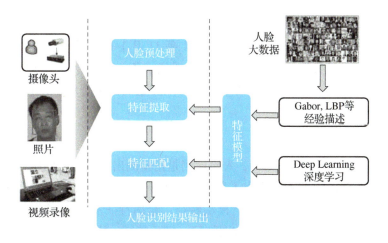

图 3-4　人脸识别组成及工作流程

2. 图像采集

通过摄像镜头采集得到不同的人脸图像，如，静态图像、动态图像、不同的位置、不同表情等，当采集对象在设备的拍摄范围内时，采集设备会自动搜索并拍摄人脸图像。

采集人脸图像通常情况下有两种途径，分别是人脸图像的批量导入（图 3-5）和人脸图像的实时采集（图 3-6）。

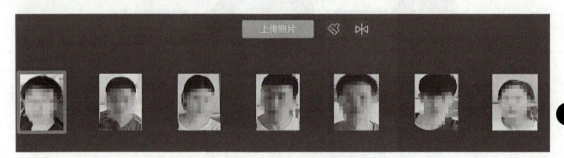

图 3-5　人脸图像批量导入

图 3-6　人脸图像实时采集

> **扩展阅读**
>
> 　　十三届全国人大常委会第三十次会议于 2021 年 8 月 20 日表决通过《中华人民共和国个人信息保护法》，该法律将自 2021 年 11 月 1 日起施行。针对滥用人脸识别技术的问题，法律要求，在公共场所安装图像采集、个人身份识别设备，应设置显著的提示标识，所收集的个人图像、身份识别信息只能用于维护公共安全的目的。

3. 人脸检测

（1）人脸检测（Face Detection）　人脸检测是指检测出图像中人脸所在位置的一项技术，该技术可以在图像中准确标定出人脸的位置和大小。用于人脸图像检测的模式特征十分丰富，如直方图特征、颜色特征、模板特征、结构特征及 Haar 特征等。人脸检测就是把这其中有用的信息挑出来（如直方图特征、颜色特征、模板特征等），然后利用这些信息来达到人脸检测的目的。

（2）**图像的像素**　图像可以看成是由很多个小方格组成的，每个小方格都有各自的位置和被分配的色彩数值，小方格颜色和位置的组合就决定了该图像所呈现出来的样子。像素是整个图像中不可分割的单一颜色的最小单位，通过将它们并排放置，可以形成完整的图像。

如图 3-7 所示图片像素是 500×338。这张图片的宽度是 500 个像素点的长度，高度是 338 个像素点，图片共有 500×338=169000 个像素点，每个像素基本颜色包括 R、G、B，分别表示红、绿、蓝。

图 3-7　500×338 个像素构成的图片

（3）**图像分辨率**　图像分辨率是指每英寸图像内的像素点数，单位是 ppi（像素每英寸）。分辨率越高，像素的点密度越高，图像能呈现的细节越多，如图 3-8 所示。

a）高分辨率　　　　　　　b）低分辨率

图 3-8　高低分辨率图像的对比

（4）**图像的灰度**　灰度是表明图像明暗的数值，即黑白图像中点的颜色深度，范围一般为 0~255，白色为 255，黑色为 0，故黑白图片也称灰度图像。灰度值指的是单个像素点的亮度，灰度值越大表示越亮。

（5）**图像的像素梯度**　图像的像素梯度是指图像中每个像素点在空间上的变化率，通常用于检测图像中的边缘、纹理和特征。像素梯度可以分为水平梯度和垂直梯度，分别表示图像在水平方向和垂直方向上的变化程度。如果图像相邻的像素有变化，则像素梯度有变化。

在一幅模糊图像中物体的轮廓不明显，轮廓边缘灰度变化并不强烈，从而导致层次感不强，图像的像素梯度值就小。反之在清晰图片中物体轮廓边缘灰度变化明显，层次感强，图像的像素梯度值就大。不同算法的像素梯度呈现不同的效果（图 3-9），但是梯度方向是一致的。

图 3-9　不同算法的图像像素梯度对比

（6）直方图特征　在实际人脸检测中使用方向梯度（变化最快的方向向量）直方图来检测人脸位置。先将图片灰度化，接着计算图像中像素的梯度。通过将图像像素梯度转变成直方图形式，就可以获得人脸位置了。获取图像直方图的步骤如下。

1）根据图像所有像素的灰度级和对应数量绘制表格，例如，根据某张图片的特征绘制表格见表 3-1。

表 3-1　图像灰度级特征的统计表格

灰度级	像素个数
1	3
2	1
3	2
4	1
5	2

其中，横坐标表示图像中各个像素点的灰度级，用 X=[1 2 3 4 5] 来表示；纵坐标表示该灰度级的像素个数。用 Y=[3 1 2 1 2] 来表示。

2）根据表 3-1 绘制直方图如图 3-10 所示，图 3-11 所示是原图和直方图对比。

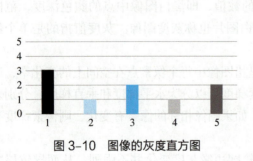

图 3-10　图像的灰度直方图

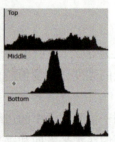

a）原始图像　　b）直方图

图 3-11　原始图像与对应的直方图对比

（7）灰度的二值化处理　二值化就是让图像像素点矩阵中的每个像素点的灰度值为 0（黑色）或者 255（白色），也就是让整个图像呈现只有黑和白的效果。

在二值化后的图像中的灰度值是0或者255。那么一个像素点在灰度化之后的灰度值是怎么转化为0或者255呢？例如，灰度值为100，那么在二值化后到底是0还是255？这涉及阈值的取法，常用的取阈值方法如下。

1）中位数127：设定阈值为127，让灰度值≤127的变为0（黑色），灰度值>127的变为255（白色）。该方法虽然计算速度快，但是效果差。

2）平均值法：计算像素点矩阵中所有像素点灰度值的平均值，然后让每一个像素点与平均值比较，小于等于平均值的像素点就为0（黑色），反之为255（白色）。

3）直方图法：直方图可以表达图像的重要特质，直方图方法认为图像由前景和背景组成，在灰度直方图上，前景和背景都形成高峰，在双峰之间的最低谷处就是阈值所在。取到阈值之后再一一比较就可以了。

（8）**颜色特征**　　颜色特征是图像检索中应用最为广泛的视觉特征。主要原因在于颜色往往和图像中所包含的物体或场景十分相关，对图像本身的尺寸、方向、视角的依赖性较小，从而具有较高的鲁棒性。颜色特征包括肤色和发色。

（9）**模板特征**　　人脸数据库存储的人脸标准模板中涉及的人脸图像特征称为模板特征，可用于计算并提取人脸鉴别性的特征向量，包括Haar特征、像素统计特征、人脸图像代数特征等。要求同一个人的不同照片提取的特征在特征空间相距很近，不同人的人脸照片提取的特征在特征空间相距较远，从而达到正确识别的效果。

如人脸由眼睛、鼻子、嘴、下巴等局部器官构成，对这些局部器官以及器官之间的结构关系的几何描述，可作为识别人脸的重要特征，这些特征称为几何特征或者图像代数特征，如图3-12所示。

Haar特征是一种在图像处理中常用的模板特征提取方法，主要用于描述图像中的纹理、边缘和线条等特征。Haar特征可以分为四类：边缘特征、线性特征、中心特征和对角线特征，由这四类组合成特征模板，如图3-13所示。特征模板内有白色和黑色两种矩形，并定义该模板的特征值为白色矩形像素和减去黑色矩形像素和。Haar特征值反映了图像的灰度变化情况。例如，脸部的一些特征能由矩形特征简单地描述，如眼睛比脸颊颜色要深，鼻梁两侧比鼻梁颜色要深，嘴巴比周围颜色要深等。

图3-12　从大图像中根据眼睛模板特征进行人脸比对

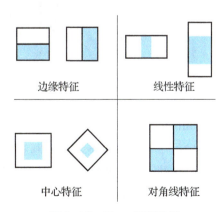

图3-13　Haar特征分类

人脸检测中的关键指标有检测率、误检率、漏检率和检测速度。

（10）人脸检测几种方法

1）基于人脸几何特征的检测。这是最早检测方法。人脸由眼睛、鼻子、嘴巴、下巴、眉毛等部件构成，正因为这些部件的形状、大小和结构上的各种差异，才使得世界上每个人脸千差万别，因此对这些部件的形状和结构关系的几何描述，可以作为人脸识别的重要特征。

采用几何特征进行正面人脸识别一般是通过提取眼、耳、口、鼻等重要器官的几何形状作为分类特征。

2）基于肤色模型的检测。肤色是人脸重要特征之一，基于肤色模型检测的优点是对旋转、尺寸、表情不敏感，具有良好的稳定性和鲁棒性。工作原理是建立肤色模型算法，计算肤色区域面积和非肤色区域面积之比，并设定阈值来进行人脸检测，这在一定程度上改善了误检率。

3）基于边缘特征的检测。是 Haar 特征中基于人脸的边缘轮廓特性建立的特征检测（图 3-14）。人脸的轮廓可近似地看成一个椭圆，则人脸检测可以通过对椭圆的检测来完成。把人脸抽象为三段轮廓线：头顶轮廓线（head contour）、左侧脸轮廓线（left contour）和右侧脸轮廓（right contour）。对任意一幅图像，首先进行边缘检测，并对细化后的边缘提取曲线并特征，然后计算各曲线并组合成人脸的评估函数来检测人脸（图 3-15）。基于边缘特征检测的优点是计算量相对较小，可以实现实时检测。

图 3-14 Haar 特征中的边缘特征

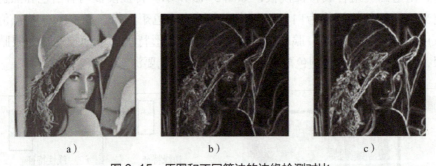

图 3-15 原图和不同算法的边缘检测对比

4. 人脸图像的预处理

原始图像由于受到各种条件的限制和随机干扰，往往不能直接使用，必须在图像处理的早期阶段对其进行灰度校正、噪声过滤等图像预处理。

人脸图像预处理的目的是，在系统对人脸图像的检测基础之上，对人脸图像做出进一步的处理，包括灰度调整、图像滤波、图像尺寸归一化等，以利于人脸图像的特征提取。

（1）**灰度调整**　用于将彩色图像转换为灰度图像，只保留亮度信息，而失去色彩信息，如图 3-16 所示。该方法将每个像素的颜色值转换为一个灰度值，并根据该值来确定图像的亮度。这种方法可以提高图像的对比度，使图像更加清晰明了。

图 3-16　图片灰度处理

（2）**图像滤波**　在尽量保留图像细节特征的条件下对目标图像的噪声进行抑制，是图像预处理中不可缺少的操作，其处理效果的好坏将直接影响到后续图像处理、分析的有效性和可靠性。图像滤波按图像域可分为两种类型。

1）邻域滤波（Spatial Domain Filter）。其本质是数字窗口上的数学运算，一般用于图像平滑、图像锐化、特征提取（如纹理测量、边缘检测）等，邻域滤波使用的是邻域算子——利用给定像素周围像素值来决定此像素最终输出的一种算子。邻域滤波方式又分为线性滤波和非线性滤波，其中线性滤波包括均值滤波、方框滤波和高斯滤波等，非线性滤波包括中值滤波和双边滤波等。

2）频域滤波（Frequency Domain Filter）。其本质是对像素频率的修改，一般用于降噪、重采样、图像压缩等。按图像频率滤除效果主要分为两种类型：低通滤波（滤除原图像的高频成分，即模糊图像边缘与细节，称为图像的平滑）和高通滤波（滤除原图像的低频成分，即图像的锐化），如图 3-17 所示。通过低通滤波器处理的图像，可使图像变得模糊。

a）低通滤波　　　　　　b）高通滤波

图 3-17　图像低通滤波和高通滤波

（3）**图像的平滑**　平滑滤波器主要是使用邻域的均值（或者中值、积分）来代替模板中心的像素，削弱邻域间的差别，以达到平滑图像和抑制噪声的目的（图 3-18）。

a）图像加噪声　　　b）平滑处理后

图 3-18　图像加噪声和平滑处理

（4）图像的锐化　锐化滤波器使用邻域的微分作为算子，增大邻域间像素的差值，使图像的突变部分变得更加明显。锐化的作用是加强图像的边缘和轮廓，让图片更加清晰有质感，通常也称为高通滤波器。图 3-19 所示是原图和图像加锐化处理后的对比图。

a）原图像　　　b）锐化处理后

图 3-19　原图像和图像加锐化处理

（5）直方图均衡化　将原始图像的灰度直方图从比较集中的某个灰度区间变成在全部灰度范围内的均匀分布，可有效地增强图像对比度，是一种常用的图像增强方法，图 3-20 所示是直方图均衡化处理后的图像对比。

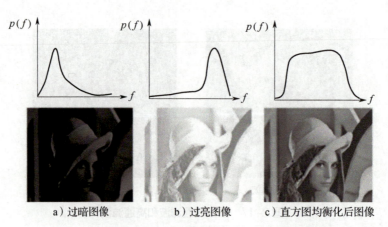

a）过暗图像　　　b）过亮图像　　　c）直方图均衡化后图像

图 3-20　过暗图像、过亮图像和直方图均衡化后图像

（6）图像尺寸归一化　原始图像在经过一些处理后可以得到多种副本图像，对这些

副本图像进行一系列标准的处理变换，使之变换为一固定标准形式的过程称为归一化处理。归一化处理后能够得到尺寸一致，灰度取值范围相同的标准图像。需要注意的是，不同的归一化算法得到的图片结果不同。图 3-21 所示是灰度图像和归一化后的图像对比。

a）灰度图像

b）归一化后的图像

图 3-21　灰度图像和归一化后的图像

（7）图像几何变换　图像的几何变换是指在不改变图像内容的前提下对图像像素进行空间几何变换，主要包括图像的平移变换、缩放、旋转、翻转、镜像变换等，如图 3-22 所示。

图 3-22　图像旋转

（8）图像的几何校正　图像处理要求所处理的图像是正的，或者倾斜角度已知，否则，许多对图像的操作，如投影分析、图像分割等就无法进行。显然，作为输入的图像无法保证一定是正的，因此需要利用倾斜检测和校正的方法对其进行处理，如人脸识别中脸部特征的校正（图 3-23）。图像处理几何校正的原理是，基于图像的几何变换来对图像进行校正，从而得到符合要求的图像。

图 3-23　图像的几何校正

（9）人脸对齐　同一个人采集到的不同图像可能呈现出不同的姿态和表情，这种情况是不利于人脸特征提取的。有必要将人脸图像都变换到一个统一的角度或姿态，这就是人脸对齐。其工作流程是首先进行人脸检测，图像预处理后再进行人脸关键点检测，最后利用这些对应的关键点通过几何变换（旋转、缩放和平移），将人脸尽可能变换到一个标准模板的人脸上，得到变换后对齐的人脸图像，如图3-24所示。

a）人脸检测输入　　b）特征关键点提取　c）几何变换成标准模板人像　d）对齐后输出图像

图3-24　人脸对齐工作流程

（10）图像中值滤波　中值滤波是一种非线性数字滤波器技术，用于去除图像中的信号噪声。原理是把数字图像或数字序列中某一像素点的值用该点邻域中各像素点值的中值代替，让周围的像素值接近真实值，从而消除孤立的噪声点，如图3-25所示。

（11）人脸图像预处理过程　如图3-26所示。

图3-25　图像的中值滤波　　　　图3-26　图像的预处理过程

5. 特征提取

人脸识别系统可使用的特征通常分为视觉特征、像素统计特征、人脸图像变换系数特征、人脸图像代数特征等。人脸特征提取就是针对人脸的某些特征进行的，也称人脸表征，是对人脸进行特征建模的过程。特征提取是指从人脸图像中提取出有助于人脸识别的关键信息。

人脸特征提取几种典型的方法如下。

（1）几何特征提取法　该方法根据人脸器官的形状描述以及它们之间的距离特性来获得特征数据。特征分量通常包括特征点间的欧氏距离（两点之间的距离）、曲率（曲线的弯曲程度）和角度等，如图3-27所示。

（2）模板匹配法　该方法通过寻找人脸图像中与已知模板相似的区域来提取特征。模板匹配是指在当前图像A内匹配与图像B最相似的部分，一般将图像A称为输入图像，将图像B称为模板图像。匹配方法是将模板图像B在图像A上滑动，逐个遍历所有像素以完成匹配。

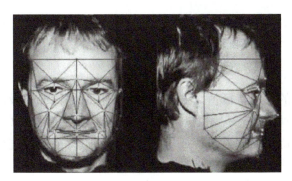

图 3-27　人脸的几何特征

（3）**主成分分析法**　该方法采用的是统计学中大数据降维分析方法。它是一种舍弃对特征贡献不大的高阶成分，保留低阶成分，从而锁定主要特征的数据降维分析方法。具体做法是找到数据集中主要特征的线性组合，使得数据在新的坐标系下具有较低的维度，同时保留了数据的主要信息。

例如，人脸识别数据集由 7 个人在不同时间段拍摄的 1348 个图像组成，共 2914 个特征，过于庞大，使用 PCA 算法进行降维，降维后特征数是 150，大大减少了特征数，加快了计算速度。从图像对比来看，保留了大部分重要特征，仍能够分辨得出人脸，如图 3-28 所示。

图 3-28　降维前（左）和降维后（右）

（4）**线性判别分析法**　该方法最早由 Fisher 于 1936 年提出，也称 Fisher 线性判别。线性判别的思想非常朴素：给定训练样例集，设法将样例投影到一条直线上，使得同类样例的投影点尽可能接近，异样样例的投影点尽可能远离。该法将高维的数据投影到一维直线上，并在投影的值中取一个阈值进行分类，使得两种类别在投影直线上能轻松地找到一个阈值将其区分开来，如图 3-29 所示。在人脸特征提取中也可以采用该方法进行特征降维处理。

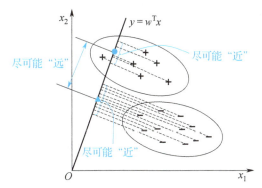

图 3-29　Fisher 线性判别法原理

（5）**基于深度学习的方法**　深度学习尤其是深度卷积神经网络的出现极大地推动了人脸识别系统的研究和落地。基于深度学习的人脸特征提取方法最大的优势是可以从数据集中自动学习特征，如果数据集能够覆盖人脸识别中经常遇到的各种情况（如光照、姿态、表情等），则算法能够自动学习，适应各种挑战的、鲁棒的人脸特征。

6. 匹配与识别

匹配是指将提取的人脸特征值数据与数据库中存储的特征模板进行搜索匹配，通过设定一个阈值，将相似度与这一阈值进行比较，来对人脸的身份信息进行判断。

人脸识别就是将待识别的人脸特征与已得到的人脸特征模板进行比较，根据相似程度对人脸的身份信息进行判断。这一过程分为两类：一类是确认，即一对一进行图像比较的过程；另一类是辨认，是一对多进行图像匹配对比的过程。

7. 结果输出

可将人脸识别结果以图像添加矩形框的形式输出，或者直接显示识别结果，例如，"验证通过"或者"验证不通过"等。

8. 人脸识别的优缺点

（1）优点

1) 非接触性。人脸识别技术不需要与设备直接接触，降低了用户不舒适感和感染疾病的可能。

2) 不易察觉。只要在有特定光源的情况下，动态人脸识别摄像机就能完成人脸抓拍并识别，适用于公安刑侦领域。

3) 识别精度较高。与其他生物识别技术相比，人脸识别技术的识别精度处于较高的水平，误识率较低。借助人工智能技术，人脸识别精度可以进一步提高。

4) 安全性高。人脸识别技术要求识别对象必须亲临识别现场，他人难以仿冒。人脸识别技术所独具的活性判别能力保证了他人无法以非活性的照片、木偶、蜡像来欺骗识别系统。

5) 性价比高。与虹膜识别、指纹扫描、掌形扫描等其他生物识别技术相比，人脸识别技术的性价比最高。只需要普通摄像头或者视频监控设备就可以进行人脸识别，操作简单且价格适中。

（2）缺点

1) 存在误检。面部识别被认为是生物特征识别领域甚至人工智能领域最困难的研究课题之一。面部识别的困难主要是面部作为生物特征的特点所带来的。相似性在不同个体之间的区别不大，所有的面部的结构都相似，甚至面部器官的结构外形都很相似。这样的特点对于利用面部进行定位是有利的，但是对于利用面部区分人类个体是不利的。易变性使人面部的外形很不稳定，人可以通过脸部的变化产生很多表情，在不同观察角度，面部的视觉图像相差也很大；另外，面部识别还受光照条件（如白天和夜晚，室内和室外等）、面部的很多遮盖物（如口罩、墨镜、头发、胡须等）、年龄等多方面因素的影响。所有这些因素都会影响识别效率。

2) 用户个人数据安全问题。个人数据安全问题是人脸识别技术面临的一大挑战。在人脸识别技术的应用过程中，个人的面部特征被获取和存储，这可能导致个人隐私泄露的风险。尤其是在大规模的人脸数据集中，个人信息的安全性难以保证。

3）侵犯公民权益。被面部识别技术记录和扫描，会让人觉得自己的行为总是被监视和判断。此外，在未被授权下使用面部识别技术与数据库中的用户人脸数据进行比对，也侵犯了用户权益。

> **扩展阅读**
>
> 　　针对人脸识别侵犯个人数据隐私和侵犯公民权益的问题，国家网信办公布了《人脸识别技术应用安全管理规定（试行）（征求意见稿）》，向社会公开征求意见。征求意见稿提出，只有在具有特定的目的和充分的必要性，并采取严格保护措施的情形下，方可使用人脸识别技术处理人脸信息。我国《民法典》规定，自然人的个人信息受法律保护，同时将生物识别信息列举为个人信息。个人信息保护法将生物识别等信息列为敏感个人信息，予以特别保护。最高人民法院发布了《关于审理使用人脸识别技术处理个人信息相关民事案件适用法律若干问题的规定》，对相关案件如何认定和处理予以明确。此次征求意见稿不仅回应了社会公众关注的"强制刷脸进小区"等热点问题，也进一步明确了人脸识别技术非必要不使用，防止人脸识别技术被滥用。

五、基于 OpenCV 和 dlib 库的人脸识别系统

1. OpenCV 简介

　　OpenCV（Open Source Computer Vision Library）是一个广泛使用的开源计算机视觉库，旨在提供丰富的图像和视频处理功能。它最初由 Intel 于 1999 年开发，并演变成为一个全球性的开源项目，得到了众多开发者的贡献和支持。OpenCV 可以通过 C++、Python、Java 等编程语言调用，使得开发者能够在不同平台上进行图像处理和计算机视觉应用程序的开发。作为一个全面且强大的计算机视觉库，OpenCV 包含了数百个用于图像处理、特征检测、对象识别、视频分析等领域的函数和工具。无论是读取和显示图像、进行图像滤波、边缘检测、图像分割、特征提取，还是进行目标跟踪，OpenCV 都能提供相应的功能丰富的 API。

　　在图像处理方面，OpenCV 提供了各种各样的功能，如色彩空间转换、图像滤波（平滑、锐化）、形态学操作、图像变换（旋转、缩放）、图像配准等。这些功能对于不同的图像处理任务非常有用。此外，OpenCV 还支持直方图操作、二值化、形状描述符计算、图像轮廓提取等高级功能，可用于更复杂的图像处理和分析。

　　本任务环节使用 OpenCV 库进行图像处理和显示，其中 imread()、imwrite()、imshow() 函数分别用于读写和显示图像。VideoCapture 类和 VideoWriter 类提供了视频处理能力，支持各种格式的视频文件。OpenCV 常用函数如下。

　　1）cv.imread（filename,参数2）。读入图片，filename 表示文件名，也可以增加读入文件的存储路径。"参数2"表示加载图片的颜色，"1"表示彩色图片，"0"表示灰度

图片。

```
img = cv2.imread("lena.jpg",1)
img=cv2.imread("E:\project4//Lena.jpg")
```

2）cv2.imwrite（img）。将编辑后的图片矩阵以文件的形式存储起来。filename 表示文件名，也可以增加读入文件的存储路径。imwrite 函数中要加上诸如 .jpg、.png 的后缀，params 参数表示保存参数的列表，这些参数因图像格式而异，下面列举几个典型应用。

① cv2.IMWRITE_JPEG_QUALITY：对于 JPEG，它可以是从 0~100 的质量（越高越好）。默认值为 95。

② cv2.IMWRITE_JPEG_PROGRESSIVE：启用 JPEG 功能，0 或 1，默认为 False。

③ cv2.IMWRITE_JPEG_OPTIMIZE：启用 JPEG 功能，0 或 1，默认为 False。

编程示例：

```
cv2.imwrite("lena.jpg",img)
cv2.imwrite("E:\project4//1.jpg",img)    #将图片保存到 E:\project4 文件夹中，文件名是 1.jpg
cv2.imwrite("E:\project4//4.jpeg",img,[cv2.IMWRITE_JPEG_QUALITY,100])
```

3）cv.imshow（'winname'，img）。该函数用来显示函数图像和视频。winname 表示要显示的窗口名称；img 表示要显示的图像。示例：

```
cv2.imshow('res',img)    #将 img 图像以名为 res 的窗口显示
```

4）cv.imshow（'windows_name'，img）。该函数用来显示函数图像和视频。windows_name 表示要显示的窗口名称；img 表示要显示的图像。示例：

```
cv2.imshow('res',img)    #将 img 图像以名为 res 的窗口显示
```

5）cv.waitKey（0）。该函数是在一个给定的时间内（单位 ms）等待用户按键触发。其中设置 waitKey（0），表示程序会无限制地等待用户的按键事件，如果用户没有按键，则继续等待（循环），并只会显示第一帧视频。如果设置 waitKey（100），则表示等待用户触发事件，等待时间为 100ms，即显示完一帧图像后程序等待 100ms 再显示下一帧视频。示例：

```
cv2.waitKey(100)    #将显示的窗口图像等待 100ms 后窗口消失
cv2.waitKey(0)      #将一直显示窗口图像直到用户输入任意按键
cv2.destroyWindow(windows_name)  : #销毁单个特定窗口
cv2.destroyAllWindows() : #销毁所有窗口
```

2. dlib 库简介

dlib 是一个开源的机器学习库，它包含了众多的机器学习算法，如分类、回归、聚类等。此外，dlib 还包含了众多的数据处理、模型训练等工具，使得其在机器学习领域被广泛应用。

基于 dlib 库可以对人脸特征进行提取,在视频流中抓取人脸特征、并保存为 64×64 大小的图片文件。本任务用到的相关函数和模型如下。

1)dlib.get_frontal_face_detector( )。获得人脸框位置的检测器,以检测包含人脸的图片。具体来说,用于获取一个基于 HOG 特征和 SVM 分类器的人脸检测器。其中,HOG(Histogram of Oriented Gradients,梯度方向直方图)是一种常用于图像识别中的特征描述算子,而 SVM(Support Vector Machine,支持向量机)是一种常用的分类器,常用于解决二分类和多分类问题。将 HOG 特征与 SVM 分类器结合起来,可以得到一个有效的人脸检测器。

2)shape_predictor_68_face_landmarks.dat。是基于 dlib 库中人脸特征点的检测模型。该模型使用了基于 HOG 特征和 SVM 分类器的人脸检测器来检测图像中的人脸,并使用回归算法来预测人脸的 68 个关键点位置,又称为"68 维人脸检测模型"(图 3-30)。这些关键点包括眼睛、鼻子、嘴巴等部位,可以用于人脸识别、表情识别、姿态估计等应用程序,其中 18~22 点标志右眉毛,51~68 点标志嘴巴。

3)dlib.shape_predictor 是一个模型,对于每一个检测到的人脸,都可以使用 shape_predictor 获取人脸关键点。例如,dlib.shape_predictor(shape_predictor_68_face_landmarks.dat),表示用 68 维人脸检测模型来获取人脸 68 个关键点特征,如图 3-31 所示。

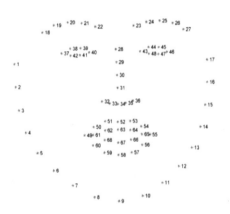

图 3-30　人脸特征点检测模型中
68 个关键点位置

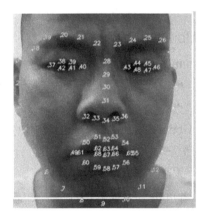

图 3-31　dlib.shape_predictor
获取人脸关键点

3. OpenCV 和 dlib 在人脸识别程序中的分工

OpenCV 和 dlib 库都是功能强大的第三方库,都可以实现人脸识别功能,只是性能上存在差异。OpenCV 功能强大,但是只有部分功能涉及人脸检测,比较经典的是 Haar 人脸检测。dlib 不仅可以检测,还可以进行追踪,关键点数也多,达 68 个。所以 OpenCV 人脸识别功能不如 dlib。可以根据各自的特点,用 dlib 进行人脸检测和特征提取,使用 OpenCV 进行图像处理和显示。

4. NumPy 库简介

NumPy(Numeric Python)提供了许多高级的数值编程工具,例如,矩阵数据类型、向量处理,以及精密的运算库,专为进行严格的数字处理而产生。

5. json 文件简介

（1）定义和作用　json（Java Script Object Notation）是一种数据交换格式，通常使用 .json 文件扩展名。.json 文件是用于存储和传输数据的文件格式，可以将数据从一个应用程序传输到另一个应用程序，或者将数据从一个地方存储到另一个地方，如从服务器到客户端。

（2）json 模块　json 模块是 Python 中的一个编码和解码 json 格式的模块，主要用于将 Python 对象编码为 json 格式输出或存储，以及将 json 格式对象解码为 Python 对象。

（3）解析 json 数据　通常数据之间的传输、存储是 json 字符串的形式，而数据的操作、分析则是对 Python 对象进行操作。json 字符串和 Python 对象可通过表 3-2 中两个函数互相转换。

表 3-2　json 解析数据函数

函数	函数描述
json.dumps	将 Python 对象编码成 json 字符串
json.loads	将 json 字符串解码成 Python 对象

六、Ubuntu 系统概述

1. Ubuntu 系统简介

Ubuntu 是一个以计算机桌面应用为主的 Linux 发行版操作系统，是世界上最流行的 Linux 系统之一。此前人们认为 Linux 难以安装、难以使用，在 Ubuntu 出现后这些都成为历史。

1）Ubuntu 几乎包含了所有常用的应用软件，如文字处理、电子邮件、软件开发工具和 Web 服务等。用户下载、使用、分享未修改的原版 Ubuntu 系统，以及到社区获得技术支持，无需支付任何许可费用。

2）Ubuntu 拥有庞大的社区力量，用户可以方便地从社区获得帮助。

2. Ubuntu 优势和作用

1）开发和编程。Ubuntu 是开发人员和编程爱好者的首选系统之一，特别是在嵌入式开发中。它提供了广泛的开发工具、编程语言和开发环境。无论是网站开发、移动应用开发还是嵌入式系统开发，Ubuntu 都提供了强大的支持和丰富的资源。Ubuntu 支持包括 Python、Java、C++ 等在内的软件开发语言，并提供了海量的开发库和工具，成为代码开发和部署最常用的开源操作系统。在 Ubuntu 系统上进行开发能够实现高效开发，尤其是在调试源码方面，具有显著的便利性，可以让开发工作事半功倍。

2）易于集成。软件工程师必须克服的最关键挑战之一是开发出的软件与其他系统的集成程度，Ubuntu 使工程师能够轻松地测试、集成和部署。

3. Ubuntu 系统版本

1）根据 Ubuntu 发行版本的用途来划分，可分为 Ubuntu 桌面版（Ubuntu Desktop）、

Ubuntu 服务器版（Ubuntu Server）、Ubuntu 云操作系统（Ubuntu Cloud）和 Ubuntu 移动设备系统（Ubuntu Touch），Ubuntu 已经形成一个比较完整的解决方案，涵盖了 IT 产品的多个方面。

2）除了标准 Ubuntu 版本，Ubuntu 官方还有几大主要分支，分别是 Edubuntu、Kubuntu、Lubuntu、Mythbuntu、Ubuntu MATE、Ubuntu GNOME、Ubuntu Kylin 等。举例如下。

① Ubuntu Kylin（优麒麟）。是一个专门为中文用户定制的 Ubuntu 版本，预置了大量中国用户熟悉的应用，使用 UKUI 桌面，是开箱即用的 Ubuntu 官方中国定制版本，适合中国用户使用。

② Edubuntu。是 Ubuntu 的教育发行版，专注于学校（教育）的需求，是由 Ubuntu 社区和 K12-LTSP 社区合作开发的，适合儿童、学生、教师使用的基础发行版。

3）Ubuntu 共有 6 个长期支持版本（Long Term Support，LTS）：Ubuntu 6.06、8.04、10.04、12.04、14.04、16.04。Ubuntu 12.04 和 14.04 桌面版与服务器版都有 5 年支持周期。每个 Ubuntu 的版本代号都是按照"形容词 + 动物"的格式命名的，而数字号则是表示发布的"年 + 月"。如 12.04 是在 2012 年 4 月发布。Ubuntu 每 6 个月发布一个非 LTS 版本（见表 3-3），每两年发布一个 LTS 版本，每个 LTS 有 5 年的维护时间，以便人们实时地获取和使用新软件。图 3-32 所示是 Ubuntu 的 Lunar Lobster（月球龙虾）版本。

表 3-3　Ubuntu 最新的非 LTS 版本

版本号	代号	发布时间
23.04	Lunar Lobster（月球龙虾）	2023 年 4 月维护至 2024 年 1 月
22.10	Kinetic Kudu（灵活的捻角羚）	2022 年 10 月维护至 2023 年 4 月
22.04	Jammy Jellyfish（幸运水母）	2022 年 4 月维护至 2022 年 10 月
21.10	Impish Indri（顽皮狐猴）	2021 年 10 月维护至 2022 年 4 月

图 3-32　Ubuntu 最新的 Lunar Lobster（月球龙虾）版本

4. Ubuntu 虚拟机

（1）双操作系统　对于习惯于使用 Windows 操作系统的用户来说，可以在计算机上同时安装 Ubuntu 操作系统用于软件开发，这样就构成了一个双操作系统，开机的时候可自主选择使用哪个操作系统启动。但缺点是每次只能选择其中的一个系统启动，要么 Windows 要么 Ubuntu，很难做到两个系统随时切换。Windows 系统下的软件资源要比 Ubuntu 丰富得多，但 Ubuntu 更适合编译和调试代码。例如，在 Windows 下用 Source Insight 编辑器编写代码，然后到 Ubuntu 下编译，这就涉及两个系统切换问题。当然，如果直接在计算机上安装 Ubuntu 也就不必在 Windows 和 Ubuntu 之间二选一了，而虚拟机的出现则完美地解决了双操作系统切换的问题。

（2）虚拟机的定义　指通过软件模拟的具有完整硬件系统功能的、运行在一个完全隔离环境中的完整计算机系统。虚拟机顾名思义就是虚拟出一个机器，然后就可以在这个机器上安装任何想要的系统，相当于再克隆出一台计算机。在计算机中创建虚拟机时，需要将实体机的部分硬盘和内存容量作为虚拟机的硬盘和内存容量。虚拟机监视器（Virtual Machine Monitor，VMM）又称为 Hypervisor（见学习任务 1），作为虚拟机的核心，它是一层位于操作系统和计算机硬件之间的代码，用来将硬件平台分割成多个虚拟机，如图 3-33 所示。

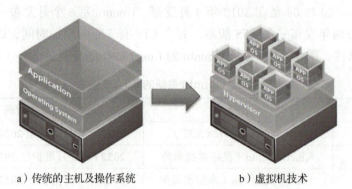

a）传统的主机及操作系统　　　　b）虚拟机技术

图 3-33　传统的主机及操作系统和虚拟机技术

（3）虚拟机的作用　借助虚拟机，可以让 Ubuntu 系统能作为 Windows 下的一个软件，默认启动 Windows 系统，需要用到 Ubuntu 时直接打开虚拟机软件就行了。这样在主机上运行 Windows 系统，当需要用到 Ubuntu 时就打开安装有 Ubuntu 系统的虚拟机。

（4）虚拟机软件　常见的虚拟机软件有收费的 VMware Workstation（图 3-34）和 Oracle（甲骨文）公司旗下的 VirtualBox（图 3-35）。不同于收费的 VMware，VirtualBox 是免费开源的虚拟机软件，但 VMware 性能更好，细分功能更多，商业服务器都是选择 VMware。

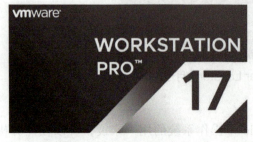

图 3-34　VMware Workstation

图 3-35　VirtualBox

七、ROS 概述

1. 定义

ROS 是机器人操作系统（Robot Operating System）的简称，用于编写机器人的软件程序。ROS 虽被称为操作系统，但其本身并不是真正意义上的操作系统，其底层的任务调度、编译、设备驱动依赖于 Ubuntu（Linux）才能完成。ROS 的出现解决了机器人各个组件的通信问题，如图 3-36 所示。ROS 真正的作用是连接真正的操作系统 Ubuntu（Linux）和用户自己开发的 ROS 应用程序，如自动驾驶感知程序，自动驾驶路线规划、自动驾驶决策等模块。ROS 本质上是一个分布式的通信框架，把原本松散的程序进程耦合在一起，帮助程序进程之间更加方便地通信。ROS 提供硬件抽象、函数调用、进程管理等一些类似操作系统的功能，实际上是一个软件库和工具集。

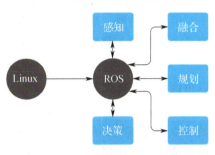

图 3-36　ROS 在不同应用程序之间的桥梁沟通作用

2. ROS 的目录文件结构

包括节点（Node）、消息（Messages）、话题（Topic）、服务（Service），ROS 主节点（ROS master），如图 3-37 所示。

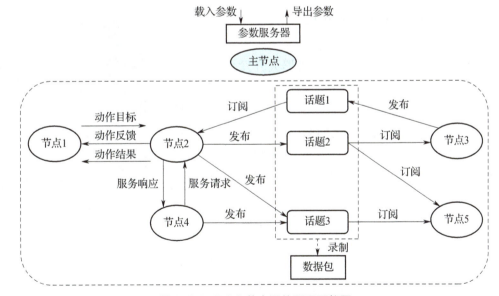

图 3-37　ROS 节点通信原理网状图

（1）节点（Node）　ROS 的核心思想是将机器人的各个具备单一功能的软件做成一个个的节点，构成 ROS 可执行程序的基本单元。节点之间通过发送消息（Messages）来沟通。不同的节点可以部署在不同主机上，也可以部署在互联网上或者云端。ROS 网络通信的主节点（Master）负责对网络各个节点的通信过程进行管理和调度，因此主节点必须最先启动。

（2）消息（Messages） 节点之间通过收发消息进行通信。而消息收发机制分为话题（Topic）、服务（Service）和动作（Action）三种。如图3-37所示。

1）节点2和节点3通过话题机制进行消息的订阅和发布。

2）节点1和节点2通过动作机制进行通信。

3）节点2和节点4采用服务机制进行通信。

节点、话题、服务、动作都需要有唯一的标识符，而且每种消息机制传递的数据类型（消息类型）都是特定的，分为话题消息类型、服务消息类型、动作消息类型。

（3）数据包（ROS bag） ROS中专门用来保存和回放话题中数据的文件。例如，可以将传感器数据用数据包保存下来，方便后续反复回放调试算法。

（4）参数服务器 为ROS通信网络中所有节点提供便于修改的参数，这些参数可以是节点中可供外部修改的全局变量，分静态参数和动态参数。静态参数用于节点启动时设置节点的工作模式，动态参数用于节点运行时改变节点的工作状态。

3. ROS缘何首选Ubuntu

ROS的主要支持平台是Ubuntu Linux，ROS的开发者将大量的精力投入到了Ubuntu的支持上，ROS的软件包也是基于Ubuntu的软件包格式（deb）构建的。ROS最初的版本都是在Ubuntu上进行开发和测试的，使用Ubuntu作为ROS的主要开发平台是最合适的。对于初学者而言，在Ubuntu上安装ROS可以更加简单和快速，而且ROS社区也很活跃，遇到问题可以很快得到帮助和解决方案。

4. ROS1到ROS2的演进历程

（1）ROS1 即第一代机器人操作系统。2007年，一家名为柳树车库（Willow Garage）的机器人开发公司首次发布了ROS，其集合了开源、免费、高内聚（每个软件模块只完成一件事）、低耦合（软件结构中各模块之间相互连接程度低，减少了类内部对其他类的调用）、工具丰富等诸多优点，一经推出立刻吸引大量开发者、硬件供应商的加入，形成稳定多样的机器人开发生态，成为机器人领域主流软件框架。随着时间的推移，ROS1也逐渐完成了自己的历史使命，ROS Noetic将成为ROS1的最后一个版本，并且将于2025年停止维护（图3-38）。

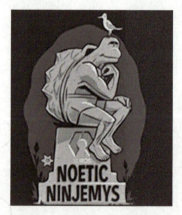

图3-38 ROS Noetic

（2）ROS2 ROS自诞生以来经过数十年的发展，不管是机器人相关软件、硬件、ROS社区都发生了翻天覆地的变化，加之ROS1仅支持Linux系统等先天不足，导致其在许多应用场景多少显得力不从心。在此背景下，官方于2017年正式推出了新一代的机器人操作系统ROS2。ROS2保留了ROS1的优点，并改善了其缺陷，以适应日新月异的发展需求。ROS2增加支持Linux、Windows、MacOS以及嵌入式实时操作系统。ROS2不仅解决了实时通信、安全性和稳定性等问题，还具备多语言支持和跨平台兼容等特点。

5. ROS2 最新版本

每隔一段时间，ROS2 都会更新版本，见表 3-4。ROS 最初是基于 Ubuntu 系统开发的，因此 ROS 发行的版本命名规则和 Ubuntu 类似，即命名以两个相同的首字母构成。Foxy（图 3-39）是目前广泛应用的 ROS2 版本，相较于其他的 ROS2 版本，Foxy 具有稳定性强、案例教程多等优点。

表 3-4 ROS2 版本

版本号	发布时间	停止维护时间
Iron Irwini	2023 年 5 月	2024 年 11 月
Humble Hawksbill	2022 年 5 月	2027 年 5 月
Galactic Geochelone	2021 年 5 月	2022 年 11 月
Foxy Fitzroy	2020 年 6 月	2023 年 5 月
Eloquent Elusor	2019 年 11 月	2020 年 11 月

图 3-39 ROS2 之 Foxy Fitzroy 版本

八、车载摄像头（摄像机）概述

1. 结构组成

主要由镜头、图像传感器、模数转换器、图像处理器、图像存储器等组成。

2. 工作原理

景物通过镜头（LENS）生成的光学图像投射到图像传感器表面上，然后转为电信号，经过 A/D（模数转换）转换后变为数字图像信号，再送到数字信号处理芯片（DSP）中加工处理，再通过 USB 接口传输到计算机中进行处理，通过显示器就可以看到图像了。如图 3-40 所示。

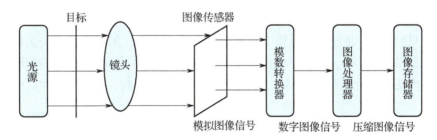

图 3-40 摄像头工作原理

3. 分类和应用

（1）按照安装位置（图 3-41）分类

1）前视摄像头。通常位于前风窗玻璃上，具有行车视觉感知及识别功能。

2）环视摄像头。安装在车身四周，通过多个摄像头实现全景环视功能和泊车辅助。

3）后视摄像头。通常安装在行李舱上，用于倒车辅助。

4）侧视摄像头。用于监控侧前方或侧后方场景，实现盲点监控。

5）内视摄像头。安装在车内，用于监控驾驶员状态或其他内部环境。

（2）按照用途分类

1）成像类摄像头。用于被动安全，将拍摄到的图像存储或传输给用户。

2）感知类摄像头（ADAS摄像头）。用于主动安全，如防撞预警、车道偏离预警等，需要准确捕捉图像。

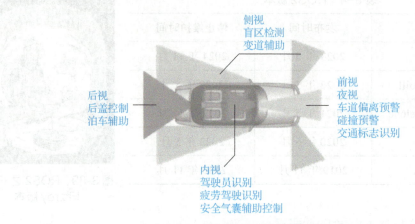

图 3-41　车载摄像头分类和应用

（3）按照结构分类

1）单目。通过摄像头拍摄的平面图像来感知和判断周边环境，识别车辆、路标、行人等固定物体和移动物体（图3-42），是目前汽车摄像头的主流解决方案，其依靠复杂算法进行测距，准确度低。

2）双目。通过模仿人眼的功能实现对物体距离和大小的感知，进而感知周边环境，可通过视差和立体匹配计算精准测距，如图3-43所示。

图 3-42　车载单目摄像头

3）多目摄像头。通过三个摄像头覆盖不同范围的场景，解决了摄像头无法切换焦距的问题，如图3-44所示。相比于单目摄像头和双目摄像头，其拥有更好的视野广度和精度。三目摄像头由于计算量大，对芯片的数据处理能力要求高，目前成本相对较高。

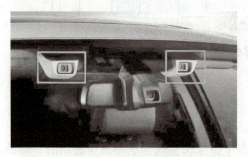

图 3-43　车载双目摄像头

图 3-44　Model Y 车载三目摄像头

4. 摄像头（摄像机）的标定

（1）定义　相机成像的原理本质上就是三维空间坐标到二维空间坐标的变换，所以标定的目的就是确定空间物体表面某点的三维几何位置与其在图像中对应点之间的相互关系，建立摄像头成像的几何模型。这些几何模型参数就是摄像头参数，这个求解参数的过程称之为摄像头（摄像机）标定（图3-45）。标定之后的摄像头，可以进行三维场景的重建，即深度的视觉感知，从而实现了摄像头图片从二维到空间三维的重构。

图3-45　摄像头的标定：从二维到三维的重构

（2）为什么要进行标定

1）校正透镜畸变。由于每个镜头在生产和组装过程中的畸变程度各不相同，通过摄像机标定可以校正这种镜头畸变，生成校正后的图像，如图3-46所示。

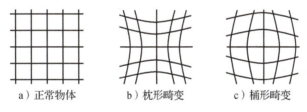

图3-46　正常物体、枕形畸变、桶形畸变

2）建立相机成像几何模型。根据标定后的相机参数建立相机成像几何模型，由获得的图像重构出三维场景。具体来说，拍照时，把空间物体信息通过摄像机变成了二维图像，这个过程本来是不可逆的。但如果找到一个摄像机的数学模型，就可以实现从"二维图像＋模型"逆推得到原来三维信息。标定就是在找这个模型，从而实现二维到三维的重建。

（3）标定意义　在图像测量或者机器视觉应用中，相机参数的标定都是非常关键的环节，其标定结果的精度及算法的稳定性直接影响从图像中恢复物体三维信息的准确性，是计算机视觉和机器视觉应用中的一个关键步骤。

（4）标定流程

1）收集标定图像。首先，需要准备一组标定图像。这些图像应该包含一些已知的特征点，如棋盘格的角点，以便后续的标定计算。在收集图像时，要注意保持摄像头的稳定性，避免图像模糊和抖动。

2）提取特征点。在收集到标定图像后，需要使用特征点提取算法来提取图像中的特征点。常用的特征点提取算法有 Harris 角点检测、SIFT、SURF 等，提取到的特征点将用于后续的标定计算。

3）计算相机内参。接下来，需要计算相机的内参，包括焦距、主点坐标等。通过对特征点的匹配和三维到二维坐标的对应关系，可以使用相机标定的数学模型进行内参计算。

4）校正畸变。相机镜头造成的畸变是由于镜头制造和安装过程中的误差所导致的，会对图像的几何形状和尺寸产生影响。为了校正这种畸变，需要计算相机的畸变参数，并对图像进行畸变校正。

5）计算相机外参。除了内参外，相机的外参也是相机标定的重要内容。通过特征点的匹配和三维到二维坐标的对应关系，可以使用相机标定的数学模型进行外参计算，得到相机的旋转矩阵和平移向量。

6）验证标定结果。最后，需要验证标定结果的准确性。可以使用一些已知的物体或场景进行测试，比较标定结果和实际测量值之间的差异。如果差异较小，则说明标定结果较为准确。

任务分解

要完成在座舱中加装人脸识别验证的需求任务，需要将任务分解为四个子任务。
1. 子任务 1　人脸识别系统的 Python 代码开发
2. 子任务 2　在台架上进行人脸识别程序的调试
3. 子任务 3　摄像头的拆装和标定
4. 子任务 4　人脸识别系统的固件烧入和测试

任务实施

子任务 1　人脸识别系统的 Python 代码开发

任务要求：开发基于 OpenCV 库的人脸识别系统。

前期准备
新建 Python 程序文件
在创建好的 Python 项目文件中，右键新建 Python 程序文件 face_detect.py，如图 3-47 所示。

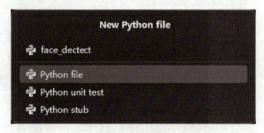

图 3-47　创建程序文件

任务实操
1. 导入、安装第三方库

1）安装项目所需库，本项目需要安装 OpenCV 库。打开 PyCharm 的中 Terminal 终端框,如图 3-48 所示,并在终端框中依次输入以下两段命令。

```
pip install opencv-python
pip install opencv-contrib-python
```

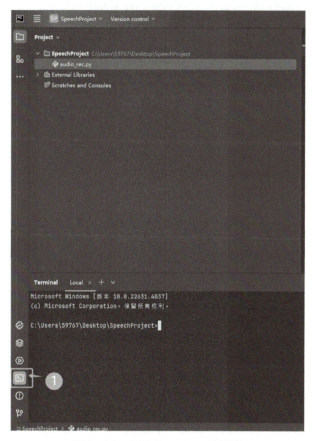

图 3-48 打开 Terminal 终端框

2)由于 pip install 命令默认会去外国进行下载,如果遇到下载速度很慢,或者直接 HTTP 报错的,可以使用以下命令,修改下载镜像地址。

```
pip config set global.index-url
https://pypi.tuna.tsinghua.edu.cn/simple/
```

3)导入第三方库,在 audio_rec.py 的程序文件中输入以下代码,如图 3-49 所示。

```
import cv2
```

图 3-49 导入第三方库代码

2. 编写人脸检测程序

人脸检测程序代码如图 3-50 所示。

```
def detect(frame):
    faceF = 0
    try:
        Fier_path = r'./haarcascade/haarcascade_frontalface_default.xml'
        classfier = cv2.CascadeClassifier(Fier_path)
        classfier.load(Fier_path)
    except Exception as e:
        return [frame, faceF]
    color = (0, 255, 0)
    x1 = 100
    x2 = 350
    y1 = 100
    y2 = 450
    # 检测区域
    grey = frame[y1:y2, x1:x2]   # y1 y2 x1 x2
    cv2.rectangle(frame, (x1, y1), (x2, y2), color, 2)
    faceRects = classfier.detectMultiScale(grey, scaleFactor=1.2, minNeighbors=5, minSize=(5, 5))
    # 通过分类器检测人脸

    if len(faceRects) >0:
        faceF = 1
        for faceRect in faceRects:   # 单独框出每一张人脸
            x, y, w, h = faceRect
            color = (255, 0, 0)   # 设置方框颜色(B,G,R)
            font = cv2.FONT_HERSHEY_TRIPLEX   # 设置字体
            cv2.rectangle(grey, (x - 10, y - 10), (x + w + 10, y + h + 10), color, 2)
            cv2.putText(grey, "Face Detect OK!", (10, 20), font, 0.7, (0, 255, 0), 1)
    return [frame, faceF]
```

图 3-50 人脸检测程序

其中：

```
def detect(frame):
```

● 定义一个名为 detect 的函数，接受一个参数 frame，通常是视频帧或图像。

```
faceF = 0
try:
    Fier_path = r'./haarcascade/haarcascade_frontalface_default.xml'
    classfier = cv2.CascadeClassifier(Fier_path)
    classfier.load(Fier_path)
except Exception as e:
    return [frame, faceF]
```

● 初始化一个变量 faceF 为 0，用于指示是否检测到人脸。

● 尝试加载 Haar 特征分类器文件 haarcascade_frontalface_default.xml，这是 OpenCV 提供的预训练人脸检测分类器。如果加载失败，捕获异常并返回输入的 frame 和 faceF（0，表示没有检测到人脸）。

```
color = (0, 255, 0)
x1 = 100
x2 = 350
y1 = 100
```

```
y2 = 450
# 检测区域
grey = frame[y1:y2, x1:x2]    # y1 y2 x1 x2
cv2.rectangle(frame, (x1, y1), (x2, y2), color, 2)
```

● 定义方框颜色 color 为绿色（0，255，0），并定义检测区域的坐标范围（$x1$，$y1$）和（$x2$，$y2$）。提取图像的检测区域，并在该区域绘制一个绿色矩形框。

```
faceRects = classfier.detectMultiScale(grey, scaleFactor=1.2,
minNeighbors=5, minSize=(5, 5))    # 通过分类器检测人脸
    if len(faceRects) > 0:
            faceF = 1
            for faceRect in faceRects:    # 单独框出每一张人脸
                x, y, w, h = faceRect
                color = (255, 0, 0)    # 设置方框颜色（B,G,R）
                font = cv2.FONT_HERSHEY_TRIPLEX    # 设置字体
                cv2.rectangle(grey, (x - 10, y - 10), (x + w + 10, y + h + 10), color, 2)
                cv2.putText(grey, "Face Detect OK!", (10, 20), font, 0.7, (0, 255, 0), 1)
            return [frame, faceF]
```

使用 detectMultiScale 方法在检测区域 grey 中检测人脸。设置参数包括：

● scaleFactor=1.2：每次图像尺寸减小的比例。

● minNeighbors=5：每个候选矩形至少包含的邻近矩形数。

● minSize=(5，5)：目标的最小尺寸。

如果检测到人脸（len（faceRects）>0），将 faceF 设为 1。然后遍历所有检测到的人脸，在每个人脸上绘制一个蓝色矩形框并标注 "Face Detect OK!"。

● x，y，w，h 是每张人脸的坐标和尺寸。

● 矩形框颜色为蓝色（255，0，0）。

● 使用 cv2.FONT_HERSHEY_TRIPLEX 字体，在检测区域的左上角添加文本 "Face Detect OK!"。

返回处理后的 frame 和 faceF（表示是否检测到人脸）。

3. 编写摄像头调用程序

摄像头调用程序代码如图 3-51 所示。

其中：

```
def CatchPICFromVideo(window_name, camera_idx):
```

定义一个名为 CatchPICFromVideo 的函数，接受两个参数：

● window_name：窗口的名称。

● camera_idx：摄像头的索引。

```python
def CatchPICFromVideo(window_name, camera_idx):
    cap = cv2.VideoCapture(camera_idx)
    while cap.isOpened():
        try:
            ok, frame = cap.read()    # 读取一帧数据
        except:
            ok = 0
        if ok:
            [frame, h] = detect(frame)
            cv2.imshow("Face Detect", frame)
        if cv2.waitKey(30) == ord('q'):
            break
    cap.release()
    cv2.destroyAllWindows()
```

图 3-51 摄像头调用程序

```
cap = cv2.VideoCapture(camera_idx)
while cap.isOpened():
  try:
      ok, frame = cap.read()    # 读取一帧数据
  except:
      ok = 0
```

读取视频帧：尝试从视频捕获对象中读取一帧。
- ok 是一个布尔值，表示读取是否成功。
- frame 是读取到的帧图像。

异常处理：如果读取过程中发生异常，则将 ok 设置为 0，表示读取失败。

```
if ok:
      [frame, h] = detect(frame)
cv2.imshow("Face Detect", frame)
if cv2.waitKey(30) == ord('q'):
      break
```

- 检测人脸：如果成功读取一帧（ok 为真），则调用 detect 函数对帧图像进行处理。这个函数假设会返回一个处理过的图像（frame）和某个标识（h），但具体实现没有给出。
- 显示图像：使用 OpenCV 的 imshow 函数将处理后的图像显示在一个窗口中，窗口标题为 "Face Detect"。
- 等待键盘事件：调用 waitKey 函数，等待 30ms。如果用户按下 'q' 键，退出循环。

```
cap.release()
cv2.destroyAllWindows()
```

- 释放视频捕获对象：在循环结束后，调用 release 方法释放视频捕获对象，关闭摄像头。

● 销毁所有 OpenCV 窗口：在所有操作完成后，调用 destroyAllWindows 清理所有打开的 OpenCV 窗口。

4. 编写调用程序

调用程序代码如图 3-52 所示。

```
CatchPICFromVideo("face_detect", 0)
```

图 3-52　调用写好的函数程序

5. 运行程序文件

其完整程序如图 3-53 所示。

```python
import cv2

def detect(frame):
    faceF = 0
    try:
        Fier_path = r'./haarcascade/haarcascade_frontalface_default.xml'
        classfier = cv2.CascadeClassifier(Fier_path)
        classfier.load(Fier_path)
    except Exception as e:
        return [frame, faceF]
    color = (0, 255, 0)
    x1 = 100
    x2 = 350
    y1 = 100
    y2 = 450
    # 检测区域
    grey = frame[y1:y2, x1:x2]  # y1 y2 x1 x2
    cv2.rectangle(frame, (x1, y1), (x2, y2), color, 2)
    faceRects = classfier.detectMultiScale(grey, scaleFactor=1.2, minNeighbors=5, minSize=(5, 5))  # 通过分类器检测人脸

    if len(faceRects) >0:
        faceF = 1
        for faceRect in faceRects:  # 单独框出每一张人脸
            x, y, w, h = faceRect
            color = (255, 0, 0)  # 设置方框颜色(B,G,R)
            font = cv2.FONT_HERSHEY_TRIPLEX  # 设置字体
            cv2.rectangle(grey, (x - 10, y - 10), (x + w + 10, y + h + 10), color, 2)
            cv2.putText(grey, "Face Detect OK!", (10, 20), font, 0.7, (0, 255, 0), 1)
    return [frame, faceF]

def CatchPICFromVideo(window_name, camera_idx):
    cap = cv2.VideoCapture(camera_idx)
    while cap.isOpened():
        try:
            ok, frame = cap.read()  # 读取一帧数据
        except:
            ok = 0
        if ok:
            [frame, h] = detect(frame)
        cv2.imshow("Face Detect", frame)
        if cv2.waitKey(30) == ord('q'):
            break
    cap.release()
    cv2.destroyAllWindows()

CatchPICFromVideo("face_detect", 0)
```

图 3-53　完整程序截图

右键单击该程序，选择'run face_detect.py'，运行该程序，如图 3-54 所示。

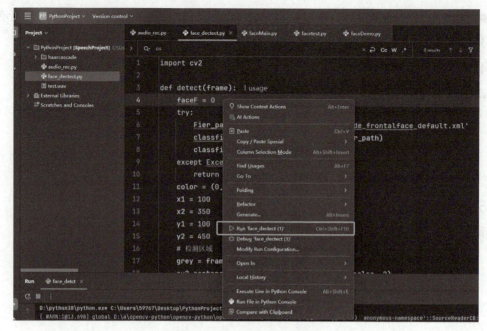

图 3-54 运行 Python 程序

6. 验证功能

运行程序后，程序会自动出现摄像头画面，当人脸进入绿色检测框后，出现人脸检测框，并且出现"Face Detect OK"文字提醒，如图 3-55 所示。

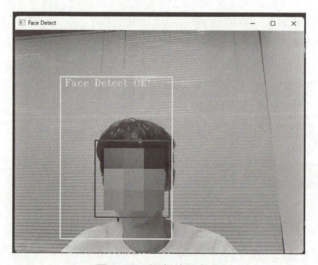

图 3-55 运行效果参考

子任务 2 在台架上进行人脸识别程序的调试

任务要求：本任务要求在台架上调试好子任务 1 编写的人脸识别程序。

前期准备

1）设备准备。

工具设备	名称	检查内容
	智能座舱测试装调台架（简称"台架"） 生产商：易飒（广州）智能科技有限公司	（1）检查确认台架220V电源已安全断开 （2）检查台架万向轮是否已锁止，确保万向轮处于锁止状态 （3）检查台架上的设备是否齐全

2）工具准备。

工具设备	名称	检查内容
	触控笔	（1）外观结构完整，表面不应有破损、变形、裂痕、生锈等问题 （2）使用功能正常
	安全帽	卡扣正常

任务实操

步骤	具体内容	图示
1	打开台架计算机，打开程序中Anaconda Prompt软件	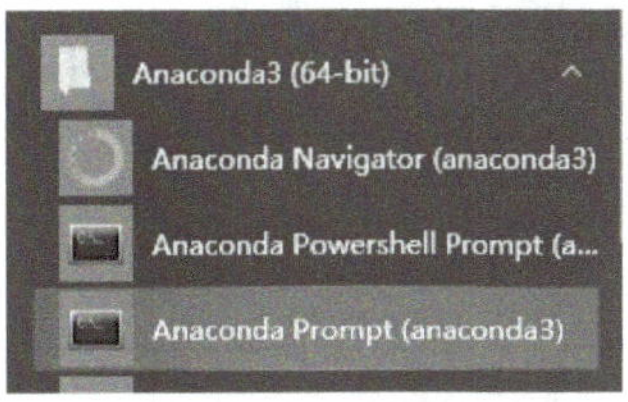 Anaconda3 (64-bit) Anaconda Navigator (anaconda3) Anaconda Powershell Prompt (a... Anaconda Prompt (anaconda3)
2	输入以下命令并按〈Enter〉键，进入人脸识别专用虚拟环境 conda activate e300	 Anaconda Prompt (anaconda3) (base) C:\Users\Dell>conda activate e300
3	输入以下命令并按〈Enter〉键，进入人脸识别项目文件夹 Cd C:\Users\Dell\Desktop\E300\task2	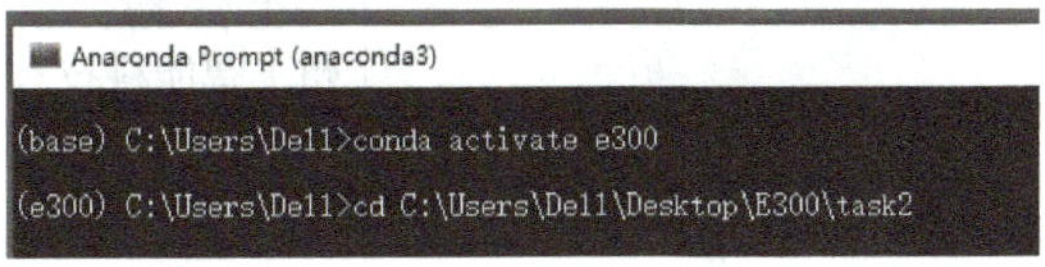 Anaconda Prompt (anaconda3) (base) C:\Users\Dell>conda activate e300 (e300) C:\Users\Dell>cd C:\Users\Dell\Desktop\E300\task2

（续）

步骤	具体内容	图示
4	输入以下命令并按〈Enter〉键，用于运行 faceMain.py 主程序。运行后系统弹出摄像头录制的实时画面 Python faceMain.py	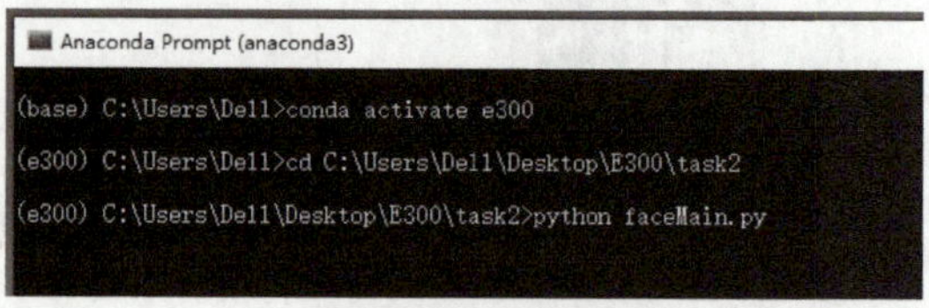 (base) C:\Users\Dell>conda activate e300 (e300) C:\Users\Dell>cd C:\Users\Dell\Desktop\E300\task2 (e300) C:\Users\Dell\Desktop\E300\task2>python faceMain.py
5	当摄像头检测到人脸后，计算机屏幕上出现方框并出现"Face Detect OK!"提示，说明在台架上人脸识别的功能调试成功 调试完成后，按〈q〉键（注意需要切换为英文输入法）关闭 Anaconda Prompt 软件	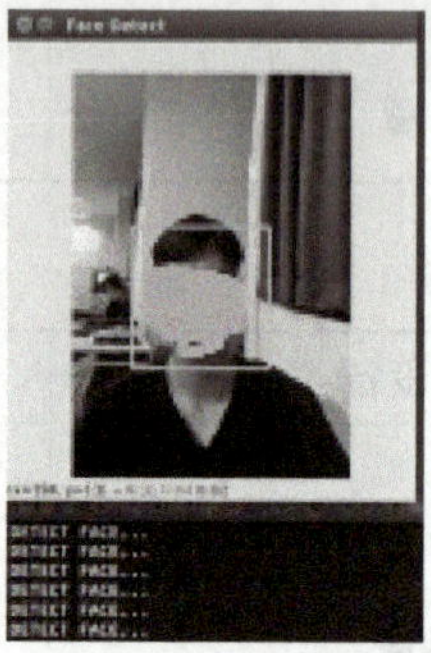

子任务 3 摄像头的拆装与标定

任务要求：完成在台架上进行摄像头的安装和标定。

前期准备

1）设备准备。

工具设备	名称	检查内容
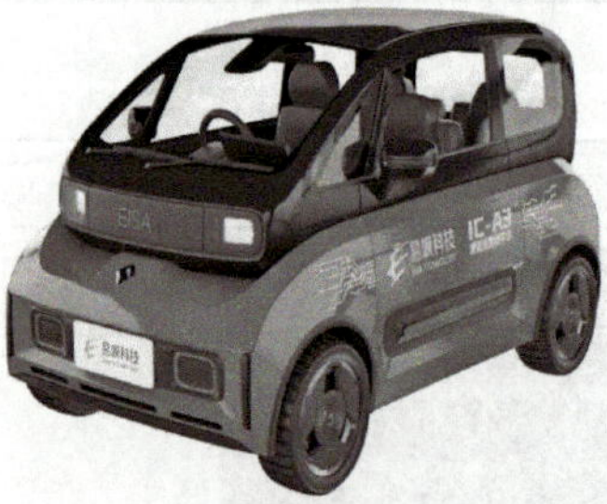	智能座舱教学车（简称"教学车"） 生产商：易飒（广州）智能科技有限公司	（1）绕车一周，检查两个阻车器是否放置在后轮的前后位置 （2）检查蓄电池电池电压，实验前蓄电池负极应处于断开状态。用10号扳手连接蓄电池负极并拧紧 （3）实验前确认智能座舱教学车处于关闭状态。连接蓄电池负极接线后，踩住制动踏板并起动教学车，仪表READY灯点亮，且档位处于P档，驻车制动灯点亮
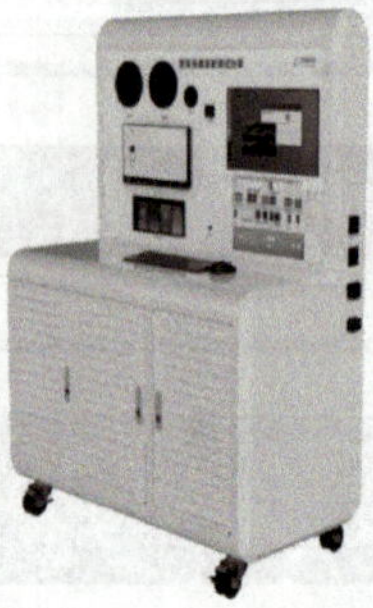	智能座舱测试装调台架（简称"台架"） 生产商：易飒（广州）智能科技有限公司	（1）检查并确认台架220V电源已安全断开 （2）检查台架万向轮是否已锁止，确保万向轮处于锁止状态 （3）检查台架上的设备是否齐全

（续）

工具设备	名称	检查内容
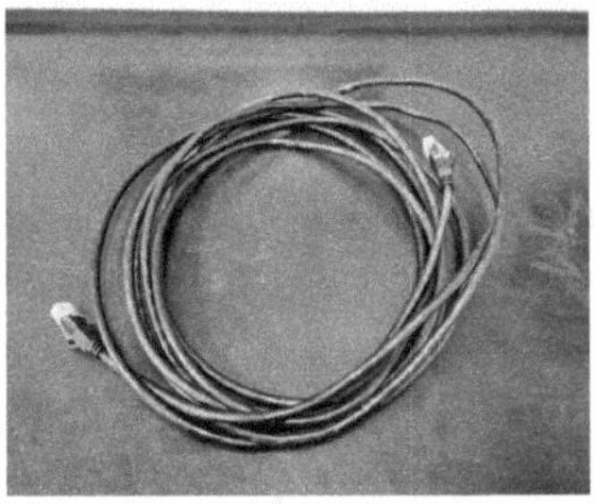	联机通信线（即网线）	（1）外观结构完整，表面不应有破损、变形、裂痕等问题 （2）接针脚无损坏、变形或生锈
	摄像头	（1）外观结构应整洁，表面不应有凹痕、划痕、裂缝、变形、毛刺等问题 （2）表面层不应起泡、龟裂、脱落 （3）镜头不应有气泡、划痕、裂纹、污物等缺陷 （4）台架上的支架应稳固，不应脱落及摇晃 （5）连接针脚无损坏、变形或生锈
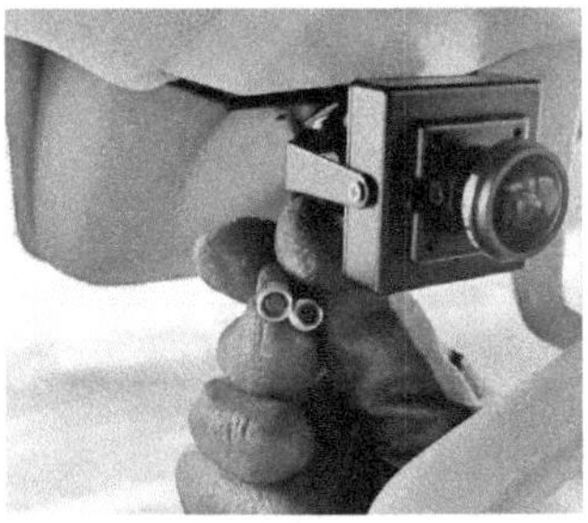 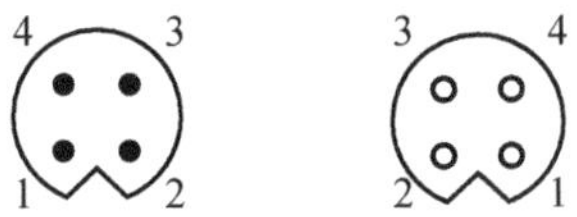	摄像头线束检查	（1）在车辆上，检查摄像头线束，外观结构完整，表面不应有破损、变形、裂痕等问题 （2）线束插头针脚无损坏、变形或生锈等缺陷

2）工具准备。

工具设备	名称	检查内容
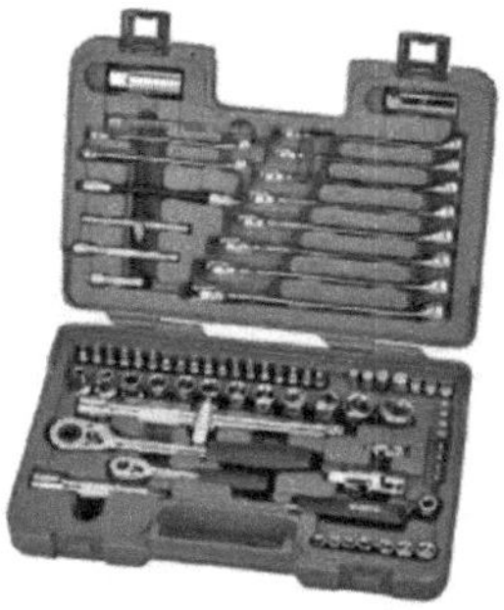	螺纹紧固件工具套装	（1）设备齐全，外观完整 （2）螺栓螺纹无滑丝或变形，螺栓头无损坏或者变形 （3）表面无生锈

（续）

工具设备	名称	检查内容
	标定板	外观完整无破损
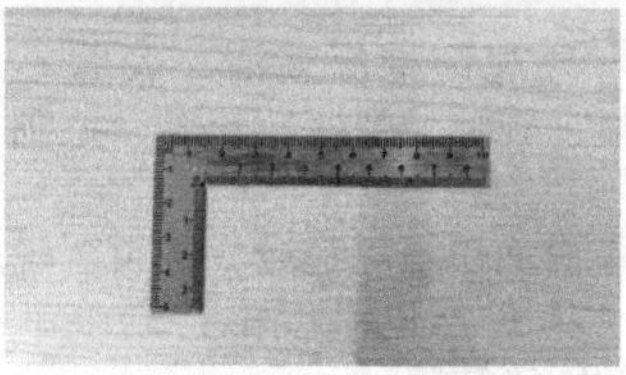	直角尺	外观完整无破损
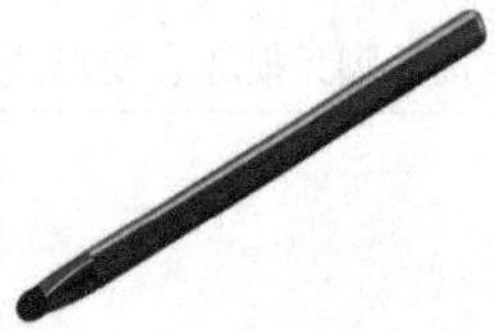	触控笔	（1）外观结构完整，表面不应有破损、变形、裂痕、生锈等问题 （2）使用功能正常
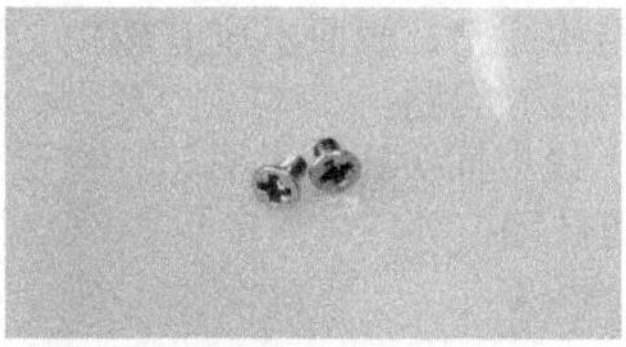	固定螺钉	（1）外观无生锈、划痕 （2）螺纹无滑丝或变形
	安全帽	卡扣正常
	绝缘垫	无破损

（续）

工具设备	名称	检查内容
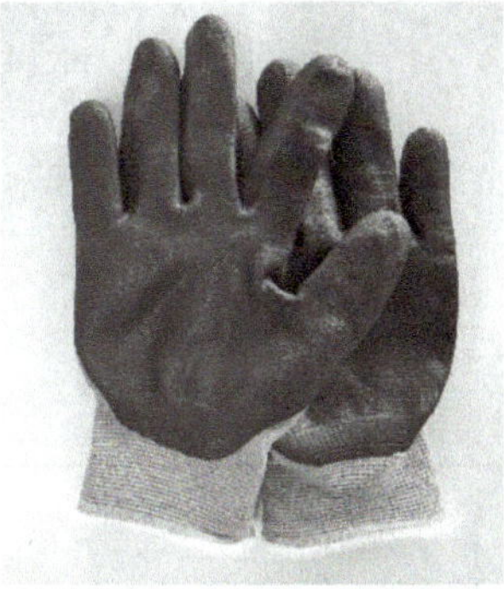	工作手套	无破损

3）工具设备检查。

4）教学车检查。参考学习任务2：教学车检查。

5）教学车和台架互联。参考学习任务2：教学车和台架互联。

任务实操

步骤	具体内容	图示
1	安装摄像头到台架上。将摄像头安装到台架上方的摄像头支架上	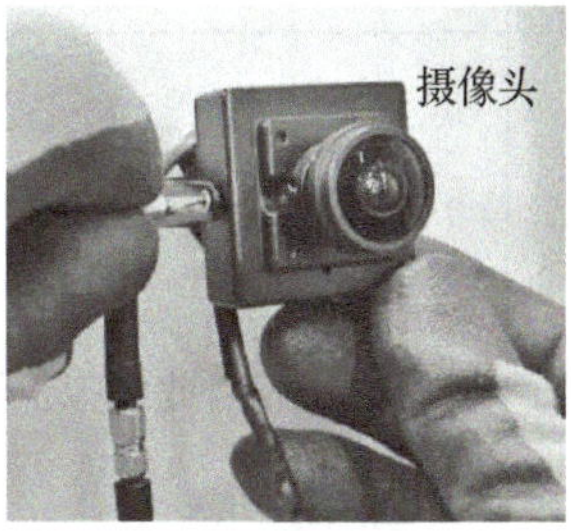
2	检查并连接摄像头线束 （1）检查摄像头线束是否出现破损，两端接线口是否正常，针脚是否损坏、变形和锈蚀 （2）连接摄像头线束接口，并确认摄像头线束接口针型和孔型相对无误并拧紧 注意事项：因摄像头线束接口针型和孔型较小，拆装时当感觉到有卡滞感时，应立刻停止操作，重新检查，避免损坏摄像头	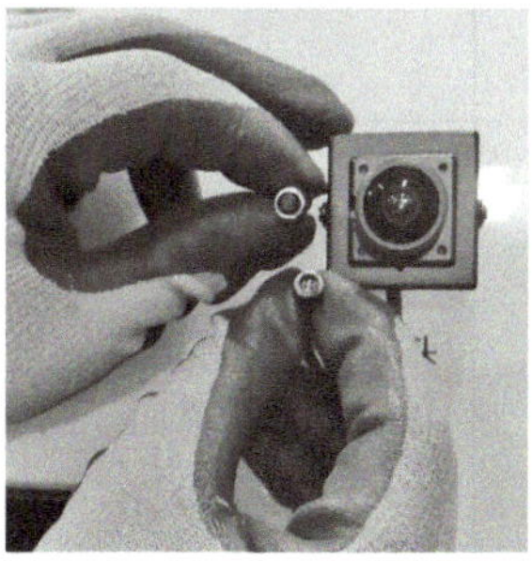
3	调整摄像头的安装角度。使用专用直角尺调整摄像头的安装角度（安装角度为90°），再拧紧固定螺钉	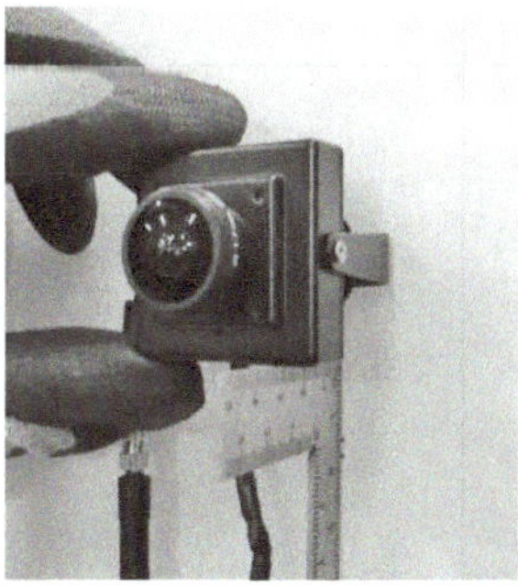

（续）

步骤	具体内容	图示
4	启动台架和计算机。启动台架，然后再启动计算机	
5	打开虚拟机软件。打开 VMware 软件，进入主界面	
6	开启虚拟机。单击 yolov5-autoware 文件夹，然后单击"开启此虚拟机"，启动 Ubuntu 系统	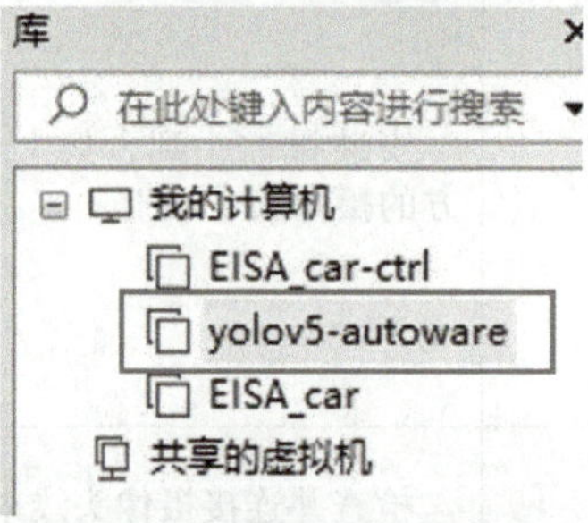
7	进入 Ubuntu 系统桌面：输入密码 root，进入 Ubuntu 系统桌面	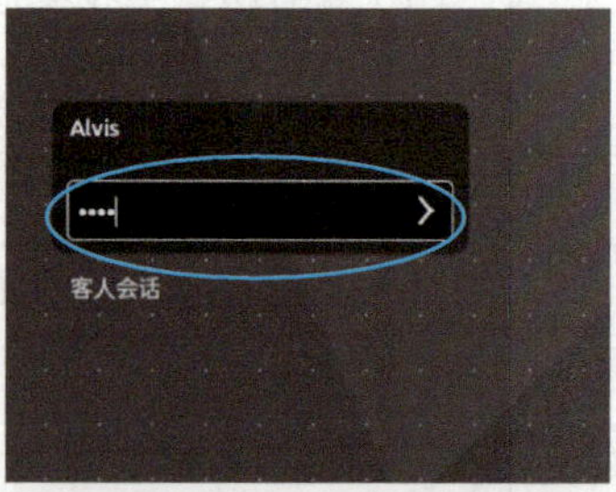
8	内参标定需要准备标定板，用的是棋盘格 9×6 专业标定板，比较精准	

（续）

步骤		具体内容	图示
9	在台架上进行摄像头的内参标定	启动摄像头（1）。单击菜单栏"虚拟机"→"可移动设备"→"MagTek Rmoncam A2 1080P"→"连接（断开与主机的连接）(C)"，用于连接摄像头 注意事项：连接摄像头后，可以打开系统相机窗口，确定一下摄像头是否已连接	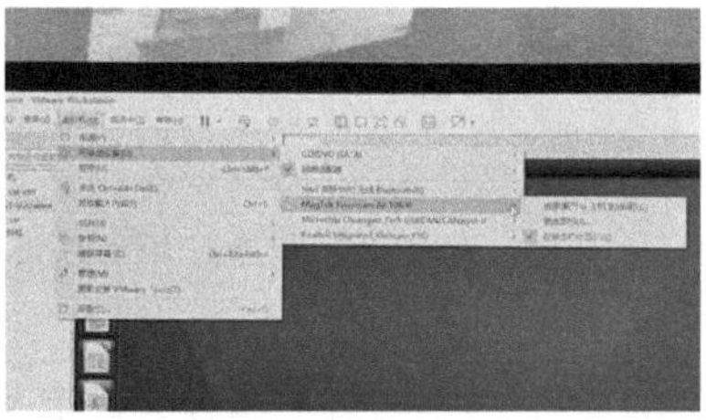
		启动摄像头（2）。在窗口区域内单击鼠标右键，然后选择"打开终端"	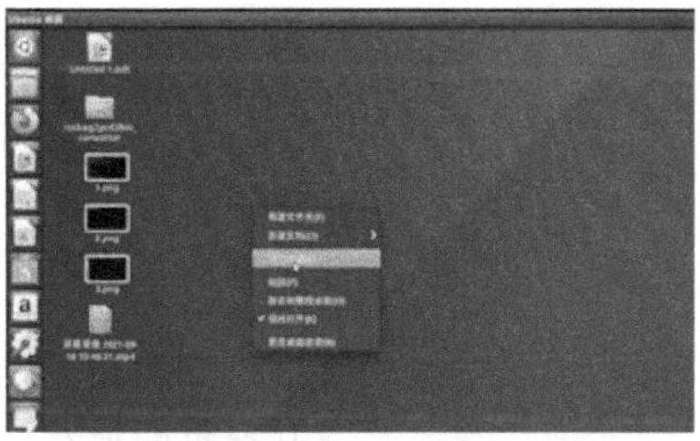
		启动摄像头（3）。在终端窗口区域内输入以下命令 *roscore* 按〈Enter〉键，运行 ROS 主节点（注意这个窗口不用关闭）	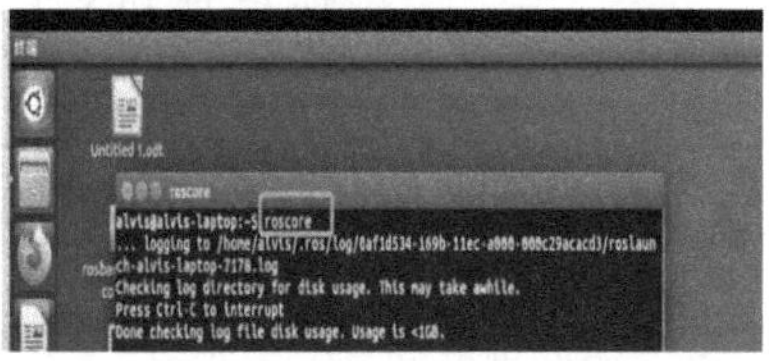
		启动摄像头（4）。再次在窗口区域内单击鼠标右键，然后选择"打开终端"，新建一个"终端"，输入命令 *roslaunch usb_cam* *usb_cam-test.launch* 按〈Enter〉键，用于启动摄像头 launch 文件来打开摄像头	
		打开标定工具（1）。单击文件夹图标，在 HOME/ros+cam+lidar/autoware 文件夹中找到 ros 文件夹。在 ros 文件夹内空白处右键打开"终端"，输入以下命令 *source devel/setup.bash* 按〈Enter〉键，设置环境变量	
		打开标定工具（2）。再输入以下命令，用于启动标定工具 *Rosrun autoware_camera_lidar_calibrator cameracalibrator.py --size 11x8 --square 0.036* *image:=/usb_cam/image_raw*	

(续)

步骤			具体内容	图示
9	在台架上进行摄像头的内参标定		摄像头标定及保存（1）。标定界面是黑白的，当拿出标定板对着摄像头时，它会自动识别标定板里面内角的参数，并用其他颜色线条标注	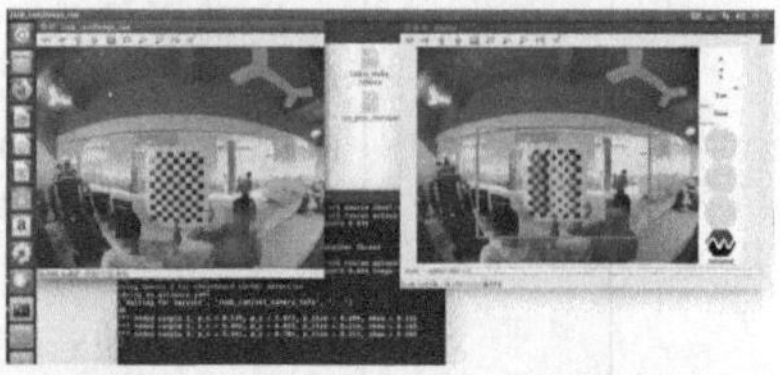
			摄像头标定及保存（2）。举起并移动标定板，当右上角的 X（移动到摄像头视野范围的最左边、最右边）、Y（移动到摄像头视野范围的最上方、最下方）、Size（移动标定板反复靠近、远离摄像头视野范围）、Skew（斜着拿标定板并不断改变标定板的角度）的进度条颜色变为绿色时（X、Y 和 Size 一起标定；保持标定板倾斜移动到视野的最左、最右、最上、最下），标定按钮 CALIBRATE 变为可选择状态	
			摄像头标定及保存（3）。单击 CALIBRATE 按钮即可计算内参矩阵（后台会进行计算，标定界面进入卡滞状态，并不是任务错误，切勿关闭窗口，画面会逐渐变成灰暗状态），在窗口会出现右图所示界面	
			摄像头标定及保存（4）。计算机后台计算完成后，窗口会出现摄像头矩阵数据（焦距参数，里面包含了 X、Y、S 坐标参数，还有畸变参数等）	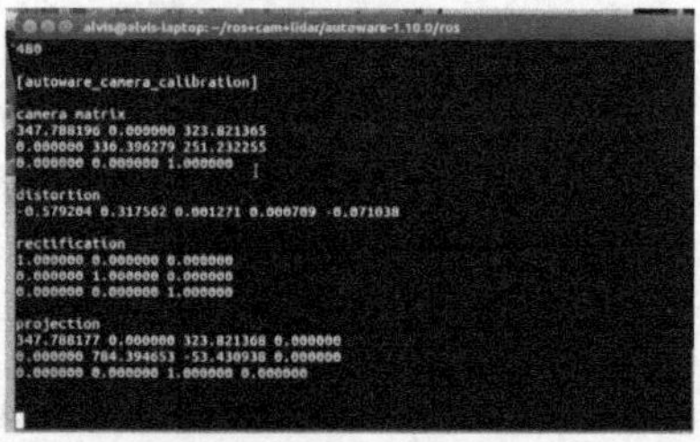
			摄像头标定及保存（5）。单击 SAVE 按钮，终端窗口中出现保存路径，文件以当前系统日期时间自动命名。如果想找回保存的文件，可以按照保存时间去查找	
			摄像头标定及保存（6）。保存完毕后，单击 COMMIT 按钮退出标定工具，使用快捷键〈Ctrl+C〉关闭摄像头实时同步窗口（标定后保存时间较长，需等待。不能关闭终端窗口）	

（续）

步骤	具体内容		图示
10	将内参参数复制到json文件	（1）完成摄像头的内参标定后，在Ubuntu系统桌面，单击"文件夹"图标，在主界面找到格式（根据保存时间去查找）的内参参数文件，把yaml格式（根据保存时间去查找）的内参参数文件复制到系统桌面并打开文件，再关闭虚拟机	
		（2）打开"桌面/E300/task2"文件夹中的json文件，用yaml格式的内参参数文件的参数分别替换json文件中CameraMat的data对应IntrinsicParameters（e+02代表数值乘以100），DistCoeff的data对应Distortion（e-01代表数值乘以0.1，以此类推），保留小数点后面六位小数，替换后保存json文件	
11	在台架上拆卸摄像头 （1）关闭计算机和台架 （2）拆卸摄像头。先拆下摄像头信号线，然后从台架上拆下摄像头		

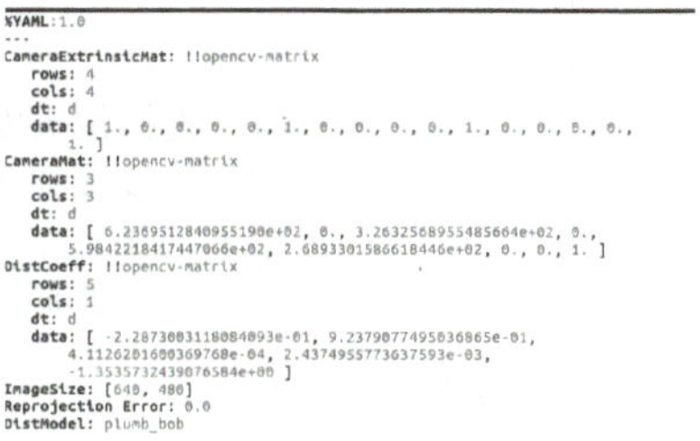

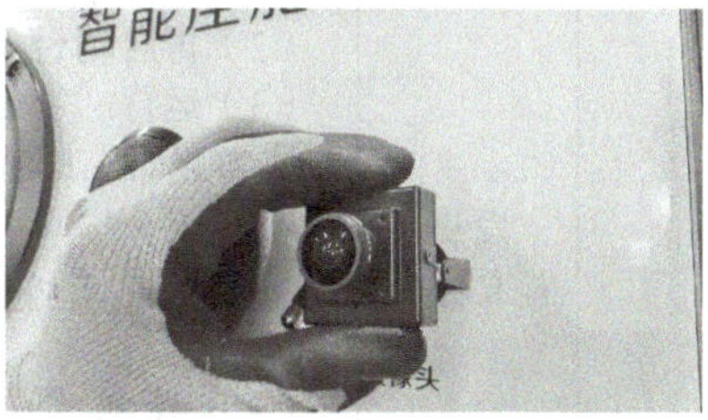

★视频4：摄像头的拆装与标定

子任务4 人脸识别系统的固件烧入和测试

任务要求：本任务是将子任务1中所编写的人脸识别程序烧入到教学车并测试，在教学车上实现人脸识别功能。

前期准备

1）设备准备：同子任务2。

2）工具设备检查：同子任务2。

3）教学车检查：同子任务3。

4）教学车和台架互联：同子任务3。

任务实操

步骤	具体内容		图示
1	在车辆上安装摄像头	（1）把摄像头安装到车辆上 （2）连接摄像头线束，操作方法与在台架上连接方法相同，注意小心操作，避免因短路造成摄像头损坏	
		（3）使用专用直角尺，在车辆上调整摄像头到90°角，最后拧紧摄像头的紧固螺钉	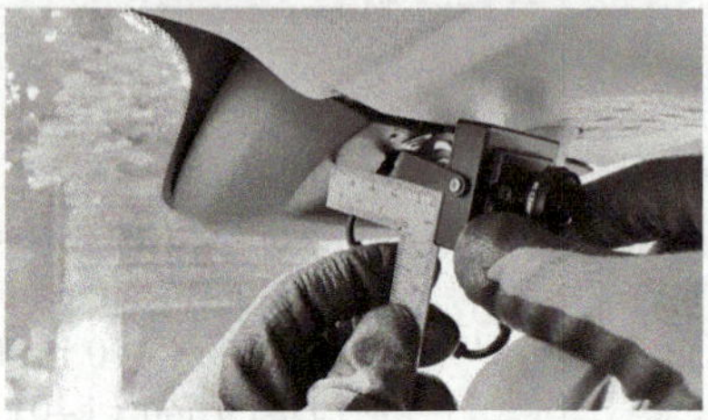
2	发送配置文件	（1）先给车辆 Ready 上电 （2）再启动台架和计算机 （3）运行"智能座舱系统测试软件"，单击"设置"图标，单击 SSH。	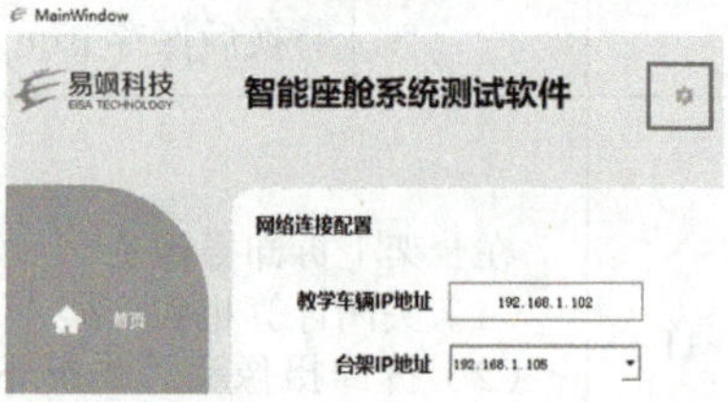
		（4）设置网络并连接。IP 输入"192.168.1.102"，Name 输入"e300"，Password 输入小写 root，单击"连接"按钮连接台架和车辆	
3	固件烧入	（1）单击"选择文件" 1）选择摄像头的内参参数文件 config.json 2）选择人脸识别系统的代码文件 faceDemo.py，（以上文件的路径都是：桌面/E300/task2，可同时选择全部文件） （2）再单击"发送任务二文件"，发送成功后，在窗口显示"发送成功"	
4	人脸识别程序在教学车上的调试	（1）在车辆中控屏左下角单击小车图标，再单击"系统设置"	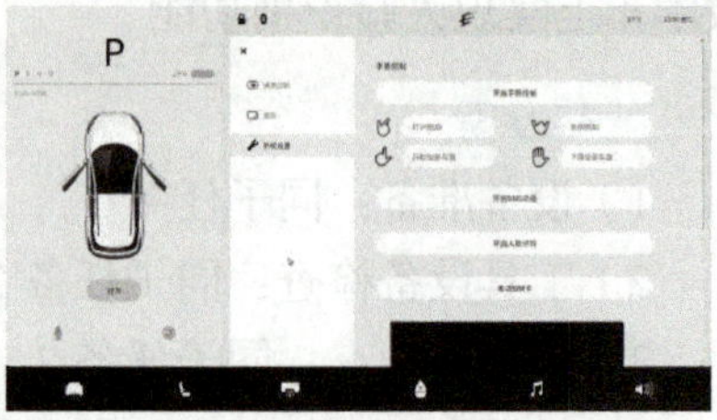

（续）

步骤	具体内容		图示
4	人脸识别程序在教学车上的调试	（2）单击"开启人脸识别"。当看到清晰无畸变人脸时，说明人脸识别程序调试成功 （3）然后单击"关闭人脸识别" （4）当"香薰"图标由白色变成蓝色时，说明人脸识别打开香薰功能测试成功 注意：车门需要关闭 （5）单击"关闭人脸识别"	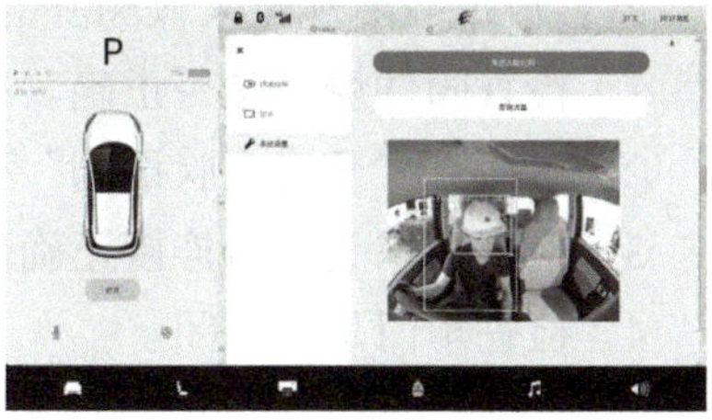
5	一键还原车辆和台架。测试完成后，在台架上一键还原车辆和台架		
6	关闭台架和教学车 （1）关闭台架 （2）关闭软件 （3）关闭台架计算机 （4）关闭台架电源开关并拔出电源线 （5）关闭车辆。拔出车辆钥匙并放置于工作台 （6）拆卸联机通信线		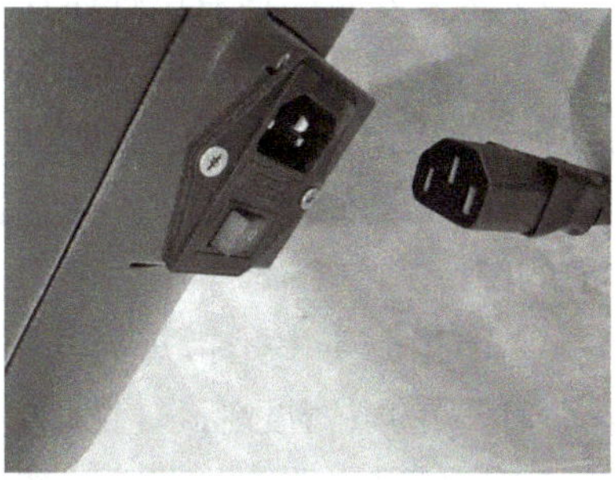
7	现场6S （1）清洁整理线束 （2）清洁整理工具 （3）清洁整理工作台 （4）回收座椅、地板、方向盘、变速杆四件套 （5）清洁整理车辆和台架 （6）卸下并整理安全帽和工作手套 （7）回收安全警示牌 （8）离场并恢复围挡		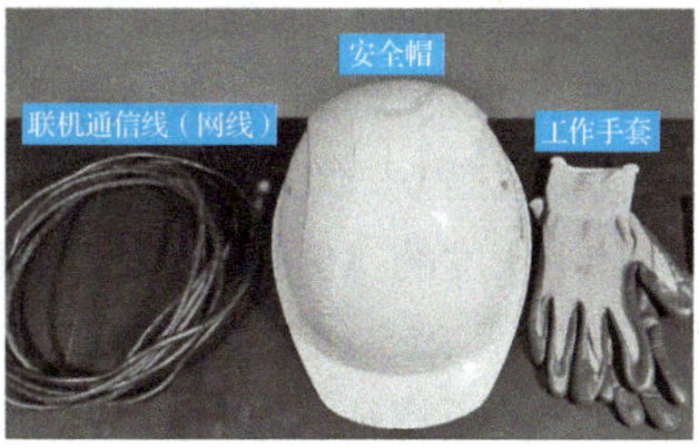

★视频5：人脸识别系统的调试与测试

实操故障处理

在人脸识别程序教学车的固件烧入后的调试环节，如果"香薰"图标 不能由白色变成蓝色，应该如何处理呢？

答：根据故障现象采取溯源的方法，出现该故障的可能原因及应该采取的步骤包括：

1）检查固件烧入是否正确。

2）可检查"开启人脸识别"程序后屏幕有无人脸出现。

3）检查摄像头是否连接正确。

4）检查车门是否关闭。

任务小结

1）人脸识别（FaceRecognition，FR）是一种基于人的脸部特征信息进行身份识别的一种生物识别技术。

2）人脸识别的工作流程包括：图像采集、人脸检测、图像预处理、特征提取、特征匹配、结果输出六个部分。

3）采集人脸图像有两种途径：批量导入和实时采集。

4）人脸检测（Face Detection）是检测出图像中人脸所在位置的一项技术，人脸检测需要准确标定出人脸的位置和大小。

5）像素是整个图像中不可分割的单一颜色的最小单位，将它们并排放置，可以形成完整的图像。

6）图像分辨率是指每英寸图像内的像素点数，单位是 ppi（像素每英寸）。分辨率越高，像素的点密度越高，图像越逼真。

7）灰度是表明图像明暗的数值，范围一般从 0~255，白色为 255，黑色为 0，黑白图片也称灰度图像。灰度值指的是单个像素点的亮度，灰度值越大表示越亮。

8）灰度级表明图像中不同灰度的最大数量。灰度级越大，图像的亮度范围越大。

9）图像的像素梯度反映了图像灰度值的变化快慢。如果图像相邻的像素没有变化，那么梯度就是 0。像素变化越快，像素梯度也越大。

10）灰度的二值化处理。二值化就是让图像像素点矩阵中的每个像素点的灰度值为 0（黑色）或者 255（白色）。

11）模板特征。指人脸数据库中存储的人脸标准模板中涉及的人脸图像特征，包括 Haar 特征、像素统计特征、人脸图像代数特征等。

12）Haar 特征。Haar 特征是一种在图像处理中常用的特征提取方法，主要用于描述图像中的纹理、边缘和线条等特征。Haar 特征可以分为四类：边缘特征、线性特征、中心特征和对角线特征，组合成特征模板。

13）人脸检测中的关键指标：检测率、误检率、漏检率、检测速度。

14）人脸检测几种常用方法：基于人脸几何特征的检测、基于肤色模型的检测、基于边缘特征的检测等。

15）人脸图像的预处理包括：灰度调整、图像滤波（邻域滤波、频域滤波）、图像的平滑和锐化、图像尺寸归一化等。

16）人脸特征提取几种典型的方法：几何特征提取法、模板匹配法、主成分分析法、线性判别分析法、基于深度学习的方法等。

17）摄像头（摄像机）主要由镜头、图像传感器、模数转换器、图像处理器、图像存储器等组成。

18）车载摄像头（摄像机）按照用途分为成像类和感知类；按照结构分为单目、双目、多目；按照在车上安装位置分为：前视、后视、环视、侧视、内视。

任务工单

一、判断题

1. 人脸识别，是基于人的脸部特征信息进行身份识别的一种生物识别技术。（　）
2. 人脸检测在实际中主要用于人脸识别的预处理，在图像中只能标定出人脸的位置。（　）
3. 人脸识别过程中，用户不需要和设备直接接触就能获取人脸图像。（　）
4. 人脸识别技术带来的信息安全和被滥用问题突出，所以应该禁用人脸识别技术。（　）
5. 系统获取的原始图像由于受到各种条件的限制和随机干扰，往往不能直接使用。（　）
6. 质量好的前期拍摄图像可以不需要进行预处理而直接进行识别。（　）
7. 摄像机的标定过程就是确定相机内部参数和外部参数的过程。（　）
8. Ubuntu 初学者不想在计算机上安装双系统，可以借助虚拟机技术在 Windows 系统的基础上使用 Ubuntu 系统。（　）
9. ROS 是类似 Windows 和 Linux 的操作系统。（　）
10. ROS1 可以安装在 Windows 操作系统上。（　）

二、不定项选择题

1. 人脸图像的特征包括（　）。
   A. 颜色特征　　　　B. Haar 特征　　　　C. 模板特征　　　　D. 边缘特征
2. 图像的最小组成单位是（　）。
   A. 亮度　　　　　　B. 灰度　　　　　　C. 像素　　　　　　D. 分辨率
3. 人脸检测的关键指标包括（　）。
   A. 检测率　　　　　B. 误检率　　　　　C. 漏检率　　　　　D. 检测速度
4. 图像预处理包括（　）。
   A. 灰度校正　　　　B. 噪声过滤　　　　C. 人脸检测　　　　D. 图像滤波
5. 人脸识别系统可使用的特征通常分为（　）。
   A. 视觉　　　　　　　　　　　　　　　B. 人脸图像代数特征
   C. 像素统计特征　　　　　　　　　　　D. 人脸图像变换系数特征
6. 以下哪个操作系统不属于 Linux 操作系统发行的衍生版本（　）。
   A. QNX　　　　　　B. ROS　　　　　　C. Ubuntu　　　　　D. Android
7. ROS2 最适配的操作系统是（　）。
   A. Windows　　　　B. Ubuntu　　　　　C. QNX　　　　　　D. Android
8. ROS 最基本的单位是（　）。
   A. 节点　　　　　　B. 信息　　　　　　C. 服务　　　　　　D. 话题

9. 以下哪个不是人脸识别系统的优点（　　）。
   A. 非接触性　　　　　　　　　　B. 非强制性
   C. 并发性　　　　　　　　　　　D. 表情姿态问题
10. 以下哪个是人脸识别系统的缺点（　　）。
    A. 人脸的相似性　　　　　　　　B. 非强制性
    C. 光照问题　　　　　　　　　　D. 表情姿态问题

三、简答题

1. 简述人脸识别系统的优缺点？
   答：

2. 针对人脸识别过程中用户数据安全问题，应该如何应对？
   答：

学习任务 4
驾驶员监控系统开发与测试

任务说明

【任务描述】

《中华人民共和国道路交通安全法》第 22 条规定："过度疲劳影响安全驾驶的,不得驾驶机动车。"据调查,约 55% 的驾驶员曾有过疲劳驾驶经历。既然疲劳驾驶引发事故概率如此之高,为什么仍屡禁不止呢？根源还在于导致疲劳驾驶的多元成因,让人防不胜防,并非保证充足的睡眠就可以避免。随着科技的日趋渐进,这样的交通顽疾终于可以有显著的改善,各国政府开始出台政策大力推动驾驶员监控系统（DMS）。

作为一名技术员,设想你需要按照功能要求,开发出合理的 DMS,并对系统进行测试、优化。

【任务育人目标】

知识目标：

1）能简述 DMS 的定义。
2）能简述 DMS 在智能座舱的应用。
3）能简述 DMS 的分类。
4）能概述 DMS 的三种技术路线,了解其优缺点。
5）能简述 DMS 发展趋势与面临的挑战。

技能目标：

1）能够正确编写 DMS 中关于眨眼预警。
2）能够正确编写 DMS 中关于张嘴预警。
3）能够正确编写 DMS 中关于点头预警。
4）能够熟练使用工具并在整车环境中完成 DMS 的调试。

素养目标：

1）培养独立思考和自主创新能力。
2）拓宽动手能力和实践精神。
3）培养团队合作精神。
4）培养法制观念。

【任务接受】

探讨 DMS 在预防交通事故中的现实意义，探讨国家对 DMS 在汽车上应用的立法原则，增强法制观念和诚信意识。在学习本任务内容时，引导独立思考、自主创新的意识和能力，对 DMS 开发过程中遇到的技术问题，能够独立思考和应对，并通过自主查找资料的方法解决开发过程中遇到的各种技术问题。对座舱的 DMS 交互功能进行烧入和调试的过程中，增强动手能力和科学思维能力的培养，增强团队合作精神，全面体现敬业、友善的社会主义核心价值观。

知识准备

一、驾驶员监控系统的定义

驾驶员监控系统（Driver Monitor System，DMS）是指驾驶员在行车过程中，用来全天候监控驾驶员的疲劳状态、危险驾驶行为的信息技术系统，为车内人机交互的一大应用领域。DMS 在发现驾驶员出现疲劳、打哈欠、眯眼睛及其他不良驾驶状态后，将会对此类行为进行及时的分析，给予语音、灯光提示，起到警示驾驶员，纠正不良驾驶行为的作用，并进一步连接高级驾驶辅助系统（Advanced Driving Assistance System，ADAS）进行车辆的操控（图 4-1）。

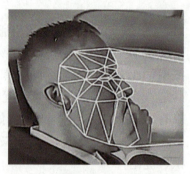

图 4-1 驾驶员监控系统（Driver Monitor System，DMS）

二、DMS 在智能座舱中的应用

据统计，交通事故频发通常与不良驾驶行为有关，诸如疲劳驾驶、分神、危险激进驾驶等主观因素已经成为公路事故和死亡的主要原因，占比高达 37%。进入老龄化社会，驾驶员突发的能力丧失也会成为道路交通事故原因。为了减少交通事故的发生，驾驶员监控系统已经被广泛应用。该系统针对事故中的人为因素，在关键情况下向驾驶员发出警告，并最终辅助驾驶员改善其驾驶行为。目前 DMS 主要功能包括：

1）疲劳驾驶识别与预警。
2）注意力分散行为识别与预警。
3）驾驶员身份安全识别。
4）驾驶员行为管理，如针对抽烟，接打电话等危险行为进行报警。
5）对驾驶员异常行为的报警，如突然失去运动能力、昏迷等。

三、DMS 技术原理

DMS 通过在汽车上安装光学摄像头和红外摄像头对驾驶员的眼部状态（眼球追踪）、面部表情或动作特征（如较长的眨眼持续时间、较慢的眼睑运动、点头、打哈欠等）进行实时获取，通过深度学习算法对获取的信息进行分析，判断出驾驶员的状态，实现对驾驶员的身份识别、驾驶员疲劳监控、驾驶员注意力监控以及危险驾驶行为的监控，并进行不同级别的预警，如图4-2所示。

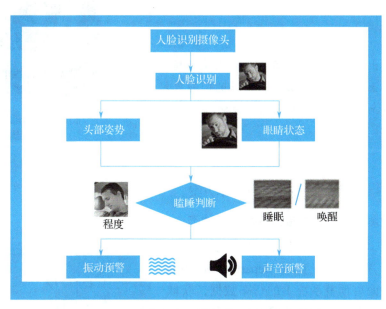

图4-2　DMS疲劳驾驶预警的感知决策执行工作流程

例如，基于人脸识别的疲劳驾驶检测系统采用的是摄像头图像传感器的图像处理和分析技术。通过摄像头实时监控和测量驾驶员脸部特征变化、头部活动及身体上半部分的反应和动作，然后将这些定性的表情特征进行量化，提取出面部特征点以及特征指标作为判定依据，再结合多次实验数据总结出的基于相关参数的识别方法，最后再输入取得的状态数据进行识别和判断。根据预先设计好的检测标准，通过人工智能算法评判出驾驶员疲劳的程度和不良驾驶行为，当达到某一预设报警标准时，设备会迅速做出分析判断，及时发出相应报警提示。

四、DMS 分类

DMS 主要分为主动和被动两种。

1. 被动式 DMS

基于方向盘转向和行驶轨迹特征来判断驾驶员状态，涉及的传感器包括座椅压力传感器；方向盘扭转力传感器等。

2. 主动式 DMS

1）基于视觉传感器获取驾驶员行为信息进行直接监控，从眼睑闭合、眨眼、凝视方向、打哈欠和头部运动等，检测驾驶员状态。核心功能是疲劳检测、分神检测、危险行为检测，包括吸烟，打电话，饮食等行为；涉及的传感器包括单目摄像头，双目摄像头，红外摄像头等。

2）基于生物传感器监控驾驶员生理指标，包括监控驾驶员心率、血压、皮电反应、皮肤温度、脑电波等；传感器包括压力传感器、电容传感器、压电传感器等，如图 4-3 所示。

> **想一想**
>
> 有人提出用智能穿戴设备与车载系统通信，获取人的心电、血压、体温等数据，涉及的问题包括智能穿戴设备与车机系统之间的通信，请问可以实现吗？

图 4-3　智能穿戴设备与智能座舱结合

五、DMS 技术方案

根据 DMS 的分类，DMS 有三种技术方案。

1. 通过检测车辆信息间接监控驾驶员状态

属于被动式 DMS。通过测量方向盘上抓握力或直接利用 LDWS（Lane Departure Warning System，车道偏离预警系统）的行车数据，获取车辆偏离车道的时间和偏离程度，进而分析推算驾驶员的疲劳程度或者是否分心，如图 4-4 所示。该方案优点是部署成本低，但其并不直接监控驾驶员，而是通过驾驶数据间接推测驾驶员状态，难以准确评估驾驶员的疲劳与分心状态，容易导致误报。

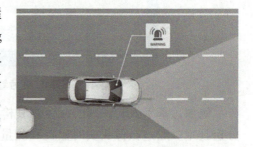

图 4-4　LDWS 系统

例如，梅赛德斯 - 奔驰汽车在第 10 代 E 级车系列轿车中，采用了首创的电容感应式触控方向盘智能人机交互系统，将简单的传统方向盘发展成了高科技方向盘（图 4-5）。该电容感应式方向盘的结构由六层材料组成，由外而内分别是皮质的外包裹层、双区电容感应衬垫、绝缘层、PU 加热层、内部发泡材料和骨架。全电容触控技术通过探测指尖的微电流，感知驾驶员的操作意图，能实现更精细化控制。

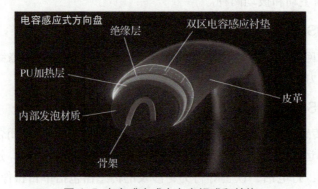

图 4-5　电容感应式方向盘组成和结构

2. 基于视觉传感器获取驾驶员行为信息进行直接监控

属于主动式 DMS。人在疲劳的时候会有比较典型的面部表情或动作特征，如较长的眨眼持续时间、较慢的眼睑运动、点头、打哈欠等。基于摄像头的驾驶员监控方案正是利用这一点。首先挖掘出人在疲劳状态下的表情特征，然后提取出面部特征点及特征指标作为判断依据，再结合实验数据总结出一套识别方案，最后输入获取到的驾驶员数据进行识别和判断。

利用摄像头的驾驶员监控系统可以识别驾驶员的面部表情和头部动作（包括动作、状态、持续时间），从而判断驾驶员当前的疲劳程度以及注意力分散程度。具体识别的动作和状态包括以下几条。

（1）疲劳　包括瞌睡和打盹，如眼睛的闭合、轻微点头、揉眼、打哈欠等动作。

（2）注意力偏移

1）视觉分心。接打电话、收发短信、收发微信、玩游戏、看视频等，或长时间看导航，长时间看路边广告牌，以及长时间在后视镜中查看后排乘员的情况，长时间转头、低头（看手机或者捡东西）等。

2）操作分心。将手从方向盘移开、打电话、抽烟、戴耳机听音乐等。

3）情绪分心。情绪紧张、着急、愤怒、焦躁等，如图 4-6 所示。

（3）突发意外情况　包括因病突然失去驾驶能力、因为异物袭击或者车祸突然失去驾驶能力、视觉突然消失等各类突发情况。

图 4-6　路怒症导致驾驶隐患

3. 基于生物传感器获取驾驶员生理指标进行直接监控

属于主动式 DMS，至今这一概念仍处于早期阶段。生物传感器（biosensor），是一种对生物物质敏感并将其浓度转换为电信号进行检测的仪器。该技术方案中 DMS 是基于生物传感器监控驾驶员生理指标，利用部署在方向盘或安全带上的电容传感器等设备对生理指标数据进行分析，进而推断驾驶员当前状态（图 4-7）。基于驾驶员生理反应特征的检测方法一般采用非接触式检测途径，利用实时图像处理技术，跟踪和分析眼睑状态和眼睛注视位置。

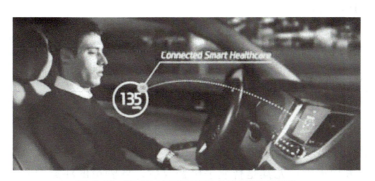

图 4-7　DMS 检测驾驶员心率等健康指数

该技术的优点是客观性强,能比较准确地反映人体的疲劳状态,疲劳和注意力检测精度都较好;缺点是检测识别算法比较复杂,疲劳特征提取困难,且检测结果受到光线变化和个体生理状况的影响较大。

4. 三种技术方案的对比

早期的 DMS 多采用被动式技术,通过方向盘、扭矩传感器,检测车辆不稳定的方向盘运动、车道偏离或无故改变速度等。被动式 DMS 模型复杂,成本高,因此多搭载在豪华车型上,如图 4-5 所示。

除了成本因素,被动式 DMS 的误报率大、智能化程度低,而且无法与智能座舱产生联动。例如,早期特斯拉用户用矿泉水瓶等物件卡在方向盘上,从而达到欺骗 DMS 的目的。随着车载摄像头的普及和算法的成熟,基于视觉传感器的非接触式 DMS 迅速发展,成为近期 DMS 发展的主要趋势。三种技术方案的对比见表 4-1。

表 4-1 DMS 分类和对比

	被动式	主动式	
技术路线	通过检测车辆信息间接监控驾驶员状态	基于视觉传感器获取驾驶员行为信息进行直接监控	基于生物传感器获取驾驶员生理指标进行直接监控
监控指标	(1)方向盘的握力 (2)LDWS 的行车数据 (3)驾驶时长	(1)眼球追踪 (2)视线检测 (3)脸部关键表情特征如张口、哈欠等	(1)心率、血压、皮电反应等 (2)皮肤温度 (3)脑电波
传感器	(1)压力传感器 (2)方向盘扭转力传感器	(1)摄像头 (2)红外摄像头	(1)压电传感器 (2)电容传感器 (3)压电传感器
劣势	(1)不直接监控驾驶员,容易误报警 (2)成本较高,一般配置在豪华车型上	(1)受天气和光线影响 (2)驾驶员戴墨镜会影响眼球跟踪 (3)驾驶员戴口罩影响表情识别	(1)传感器安置不方便 (2)技术不成熟 (3)成本高
优势	(1)不受驾驶员穿戴影响 (2)可利用已有的 ADAS 功能	(1)成本较低 (2)技术相对成熟	不受光线和驾驶环境的影响
代表车型	(1)梅赛德斯奔驰 E 级第 10 代 (2)特斯拉早期 Autopilot 系统	(1)理想、蔚来、比亚迪、华为等国内乘用车车型 (2)2024 年后欧洲商务车标配	(1)福特 Focus R5 (2)捷豹路虎 Mind Sense

六、DMS 快速发展

大量的车辆交通事故与驾驶员的精神状态欠佳直接相关,其中疲劳驾驶、驾驶分神与激进驾驶是三大导火索。尤其是智能手机普及后,驾驶员的注意力时常容易被手机的信息干扰,驾驶员行驶过程中操作手机导致的事故比例大大上升。

虽然DMS已经存在了20多年，但直到开始使用车载摄像头监控驾驶员，这项技术才成为主流。早期版本的驾驶员监控系统使用方向盘传感器，由于越来越多地使用先进的图像传感器、摄像系统和软件，DMS近年来取得了相当大的进展。

随着技术的逐渐成熟，人们越来越清楚地认识到DMS驾驶员监控系统可以提高车辆行驶安全性，这推动了新法规的制定，提升了新型汽车的安全等级。从2023年1月开始，如果没有搭载DMS的主动安全系统，很难获得欧洲NCAP的五星评级。按照欧盟发布的通用安全法规（GSR），欧洲市场从2024年7月起，所有新车都必须安装驾驶员疲劳监控系统；从2026年7月起，所有新车都必须安装驾驶员分心监控系统（图4-8）。

图4-8　DMS成为商用车标配

以中国新车评价规程（C-NCAP）为例，最新发布的《C-NCAP管理规则（2024年版）》征求意见稿也首次将DMS纳入项目分值。2024年版为DMS（包括疲劳监控、注意力监控）设置了三个场景权重，项目分值为2分，在ADAS实验项得分比重仅次于AEB（Autonomous Emergency Braking，自动紧急制动系统）。同时，全国性的商用车DMS强制安装法规已经在调研立项之中，有望在近两年出台。预计未来几年DMS将呈现搭载率爆发式增长的趋势。

七、DMS面临的挑战

DMS的快速发展，并不能忽略其面临的诸多来自技术和法律的挑战，具体包括以下几项。

（1）**驾驶员监控系统DMS以车载摄像头拍摄的视频流作为输入，面临图像质量多变的挑战**　汽车行驶工况复杂，即便摄像头在车内，成像质量也会受外界光线干扰。

（2）**驾驶员监控系统DMS运行于车载计算平台，面临算力不足的挑战**　车载计算平台升级换代较慢，现有的主流平台大多只有中低端ARM CPU/GPU，其算力甚至不如两年前的手机芯片。在这样的平台上运行诸如人脸检测、关键点检测、人脸识别、视线追踪、手势识别等算法，要求资源占用率必须非常低，对算法有很大考验。

（3）**数据采集与标注面临很大考验**　计算机视觉算法（如基于深度学习的算法）对图像质量有较高要求，同一算法在不同摄像头下性能差异可能会很大。车载摄像头成像质量与公开数据集图像质量要求差异较大，为保证算法效果需要用车载摄像头采集真实行车场景下的数据，这会极大增加数据采集难度与成本。

（4）**驾驶员监控系统DMS算法面临驾驶员状态多变的考验**　汽车驾驶员有不同性

别、年龄、种族，可能会穿戴帽子、口罩、眼镜（包括墨镜），驾驶过程中头部会出现各种姿态，可谓"状态多变"，这些复杂状况同样会对算法构成很大考验。

（5）国内相关的法律和法规的不成熟　国内对 DMS 制定的法规目前还处于观察阶段。因为 DMS 驾驶"夺权"导致的事故责任的法律界定，还需要相关法律的进一步明确和规范。

> **扩展阅读**
>
> 近年来，出现了针对大货车驾驶员被客运公司安装的驾驶员视频监控系统侵犯个人隐私的投诉案例。《中华人民共和国民法典》第一千零三十二条规定，自然人享有隐私权。任何组织或者个人不得以刺探、侵扰、泄露、公开等方式侵害他人的隐私权。请问货运公司为了驾驶员行车安全在驾驶舱安装 DMS，远程监视驾驶员的驾驶行为合法合规吗？

八、基于 dlib 框架实现驾驶员疲劳检测

1. 需要安装的库

（1）dlib 库和 OpenCV 库　基于 dlib 人脸识别 68 个特征点检测，通过 OpenCV 对视频流进行灰度化处理。

（2）NumPy 库　NumPy 库用于数据处理及数值计算。

（3）imutils 库　imutils 库是一个用于图像处理的 Python 库或者工具包，它提供了一些实用的功能函数，可以帮助开发者更加轻松地处理和操作图像。imutils 库是基于 OpenCV 库构建的，可以与 OpenCV 库无缝集成，能够大大简化图像处理的流程。本任务用到的模块包括：

1）from imutils.video import FileVideoStream。使用 imutils.video 模块导入视频流文件类，用来创建一个文件，并向该文件写入视频流数据。

2）from imutils.video import VideoStream。使用 imutils.video 导入视频流，用来遍历视频的所有帧。

3）from imutils import face_utils。使用 imutils.video 模块导入 face_utils 模块，用于配合 dlib 处理人脸数据。dlib 在提取人脸数据后，五官都是用一些特征点来表示的，每个部位的点的索引是固定的，想要进一步操作就得对这些点进行处理，而 face_utils 就是简化这些点的表现方式。例如代码：

```
imutils.face_utils.rect_to_bb()
```

dlib 提取人脸区域后用四个数表示，分别代表上下左右的边界，rect_to_bb 将其转换为坐标信息（即左上角横坐标，左上角纵坐标，矩形宽度，矩形长度），之后就可以通过该坐标将人脸区域用矩形框显示出来。

（4）argparse 库　是 Python 自带的标准库，也是命令行处理工具。它可以帮助用户

快速构建命令行接口。argparse 库提供了一组简单而又强大的 API，可以轻松定义命令行参数，包括位置参数、可选参数、子命令等。

2. 眨眼检测

眨眼检测通过计算眼睛宽高比或纵横比、长宽比（EAR）值来进行判断。

1）当人眼睁开时，EAR 在某个值上下波动，当人眼闭合时，EAR 迅速下降，理论上会接近于零。当 EAR 低于某个阈值时，眼睛处于闭合状态。为检测眨眼次数，需要设置一次眨眼的连续帧数阈值，一般如果连续三次都小于阈值，则表示进行了一次眨眼活动。疲劳时眨眼速度比正常眨眼要慢，一般 2~3 帧完成眨眼动作。

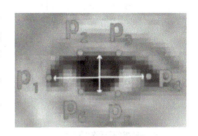

图 4-9　眼睛宽高比算法中六个关键点

2）眼睛宽高比算法。如图 4-9 所示，在计算眼睛宽高比时候，取眼睛六个关键点坐标，根据几何知识，很容易得出 EAR 的计算方法：

$$EAR = \frac{\|P_2 - P_6\| + \|P_3 - P_5\|}{2(\|P_1 - P_4\|)} \qquad (4-1)$$

3）代码如下：

```
def eye_aspect_ratio(eye):
#垂直眼标志（X，Y）坐标
A = dist.euclidean(eye[1], eye[5])
#计算两个集合之间的欧式距离
B = dist.euclidean(eye[2], eye[4])
#计算水平之间的欧式距离
#水平眼标志（X，Y）坐标
C = dist.euclidean(eye[0], eye[3])
#眼睛长宽比的计算
ear = (A+B)/(2.0*C)
#返回眼睛的长宽比
return ear
```

4）当前帧眼睛宽高比与前一帧的差值的绝对值（EAR）>0.2，则认为是眨眼；但每个人的眼睛大小比例不同，所以应该取左右眼睛平均值的计算方法来获取阈值：睁开度从大到小为进入闭眼期，从小到大为进入睁眼期。

3. 张嘴检测算法

同眨眼检测原理类似，如图 4-10 所示。首先看一下嘴巴纵横比计算的六个关键点，包括 51、59、53、57、49、55。

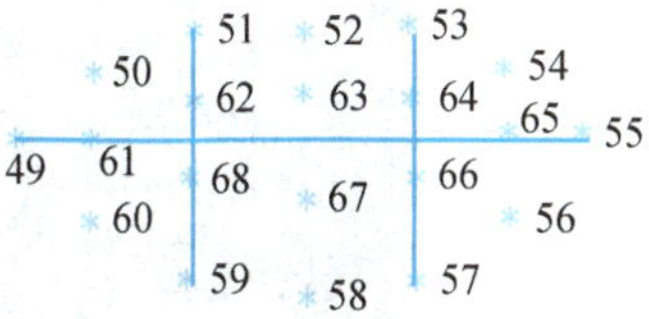

算法同式（4-1），其中代码如下：

图 4-10　嘴巴纵横比计算的六个关键点

```python
# 计算嘴巴的纵横比
# 定义计算函数
def mouth_aspect_ratio(mouth):
    # 计算上下的欧式距离
    a = np.linalg.norm(mouth[2]-mouth[9])    # 51,59
    b = np.linalg.norm(mouth[4]-mouth[7])    # 53,57
    # 计算左右的欧式距离
    c = np.linalg.norm(mouth[0]-mouth[6])    # 49,55
    # 计算纵横比并返回
    e = (a+b)/(2*c)
    return e
```

4. 张嘴预警算法

根据实际业务场景设定 DMS 张嘴预警相关参数，包括张嘴判定，打哈欠判定，疲劳判定和播放警报的判定。

（1）mar_thresh　嘴巴开合纵横比阈值，大于该值表示嘴巴张开，调整过小会造成误识别，该阈值一般设置成 0.7。

（2）mouth_ar_consec_frames　张嘴帧数计数器，确定连续多少帧检测到张嘴后判断为打哈欠。

如图 4-11 所示，阈值设置是 12，张嘴时间达到 12 帧视为打哈欠（20 帧约为 1s）。

（3）mou_fr　打哈欠计数器，达到阈值判定为疲劳。图 4-11 中打哈欠两次视为疲劳。

（4）alerts_time_len　警报阈值计数器，达到阈值后播放警报音频（建议设置为 150），如图 4-11 所示。

```
'''
题目4:
setP
功能：设置疲劳检测相关阈值

返回值：
mar_thresh: 嘴巴开合纵横比阈值，大于该值表示嘴巴张开
mouth_ar_consec_frames: 张嘴帧数计数器，连续多少帧检测到张嘴后判断为打哈欠
mou_fr: 打哈欠计数器，达到阈值判定为疲劳
alerts_time_len 警报阈值计数器，达到阈值播放警报音频（建议设置为150）
'''
def setP():

    mar_thresh = 0.7
    mouth_ar_consec_frames = 12
    mou_fr = 2
    alerts_time_len = 150

    return mar_thresh,mouth_ar_consec_frames,mou_fr,alerts_time_len
```

图 4-11　张嘴预警阈值设置

5. 头部姿势检测算法

（1）欧拉角由来　欧拉角用来描述物体在三维空间中旋转时的定位，最早由 18 世纪的瑞士数学家莱昂哈德·欧拉提出，故而得名。在刚体力学中，通常使用两种坐标系：其中静止不动的坐标系是惯性坐标系，又称为参考坐标系，用来观察刚体的运动；刚体坐标系固定在刚体上，随着刚体旋转而旋转。如图 4-12 所示，N 是地球自转轴的方向，xyz 是惯性坐标系，而 XYZ 是刚体坐标系。欧拉角描述的是刚体坐标系和惯性坐标系之间的对应关系，即把刚体复杂的旋转分解为绕惯性坐标系中的轴的旋转，然后再复合而成，描述这种对应关系需要用到三个所谓的欧拉角参数。

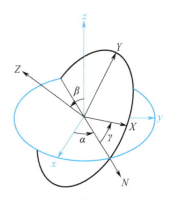

图 4-12　惯性坐标系与刚体坐标系

（2）欧拉角　欧拉角用于描述刚体相对于固定坐标系的方向，目前根据应用场景有几十种不同定义欧拉角的方法。例如，给欧拉角的三个角每一个都指定了围绕三维笛卡儿坐标系中的一个轴的基本旋转，如图 4-13 所示，三个基本的旋转分别是：绕 x 轴的 Roll，绕 y 轴的 Pitch 和绕 z 轴的 Yaw，欧拉角分别是 u, v, w，见表 4-2。如图 4-14 所示，以汽车为例，汽车前进方向为 x 轴方向，绕 x 轴的旋转称为 Roll 即滚转，术语为侧倾；汽车左右方向称为 y 向，绕 y 轴旋转称为 Pitch 即俯仰；汽车上下方向称为 z 向，绕 z 轴旋转称为 Yaw，即偏航，术语横摆。图 4-15 所示是头部姿态坐标系。

表 4-2　欧拉角的分类和对比

旋转轴	欧拉角名称	欧拉角中文名称	欧拉角汽车应用	欧拉角代码
x	Roll	滚转	侧倾角	u
y	Pitch	俯仰	俯仰角	u
z	Yaw	偏航	横摆角	w

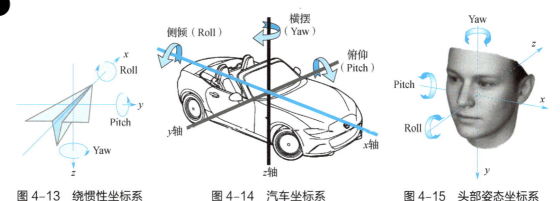

图 4-13　绕惯性坐标系的三个基本旋转　　图 4-14　汽车坐标系　　图 4-15　头部姿态坐标系

（3）如何通过欧拉角来完成空间旋转

1）首先明确两种坐标。如图 4-12 所示，其中固定不动的是惯性坐标系，为全局坐标系，固定在刚体上随刚体一起运动的是刚体坐标系，为局部坐标系。

2）刚体任意旋转可通过三次绕基本轴的旋转复合而成，旋转步骤如下。

①刚体绕全局坐标系的 z 轴旋转，旋转角称为 α 角（alpha 角），又称为"进动角"。

②刚体绕局部坐标系 x 轴旋转，即图 4-12 中的 N 轴旋转，旋转角称为 β 角（beta 角），又称为"章动角"；

③刚体绕局部坐标系 z 轴旋转，即图 4-12 中红色的 z 轴，旋转角称为 γ 角（gamma 角），又称为"自转角"；

其中第①步通过全局坐标系的定位，来关联第②步和第③步的局部坐标系。

(4) 头部姿态检测算法　可以用头部相对于相机的 3D 姿态角（欧拉角）来描述头部姿态。其中，头部左右摇摆称为 Roll，上下点头称为 Pitch，转头称为 Yaw，如图 4-16 所示。本任务用于头部姿态检测的关键参数是 Pitch，利用姿态估计结果（Pitch 的读数）来判断是否点头及点头幅度。

定义 har = euler_angle[0, 0]，取 Pitch 的旋转角度，设定参数阈值为 0.3，在一个时间段内，当 |Pitch| ≥20° 的时间比例超过 0.3 时，就认为驾驶员处于打瞌睡的状态，如果连续两次超过阈值，则系统发出预警。

同理，对于摇头与点头，只需计算左右两侧脸颊宽度变化，以及鼻子到下巴的距离，即可判断是点头或摇头动作。其核心代码如下。

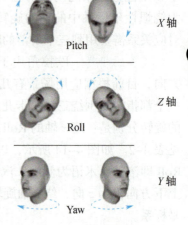

图 4-16　头部姿态的 Roll、Pitch、Yaw

```
# 左脸大于右脸
if face_left1 >= face_right1 + Config.FACE_DIFF and face_left2 >= face_right2 + Config.FACE_DIFF:
    distance_left += 1
# 右脸大于左脸
if face_right1 >= face_left1 + Config.FACE_DIFF and face_right2 >= face_left2 + Config.FACE_DIFF:
    distance_right += 1
# 左脸大于右脸，并且右脸大于左脸，判定摇头
if distance_left != 0 and distance_right != 0:
    TOTAL_FACE += 1
    distance_right = 0
    distance_left = 0
```

6. 凸包的概念

凸包是计算几何中的一个基本概念。它描述了一个集合中所有可能包含在该集合中的点所组成的凸集的交集。具体来说，如果有一个点集 Q，那么凸包的功能就是找到一个最小凸多边形，这个多边形既包含了 Q 中所有的点，也位于这些点的边界上，如图 4-17 所示。

7. 眨眼疲劳检测完整流程

1）使用 dlib.get_frontal_face_detector（ ）获得脸部位置检测器。

2）使用 dlib.shape_predictor 获得脸部特征位置检测器。

3）分别获取左右眼面部标志的索引。

4）打开 cv2 本地摄像头。

5）从视频流进行循环，读取图片，对图片做维度扩大，并进行灰度化。

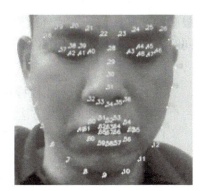

图 4-17 人脸检测 68 个特征点的凸包

6）使用 detector（gray，0）进行脸部位置检测。

7）循环脸部位置信息，使用 predictor（gray，rect）获得脸部特征位置的信息。

8）将脸部特征信息转换为数组 array 的格式。

9）提取左眼和右眼坐标。

10）构造函数计算左右眼的 EAR 值，使用平均值作为最终的 EAR。

11）使用 cv2.convexHull 获得凸包位置，使用 drawContours 画出轮廓位置进行画图操作。

12）进行画图操作，用矩形框标注人脸。

13）分别计算左眼和右眼的评分，求出平均值作为最终的评分，如果小于阈值，则加 1，如果连续 3 次都小于阈值，则表示进行了一次眨眼活动或者闭眼活动，TOTAL+1。

14）进行画图操作，68 个特征点标识。

15）进行画图操作，同时使用 cv2.putText 将眨眼次数进行显示。

16）统计总眨眼次数，TOTAL>5 次，屏幕显示："睡着了"。

任务分解

完成在座舱中加装人脸识别验证的需求任务，需要将任务分解为下面四个子任务：

1. 子任务 1　DMS 中关于疲劳后人眼闭合的 Python 代码开发
2. 子任务 2　DMS 中关于疲劳后嘴巴闭合的 Python 代码开发
3. 子任务 3　DMS 中关于疲劳后眨眼、闭嘴检测的 Python 代码开发
4. 子任务 4　DMS 的固件烧入和测试

任务实施

子任务 1　DMS 中关于疲劳后人眼闭合的 Python 代码开发

任务要求： 基于 dlib 框架实现驾驶员疲劳后人眼闭合检测 Python 代码开发，要求当

眼睛的宽高比或长宽比连续三帧低于 0.2 时候算一次眨眼，眨眼 5 次系统提示 Sleeping；同时，当闭眼时间大于 1s 的时候，系统提示 Warning。

前期准备

由于 dlib 库是一个比较特殊的库，不能直接使用 pip install dlib 进行安装，这里提供一个使用 whl 文件的安装方法。

1）根据 Python 版本将下载的 dlib 库 whl 文件放于计算机桌面，如 dlib-19.19.0-cp38-cp38-win_amd64.whl。

2）在 PyCharm 中打开 Terminal 终端框，并输入以下命令安装（注意命令行的地址需要指向桌面），如图 4-18 所示：

```
pip install dlib-19.19.0-cp38-cp38-win_amd64.whl
```

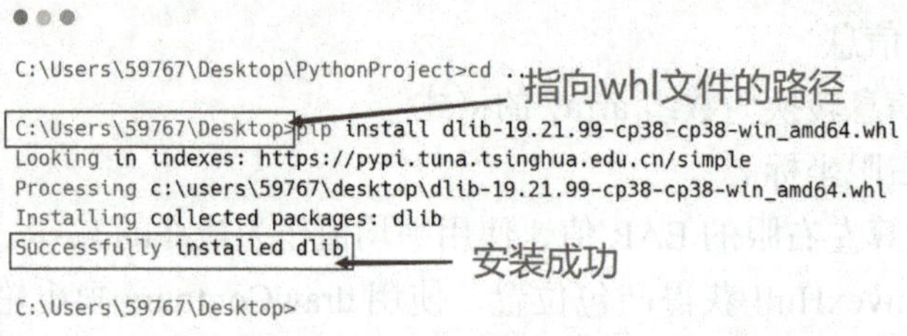

图 4-18　dlib 安装

3）安继续在 Terminal 终端，输入以下指令，安装 NumPy 库和 imutils 库。当计算机连接网络，系统会自动下载安装第三方库至系统显示安装成功，如图 4-19 所示。

```
pip install numpy
pip install imutils
```

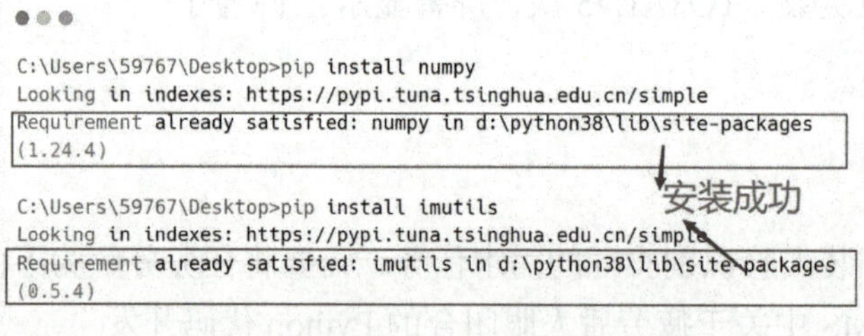

图 4-19　安装 NumPy 库和 imutils 库

4）计算机配备摄像头，可采用笔记本计算机或者带摄像头的多媒体实训室。

5）下载 shape_predictor_68_face_landmarks.dat 模型：该模型是由 dlib 库提供，用于在人脸图像中定位和识别 68 个关键点。这些关键点涵盖了人脸的各个部位，如眼睛、鼻子、嘴巴、脸颊等。该模型基于一种机器学习技术，即对许多人脸图像进行训练，以学习人脸关键点的特征。使用该模型，可以在计算机视觉应用中自动定位和识别人脸关键点，从而实现人脸识别、人脸对齐、表情识别等功能。

6）通过 PyCharm 创建 eyes_detect.py 程序文件。

任务实操

1. 导入第三方库

导入第三方库的代码如图 4-20 所示。

```
import cv2
import dlib
from scipy.spatial import distance
import numpy as np
```

图 4-20　导入第三方库

2. 初始化模型及参数

初始化模型及参数代码如图 4-21 所示。

```
predictor = dlib.shape_predictor('shape_predictor_68_face_landmarks.dat')  # 加载预训练的人脸关键点检测器
detector = dlib.get_frontal_face_detector()  # 加载人脸检测器
cap = cv2.VideoCapture(0)  # 打开摄像头
# 设定阈值
EYE_AR_THRESH = 0.2  # 眼睛纵横比阈值
EYE_AR_CLOSE_TIME = 5  # 闭眼帧阈值
EYE_AR_CONSEC_FRAMES = 5  # 连续疲劳帧数阈值
# 初始化帧计数器和疲劳状态
ear = 0  # 眼睛纵横比
count = 0  # 闭眼帧
total = 0  # 连续疲劳帧
ALARM_ON = False
```

图 4-21　初始化模型及参数

● dlib.shape_predictor 方法加载一个预先训练好的模型，用于检测人脸上的 68 个关键点（如眼睛、鼻子、嘴巴等）。

● dlib.get_frontal_face_detector（）创建一个人脸检测器对象，用于在图像中识别正面朝向摄像头的人脸。

● cv2.VideoCapture（0）打开默认的摄像头（索引为 0）。如果有多个摄像头，可以更改这个索引来打开不同的摄像头。

● EYE_AR_THRESH：这是一个用于判断眼睛是否闭合的阈值。眼睛纵横比（Eye Aspect Ratio，EAR）是一个用于检测眼睛状态的指标，值越小表示眼睛越闭合。

● EYE_AR_CLOSE_TIME：这个参数定义了当眼睛闭合时允许的最大连续帧数。在此阈值内，如果眼睛一直处于闭合状态，程序将认为用户可能疲劳。

● EYE_AR_CONSEC_FRAMES：定义了在检测到闭眼状态的情况下，允许的最大连续帧数。如果超过这个帧数，则可以标记为疲劳状态。

● ear、count、total 分别将眼睛纵横比的值、闭眼帧的计数器连续疲劳帧的计数器，初始化为 0。

3. 编写计算眼睛纵横比函数程序

计算眼睛纵横比函数程序代码如图 4-22 所示。

● 定义函数 eye_aspect_ratio，接受一个参数 eye。该参数应该是一个包含眼睛关键点坐标的列表或数组，通常在 dlib 中，眼睛关键点是由检测器返回的。

```python
# 计算两个眼睛关键点之间的欧氏距离
def eye_aspect_ratio(eye):
    A = distance.euclidean(eye[1], eye[5])
    B = distance.euclidean(eye[2], eye[4])
    C = distance.euclidean(eye[0], eye[3])
    ear = (A + B) / (2.0 * C)
    return ear
```

图 4-22　计算眼睛纵横比函数程序

● 计算 A：

■ distance.euclidean（eye[1], eye[5]）计算眼睛中两个特定关键点（眼睑的上下边缘点）之间的欧氏距离。

■ eye[1] 和 eye[5] 通常对应于眼睛的上下边缘（例如左眼的下边缘和上边缘）。

● 计算 B：

■ distance.euclidean（eye[2], eye[4]）计算眼睛中另外两个特定关键点的欧氏距离。

■ eye[2] 和 eye[4] 通常是眼睛的左右边缘点（例如左眼的左边缘和右边缘）。

● 计算 C：

■ distance.euclidean（eye[0], eye[3]）计算眼睛的两个外侧关键点（即眼睛的外角点）的欧氏距离。

■ eye[0] 和 eye[3] 是眼睛的左外角和右外角。

● 计算眼睛纵横比：

■ 眼睛纵横比 ear 的计算公式是将 A 和 B 的和除以 C 的两倍。这个比值可以用来判断眼睛是否闭合。

■ 当眼睛闭合时，A 和 B 的值会相对较小，从而导致 ear 小于一个设定的阈值。

4. 编写调用模型获取具体眼睛纵横比程序

调用模型获取具体眼睛纵横比程序代码如图 4-23 所示。

● cap.read（）从摄像头读取一帧图像，ret 是一个布尔值，表示是否成功读取，frame 是读取到的图像帧。

● 使用 OpenCV 的 cvtColor 函数将彩色图像转换为灰度图像，这通常用于人脸检测和图像处理，因为灰度图像计算更快且在很多情况下足够使用。

● detector（gray）使用预训练的人脸检测模型（可能是使用的 Haar Cascade 或 dlib 的 HOG 检测器）来检测图像中的人脸，返回的人脸区域以边框形式表示。

● 对于每个检测到的人脸，使用关键点检测器（如 dlib 的姿态估计）提取面部关键点，这些关键点通常包括眼睛、鼻子、嘴巴等。

● 通过关键点的索引提取左眼（36-41）和右眼（42-47）的位置坐标。

● 调用 eye_aspect_ratio 函数计算左眼和右眼的纵横比。纵横比（ear）是用来评估眼睛的闭合程度，通常用于检测疲劳或打瞌睡。

● 计算左眼和右眼的平均纵横比，用于进一步分析。

```python
while True:
    ret, frame = cap.read()  # 读取摄像头数据
    gray = cv2.cvtColor(frame, cv2.COLOR_BGR2GRAY)  # 将图像转换为灰度图
    faces = detector(gray)  # 使用人脸检测器检测人脸

    for face in faces:
        landmarks = predictor(gray, face)  # 使用关键点检测器检测人脸关键点

        # 提取左眼和右眼关键点坐标
        left_eye = []
        right_eye = []
        for n in range(36, 42):
            x = landmarks.part(n).x
            y = landmarks.part(n).y
            left_eye.append((x, y))
        for n in range(42, 48):
            x = landmarks.part(n).x
            y = landmarks.part(n).y
            right_eye.append((x, y))

        # 计算左眼和右眼纵横比
        left_ear = eye_aspect_ratio(left_eye)
        right_ear = eye_aspect_ratio(right_eye)

        # 计算平均纵横比
        ear = (left_ear + right_ear) / 2.0
```

图 4-23 调用模型获取具体眼睛纵横比程序

5. 编写逻辑判断主程序

逻辑判断主程序代码如图 4-24 所示。

```python
# 如果纵横比小于阈值(0.2)，则增加闭眼帧计数器
if ear < EYE_AR_THRESH:
    count += 1  # 闭眼帧计数器
    # 如果闭眼帧超过阈值（5帧），则增加疲劳帧
    if count >= EYE_AR_CLOSE_TIME:
        total += 1  # 增加疲劳帧
        count = 0
        # 如果疲劳帧总数超过阈值（5），则代表进入疲劳状态
        if total >= EYE_AR_CONSEC_FRAMES:
            print("疲劳警报！请休息一下！")
            total = 0
else:
    count = 0
```

图 4-24 逻辑判断主程序

● ear 是之前计算的眼睛纵横比（Eye Aspect Ratio），EYE_AR_THRESH 是一个设定的阈值（例如 0.2）。如果眼睛的纵横比小于这个阈值，说明眼睛可能是闭合状态。

● 如果纵横比小于阈值，闭眼帧计数器 count 自增，表示连续闭眼的帧数。

● EYE_AR_CLOSE_TIME 是设定的阈值（例如 5 帧）。如果闭眼帧数（count）超过这个值，则将疲劳帧 total 自增，并重置 count 为 0，表示已经处理了一次闭眼事件。

- EYE_AR_CONSEC_FRAMES 是设定的疲劳帧总数阈值（例如 5）。如果 total 超过这个值，打印疲劳警报消息，并将 total 重置为 0，表示已处理一次疲劳警报。
- 如果在当前帧中眼睛没有闭合（纵横比大于阈值），则重置闭眼帧计数器 count 为 0，表示不再连续闭眼。

6. 编写信息绘制程序

信息绘制程序代码如图 4-25 所示。

```python
# 绘制显示信息
try:
    left_eye_hull = cv2.convexHull(np.array(left_eye))
    right_eye_hull = cv2.convexHull(np.array(right_eye))
    cv2.drawContours(frame, [left_eye_hull], -1, (0, 255, 0), 2)
    cv2.drawContours(frame, [right_eye_hull], -1, (0, 255, 0), 2)
    cv2.putText(frame, "Faces: {}".format(len(faces)), (10, 30), cv2.FONT_HERSHEY_SIMPLEX, 0.7, (0, 255, 0), 2)
    cv2.putText(frame, "Blinks: {}".format(total), (150, 30), cv2.FONT_HERSHEY_SIMPLEX, 0.7, (0, 255, 0), 2)
    cv2.putText(frame, "COUNTER: {}".format(count), (300, 30), cv2.FONT_HERSHEY_SIMPLEX, 0.7, (0, 255, 0), 2)
    cv2.putText(frame, "EAR: {:.2f}".format(ear), (500, 30), cv2.FONT_HERSHEY_SIMPLEX, 0.7, (0, 255, 0), 2)

    cv2.imshow("Fatigue Detection", frame)   # 显示图像
except Exception as e:
    print(e)
```

图 4-25 信息绘制程序

- 使用 cv2.convexHull 函数计算左眼和右眼的凸包。凸包是一个最小的凸多边形，可以用来包围给定的点集（这里是眼睛的关键点）。这对于可视化眼睛轮廓非常有用。
- 使用 cv2.drawContours 函数在帧 frame 上绘制左眼和右眼的凸包轮廓。颜色为绿色（RGB: 0, 255, 0），线宽为 2。
- 使用 cv2.putText 方法在帧上添加文本信息：
  - 显示检测到的人脸数量 Faces: {}. format (len (faces))。
  - 显示闭眼次数 Blinks: {}. format (len (Blinks))。
  - 显示闭眼帧计数器 COUNTER: {}. format (len (COUNTER))。
  - 显示眼睛纵横比 EAR: {}. format (len(EAR))，保留两位小数。
- 这些信息可以帮助用户快速了解当前的检测状态。
- 使用 cv2.imshow 函数在名为 "Fatigue Detection" 的窗口中显示处理后的帧。

7. 编写检测退出程序

检测退出程序代码如图 4-26 所示。

```python
# 按下ESC键退出程序
if cv2.waitKey(1) == 27:
    break

# 关闭摄像头和窗口
cap.release()
cv2.destroyAllWindows()
```

图 4-26 检测退出程序

8. 验证程序功能

完整参考代码程序，如图 4-27 所示。

当眼睛睁大，未超过阈值（程序设定为 0.2）时，闭眼帧和疲劳帧皆不计数，如图 4-28 所示。

```python
import cv2

def detect(frame):
    faceF = 0
    try:
        Fier_path = r'./haarcascade/haarcascade_frontalface_default.xml'
        classfier = cv2.CascadeClassifier(Fier_path)
        classfier.load(Fier_path)
    except Exception as e:
        return [frame, faceF]
    color = (0, 255, 0)
    x1 = 100
    x2 = 350
    y1 = 100
    y2 = 450
    # 检测区域
    grey = frame[y1:y2, x1:x2]   # y1 y2 x1 x2
    cv2.rectangle(frame, (x1, y1), (x2, y2), color, 2)
    faceRects = classfier.detectMultiScale(grey, scaleFactor=1.2, minNeighbors=5, minSize=(5, 5))   # 通过分类器检测人脸
    if len(faceRects) >0:
        faceF = 1
        for faceRect in faceRects:   # 单独框出每一张人脸
            x, y, w, h = faceRect
            color = (255, 0, 0)   # 设置方框颜色(B,G,R)
            font = cv2.FONT_HERSHEY_TRIPLEX   # 设置字体
            cv2.rectangle(grey, (x - 10, y - 10), (x + w + 10, y + h + 10), color, 2)
            cv2.putText(grey, "Face Detect OK!", (10, 20), font, 0.7, (0, 255, 0), 1)
    return [frame, faceF]

def CatchPICFromVideo(window_name, camera_idx):
    cap = cv2.VideoCapture(camera_idx)
    while cap.isOpened():
        try:
            ok, frame = cap.read()   # 读取一帧数据
        except:
            ok = 0
        if ok:
            [frame, h] = detect(frame)
        cv2.imshow("Face Detect", frame)
        if cv2.waitKey(30) == ord('q'):
            break
    cap.release()
    cv2.destroyAllWindows()

CatchPICFromVideo("face_detect", 0)
数据
        except:
            ok = 0
        if ok:
            [frame, h] = detect(frame)
        cv2.imshow("Face Detect", frame)
        if cv2.waitKey(30) == ord('q'):
            break
    cap.release()
    cv2.destroyAllWindows()

CatchPICFromVideo("face_detect", 0)
```

图 4-27 完整参考代码程序

当眼睛虚眯时，超过阈值（程序设定为 0.2）时，闭眼帧开始计数，检测到目标有闭眼行为，并计算时间，如图 4-29 所示。

当闭眼帧超过阈值（程序设定为 5）时，疲劳帧开始计数，检测到目标有持续闭眼的行为，并计算次数，如图 4-30 所示。

当疲劳帧超过阈值（程序设定为 5）时，表示目标已经进入疲劳状态，系统输出提醒，并将疲劳帧归零，重新下一次预测，如图 4-31 所示。

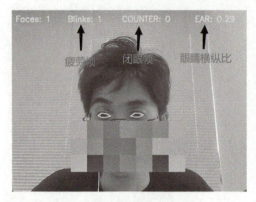

图 4-28　眼睛睁大时状态

图 4-29　眼睛虚眯时状态

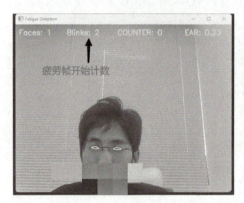

图 4-30　持续虚眯时状态

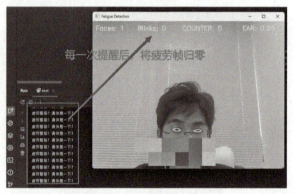

图 4-31　检测到犯困时提醒

子任务 2　DMS 中关于疲劳后嘴巴闭合的 Python 代码开发

任务要求：基于 dlib 框架实现驾驶员疲劳后人眼闭合检测 Python 代码开发，要求当嘴巴的纵横比连续三帧大于 0.6 时候算一次张嘴，当张嘴帧超过 12 帧算作打一次哈欠，系统提醒 "Yawning"，当打哈欠次数超过 3 次，则系统报警并提示 "Sleeping"。使用到的方法与子任务 1 非常类似，区别在于截取的坐标不同。

前期准备

同子任务 1。创建 mouse_detect.py 程序文件。

任务实操

1. 导入第三方库

导入第三方库代码如图 4-32 所示。

```
import cv2
import dlib
import numpy as np
from imutils import face_utils
```

图 4-32　导入第三方库程序

2. 初始化模型及参数

初始化模型及参数如图 4-33 所示。

```python
cap = cv2.VideoCapture(0)   # 打开摄像头
detector = dlib.get_frontal_face_detector()   # 加载人脸检测模块，获得脸部位置检测器
predictor = dlib.shape_predictor('shape_predictor_68_face_landmarks.dat')   #使用dlib.shape_predictor获得脸部特征位置检测器
# 初始化帧计数器和获芳状态
mar = 0   # 嘴巴纵横比
mcounter = 0   #张嘴帧计数
mtotal = 0   # 哈欠计数

mar_thresh = 0.6   # 嘴巴横纵比阈值
mouth_ar_consec_frames = 12   # 张嘴帧阈值
mou_fr = 3   # 哈欠阈值
```

图 4-33 初始化模型及参数

3. 编写计算嘴巴纵横比函数

计算嘴巴纵横比函数代码如图 4-34 所示。

```python
def mouth_aspect_ratio(mouth):
    A = np.linalg.norm(mouth[2] - mouth[9])   # 51, 59
    B = np.linalg.norm(mouth[4] - mouth[7])   # 53, 57
    C = np.linalg.norm(mouth[0] - mouth[6])   # 49, 55
    mar = (A + B) / (2.0 * C)
    return mar
```

图 4-34 计算嘴巴纵横比函数

4. 编写获取嘴巴具体纵横比函数

获取嘴巴具体纵横比函数代码如图 4-35 所示。

```python
while True:
    # 读取图片并存在frame中
    ret, frame = cap.read()
    # 把frame进行灰度处理
    gray = cv2.cvtColor(frame, code=cv2.COLOR_BGR2GRAY)
    # 识别人脸。第二个参数越大，代表将原图放大多少倍在进行检测，提高小人脸的检测效果。
    faces = detector(gray)
    # 遍人脸识别的框
    for face in faces:
        x1 = face.left()
        y1 = face.top()
        x2 = face.right()
        y2 = face.bottom()
        # 将脸部特征信息转换为数组array的格式
        shape = predictor(gray, face)

        shape = face_utils.shape_to_np(shape)
        (mStart, mEnd) = face_utils.FACIAL_LANDMARKS_68_IDXS["mouth"]

        # 返回嘴巴的坐标
        Mouth = shape[mStart:mEnd]
        # 计算嘴巴的纵横比
        mar = mouth_aspect_ratio(Mouth)
        # 计算嘴巴的凸包
        MouthHull = cv2.convexHull(Mouth)
        # 画出凸包，即嘴巴的范围
        cv2.drawContours(frame, [MouthHull], -1, (255, 255, 255), 1)

        mouth = shape[mStart:mEnd]
        mar = mouth_aspect_ratio(mouth)
```

图 4-35 获取嘴巴具体纵横比函数

- 对于每个检测到的人脸，获取边界框的坐标。
- 使用关键点检测器 predictor 获取人脸关键点，并将其转换为 NumPy 数组格式，便于后续处理。
- 从关键点中提取嘴巴部分的坐标。FACIAL_LANDMARKS_68_IDXS 是一个包含所有关键点索引的字典，mStart 和 mEnd 是嘴巴关键点的起始和结束索引。
- 调用 mouth_aspect_ratio 函数计算嘴巴的纵横比（MAR），这个指标通常用于评估嘴巴的开合程度。
- 使用 cv2.convexHull 函数计算嘴巴的凸包，以便绘制嘴巴的轮廓。
- 使用 cv2.drawContours 函数在图像上绘制嘴巴的轮廓，颜色为白色，线宽为 1。

5. 编写逻辑判断主程序

逻辑判断主程序代码如图 4-36 所示。

```
if mar > mar_thresh:  # 张嘴阈值0.6
    mcounter += 1
    # 如果连续12帧都大于阈值，则表示打了一次哈欠
    if mcounter >= mouth_ar_consec_frames:  # 阈值：12
        mtotal += 1
        mcounter = 0   # 重置哈欠计数器
        cv2.putText(frame, "Yawning!", (10, 60), cv2.FONT_HERSHEY_SIMPLEX, 0.7, (0, 0, 255), 2)
        if mtotal >= mou_fr:
            cv2.putText(frame, "Sleeping!!!", (10, 100), cv2.FONT_HERSHEY_SIMPLEX, 2.0, (255, 255, 0), 3)
            mtotal = 0    # 重置哈欠计数器
else:
    mcounter = 0
```

图 4-36　逻辑判断主程序

- mar 是当前计算的嘴巴纵横比（Mouth Aspect Ratio），mar_thresh 是设定的张嘴阈值（例如 0.6）。如果 mar 超过这个阈值，说明嘴巴张开，计数器 mcounter 自增。
- 如果 mcounter 达到设定的连续帧阈值 mouth_ar_consec_frames（例如 12），则将总哈欠次数 mtotal 增加 1，并重置 mcounter 为 0，接着在图像上显示"Yawning!"的提示。
- mou_fr 是一个设定的间隔，用于控制"Sleeping!!!"提示的显示频率。每当 mtotal 是 mou_fr 的倍数时，显示"Sleeping!!!"的提示。
- 如果当前嘴巴状态未超过阈值，将 mcounter 重置为 0。

6. 编写信息绘制程序

信息绘制程序代码如图 4-37 所示。

```
    cv2.putText(frame, "Yawning: {}".format(mtotal), (150, 60), cv2.FONT_HERSHEY_SIMPLEX, 0.7, (0, 0, 255), 2)
    cv2.putText(frame, "mCOUNTER: {}".format(mcounter), (300, 60), cv2.FONT_HERSHEY_SIMPLEX, 0.7, (0, 0, 255), 2)
    cv2.putText(frame, "MAR: {:.2f}".format(mar), (480, 60), cv2.FONT_HERSHEY_SIMPLEX, 0.7, (0, 0, 255), 2)

    cv2.imshow("img", frame)
    key = cv2.waitKey(500)
    if key == ord('q'):
        break
cap.release()
cv2.destroyAllWindows
```

图 4-37　信息绘制程序

7. 验证程序功能

完整参考代码如图 4-38 所示。

```python
import cv2
import dlib

import numpy as np
from imutils import face_utils

cap = cv2.VideoCapture(0)   # 打开摄像头
detector = dlib.get_frontal_face_detector()   # 加载人脸检测模块,获取脸部位置检测器
predictor = dlib.shape_predictor('shape_predictor_68_face_landmarks.dat')  #使用dlib.shape_predictor获取脸部特征位置检测器
# 初始化计数器和疲劳状态
mar = 0     # 嘴巴纵横比
mcounter = 0   #张嘴帧计数
mtotal = 0    # 哈欠计数

mar_thresh = 0.6   # 嘴巴长宽比阈值
mouth_ar_consec_frames = 12   # 张嘴帧阈值
mou_fr = 3   # 哈欠阈值


def mouth_aspect_ratio(mouth):
    A = np.linalg.norm(mouth[2] - mouth[9])   # 51, 59
    B = np.linalg.norm(mouth[4] - mouth[7])   # 53, 57
    C = np.linalg.norm(mouth[0] - mouth[6])   # 49, 55
    mar = (A + B) / (2.0 * C)
    return mar


while True:
    # 读取图片并存在frame中
    ret, frame = cap.read()
    # 把frame进行灰度处理
    gray = cv2.cvtColor(frame, code=cv2.COLOR_BGR2GRAY)
    # 识别人脸。第二个参数越大,代表讲原图放大多少倍在进行检测,提高小人脸的检测效果。
    faces = detector(gray)
    # 画人脸识别的框
    for face in faces:
        x1 = face.left()
        y1 = face.top()
        x2 = face.right()
        y2 = face.bottom()
        # 将脸部特征信息转换为数组array的格式
        shape = predictor(gray, face)

        shape = face_utils.shape_to_np(shape)
        (mStart, mEnd) = face_utils.FACIAL_LANDMARKS_68_IDXS["mouth"]

        # 返回嘴巴的坐标
        Mouth = shape[mStart:mEnd]
        # 计算嘴巴的纵横比
        mar = mouth_aspect_ratio(Mouth)
        # 计算嘴巴的凸包
        MouthHull = cv2.convexHull(Mouth)
        # 画出凸包,即嘴巴的范围
        cv2.drawContours(frame, [MouthHull], -1, (255, 255, 255), 1)

        mouth = shape[mStart:mEnd]
        mar = mouth_aspect_ratio(mouth)
        if mar > mar_thresh:   # 张嘴阈值0.6
            mcounter += 1
            # 如果连续12帧都大于阈值,则表示打了一次哈欠
            if mcounter >= mouth_ar_consec_frames:   # 阈值: 12
                mtotal += 1
                mcounter =0   # 重置嘴帧计数器
                cv2.putText(frame, "Yawning!", (10, 60), cv2.FONT_HERSHEY_SIMPLEX, 0.7, (0, 0, 255), 2)
                if mtotal >= mou_fr:
                    cv2.putText(frame, "Sleeping!!!", (10, 100), cv2.FONT_HERSHEY_SIMPLEX, 2.0, (255, 255, 0), 3)
                    mtotal = 0   # 重置哈欠计数器
        else:
            mcounter = 0
    # 绘制显示信息:
```

图 4-38　完整参考代码

```
    try:
        cv2.putText(frame, "Yawning: {}".format(mtotal), (150, 60), cv2.FONT_HERSHEY_SIMPLEX, 0.7, (0, 0, 255), 2)
        cv2.putText(frame, "mCOUNTER: {}".format(mcounter), (300, 60), cv2.FONT_HERSHEY_SIMPLEX, 0.7, (0, 0, 255), 2)
        cv2.putText(frame, "MAR: {:.2f}".format(mar), (480, 60), cv2.FONT_HERSHEY_SIMPLEX, 0.7, (0, 0, 255), 2)
        cv2.imshow("img", frame)
    except Exception as e:
        print(e)

    # 按下ESC键退出程序
    if cv2.waitKey(50) == 27:
        break
    # 关闭摄像头和窗口
cap.release()
cv2.destroyAllWindows()
```

图 4-38 完整参考代码（续）

实时检测嘴巴的开合程度，如图 4-39 所示。

当嘴巴纵横比超过设置阈值（程序设置为 0.6）时，嘴巴张开的计数器开始计数，如图 4-40 所示。

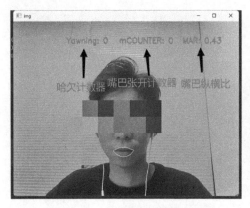
图 4-39 实时检测嘴巴开合程度

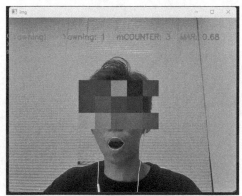
图 4-40 计算嘴巴张开的帧数

当嘴巴张开的计数器超过设置阈值（程序设置为 3）时，判断为打一次哈欠；并且当打哈欠的次数超过设定阈值（程序设置为 3）时，系统判断目标进入疲劳状态，显示提醒，如图 4-41 所示。

图 4-41 提醒目标状态疲劳

子任务 3 DMS 中关于疲劳后眨眼、闭嘴检测的 Python 代码开发

任务要求：要求进行 DMS 中关于驾驶员疲劳后眨眼、闭嘴检测的 Python 代码开发。当出现眨眼 15 次或打哈欠 5 次时，应该提示 "Sleeping" 警告信息。

前期准备

同子任务 1。创建 dms_detect.py 程序文件。

任务实操

1. 编写代码

参考代码程序如图 4-42 所示。

```python
import cv2
import dlib
from scipy.spatial import distance
import numpy as np
from imutils import face_utils

predictor = dlib.shape_predictor('shape_predictor_68_face_landmarks.dat')  # 加载预训练的人脸关键点检测器
detector = dlib.get_frontal_face_detector()  # 加载人脸检测器
cap = cv2.VideoCapture(0)  # 打开摄像头

# 设定阈值
EYE_AR_THRESH = 0.2  # 眼睛纵横比阈值
EYE_AR_CLOSE_TIME = 5  # 闭眼帧阈值
EYE_AR_CONSEC_FRAMES = 15  # 连续疲劳帧数阈值
mar_thresh = 0.6  # 嘴巴横纵比阈值
mouth_ar_consec_frames = 12  # 张嘴帧阈值
mou_fr = 5  # 哈欠阈值

# 初始化帧计数器和疲劳状态
ear = 0  # 眼睛纵横比
count = 0  # 闭眼帧
total = 0  # 连续疲劳帧
mar = 0  # 嘴巴纵横比
mcounter = 0  # 张嘴帧计数
mtotal = 0  # 哈欠计数
ALARM_ON = False

# 计算两个眼睛关键点之间的欧式距离
def eye_aspect_ratio(eye):
    A = distance.euclidean(eye[1], eye[5])
    B = distance.euclidean(eye[2], eye[4])
    C = distance.euclidean(eye[0], eye[3])
    ear = (A + B) / (2.0 * C)
    return ear

def mouth_aspect_ratio(mouth):
    A = np.linalg.norm(mouth[2] - mouth[9])   # 51, 59
    B = np.linalg.norm(mouth[4] - mouth[7])   # 53, 57
    C = np.linalg.norm(mouth[0] - mouth[6])   # 49, 55
    mar = (A + B) / (2.0 * C)
    return mar
```

图 4-42 参考代码程序

- 综合子任务 1 与子任务 2 的代码，将判断嘴巴和眼睛纵横比、张嘴帧/闭眼帧、连续疲劳帧/哈欠计数帧初始化。
- 以及设定嘴巴和眼睛的纵横阈值、张嘴/闭眼阈值、疲劳阈值。
- 构建计算嘴巴和眼睛的纵横比计算算法函数，如图 4-43 所示。

```python
while True:
    # 读取图片并存在frame中
    ret, frame = cap.read()
    # 把frame进行灰度处理
    gray = cv2.cvtColor(frame, code=cv2.COLOR_BGR2GRAY)
    # 识别人脸，第二个参数越大，代表讲采图放大多少倍在进行检测，提高小人脸的检测效果。
    faces = detector(gray)
    # 画人脸识别的框
    for face in faces:
        x1 = face.left()
        y1 = face.top()
        x2 = face.right()
        y2 = face.bottom()
        # 将脸部特征信息转换为数组array的格式
        shape = predictor(gray, face)

        # 计算嘴巴纵横比
        (mStart, mEnd) = face_utils.FACIAL_LANDMARKS_68_IDXS["mouth"]
        face_shape = face_utils.shape_to_np(shape)
        Mouth = face_shape[mStart:mEnd]       # 连同嘴巴的坐标
        mar = mouth_aspect_ratio(Mouth)       # 计算嘴巴的纵横比
        MouthHull = cv2.convexHull(Mouth)     # 计算嘴巴的凸包
        cv2.drawContours(frame, [MouthHull], -1, (255, 255, 255), 1)  # 画出凸包，即嘴巴的轮廓
        mouth = face_shape[mStart:mEnd]
        mar = mouth_aspect_ratio(mouth)

        # 计算眼睛纵横比
        left_eye = []
        right_eye = []
        for n in range(36, 42):
            x = shape.part(n).x
            y = shape.part(n).y
            left_eye.append((x, y))
        for n in range(42, 48):
            x = shape.part(n).x
            y = shape.part(n).y
            right_eye.append((x, y))

        # 计算人眼布左眼纵横比
        left_ear = eye_aspect_ratio(left_eye)
        right_ear = eye_aspect_ratio(right_eye)
        left_eye_hull = cv2.convexHull(np.array(left_eye))
        right_eye_hull = cv2.convexHull(np.array(right_eye))
        cv2.drawContours(frame, [left_eye_hull], -1, (0, 255, 0), 2)
        cv2.drawContours(frame, [right_eye_hull], -1, (0, 255, 0), 2)
        # 计算平均纵横比
        ear = (left_ear + right_ear) / 2.0

        if mar > mar_thresh:      # 张嘴阈值0.6
            mcounter += 1
            # 如果连续12帧都大于阈值，则表示打了一次哈欠
            if mcounter >= mouth_ar_consec_frames:   # 阈值, 12
                mtotal += 1
                mcounter = 0    # 重置哈欠计数器
                cv2.putText(frame, "Yawning!", (10, 60), cv2.FONT_HERSHEY_SIMPLEX, 0.7, (0, 0, 255), 2)
                if mtotal % mou_fr == 0:
                    cv2.putText(frame, "Sleeping!!!", (10, 100), cv2.FONT_HERSHEY_SIMPLEX, 2.0, (255, 255, 0), 3)
                    # mtotal = 0    # 重置哈欠计数器
        else:
            mcounter = 0

        # 如果纵横比小于阈值(0.2)，则增加闭眼帧计数器
        if ear < EYE_AR_THRESH:
            count += 1    # 闭眼帧计数器
            # 如果闭眼帧超过阈值（5帧），则增加疲劳帧
            if count >= EYE_AR_CLOSE_TIME:
                total += 1    # 增加疲劳帧
                count = 0
                # 如果疲劳帧总数超过阈值（5），则代表进入疲劳状态
                if total >= EYE_AR_CONSEC_FRAMES:
                    print("疲劳警报！请休息一下！")
                    total = 0
        else:
            count = 0

    # 绘制显示信息
    try:
        cv2.putText(frame, "Yawning: {}".format(mtotal), (150, 60), cv2.FONT_HERSHEY_SIMPLEX, 0.7, (0, 0, 255), 2)
        cv2.putText(frame, "mCOUNTER: {}".format(mcounter), (300, 60), cv2.FONT_HERSHEY_SIMPLEX, 0.7, (0, 0, 255), 2)
        cv2.putText(frame, "MAR: {:.2f}".format(mar), (480, 60), cv2.FONT_HERSHEY_SIMPLEX, 0.7, (0, 0, 255), 2)
        cv2.putText(frame, "Faces: {}".format(len(faces)), (10, 30), cv2.FONT_HERSHEY_SIMPLEX, 0.7, (0, 255, 0), 2)

        cv2.putText(frame, "Blinks: {}".format(total), (150, 30), cv2.FONT_HERSHEY_SIMPLEX, 0.7, (0, 255, 0), 2)
        cv2.putText(frame, "COUNTER: {}".format(count), (300, 30), cv2.FONT_HERSHEY_SIMPLEX, 0.7, (0, 255, 0), 2)
        cv2.putText(frame, "EAR: {:.2f}".format(ear), (500, 30), cv2.FONT_HERSHEY_SIMPLEX, 0.7, (0, 255, 0), 2)
        cv2.imshow("img", frame)
    except Exception as e:
        print(e)

    # 按下ESC键退出程序
    if cv2.waitKey(50) == 27:
        break
# 关闭摄像头和窗口
cap.release()
cv2.destroyAllWindows()
```

图 4-43　计算嘴巴和眼睛的纵横比计算算法函数

2. 测试功能

当出现满足疲劳提醒 2 个阈值的其中一个，比如眨眼超过 15 次或者打哈欠超过 5 次，系统会提示"Sleeping"，如图 4-44 所示。

图 4-44　DMS 关于眨眼、张嘴综合检测预警

子任务 4　DMS 的固件烧入和测试

任务要求：本任务主要基于 Python 编写代码实现驾驶员疲劳监控功能。当驾驶员出现连续两次打哈欠，系统出现"Sleeping！！！"提示，并发出疲劳驾驶报警音效。

前期准备

1）设备准备：同学习任务 2 子任务 2 语音交互系统的调试。
2）工具准备：同学习任务 2 子任务 2 语音交互系统的调试。
3）教学车检查：同学习任务 2 子任务 2 语音交互系统的调试。
4）教学车和台架互联：同学习任务 2 子任务 2 语音交互系统的调试。

任务实操

步骤	具体内容	图示
1	起动车辆。踩住制动踏板，给车辆上电；车辆 READY 上电，仪表 READY 灯点亮，且档位处于 P 档	
2	启动台架和计算机	

（续）

步骤	具体内容		图示
3	打开 DMS 代码文件		在"桌面 /E300/task2"文件夹中，右键单击 dmsDemo.py DMS 代码文件，用 Visual Studio Code 软件打开，进入代码编写界面
4	按要求编写代码		见子任务 1
5	在台架上进行 DMS 功能调试	（1）打开台架计算机，打开程序中 Anaconda Prompt 软件	
		（2）输入以下命令并按〈Enter〉键，进入 DMS 专用虚拟环境 *conda activate face*	
		（3）输入以下命令并按〈Enter〉键，进入 DMS 项目文件夹 Cd C:\Users\Dell\Desktop\E300\task2	
		（4）输入以下命令并按〈Enter〉键，用于运行 dmsMain.py 主程序。运行软件后弹出摄像头录制的实时画面 *Python dmsMain.py*	
		（5）对着摄像头连续打两次哈欠后，屏幕出现 Sleeping 提示，同时发出疲劳驾驶报警音效，说明在台架上 DMS 功能调试成功 （6）调试完成后，按〈Q〉键（注意需要切换为英文输入法）关闭 Anaconda Prompt 软件	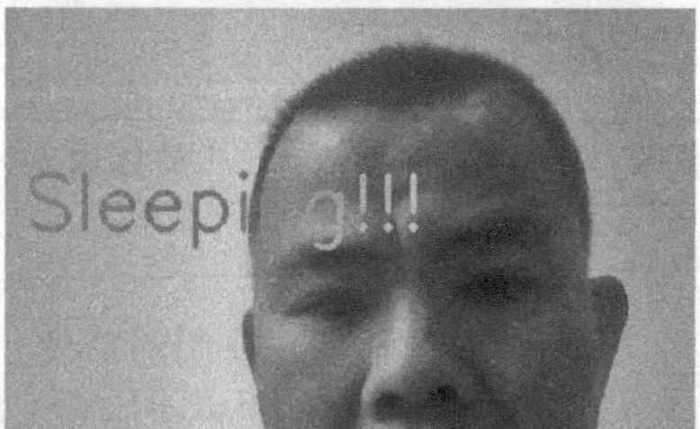
6	在教学车上进行 DMS 的固件烧入	（1）在车辆上安装摄像头。具体见学习任务 2 子任务 3 摄像头的拆装与标定。可关闭计算机和台架，把台架上摄像头拆卸下来，然后再在车辆上安装摄像头	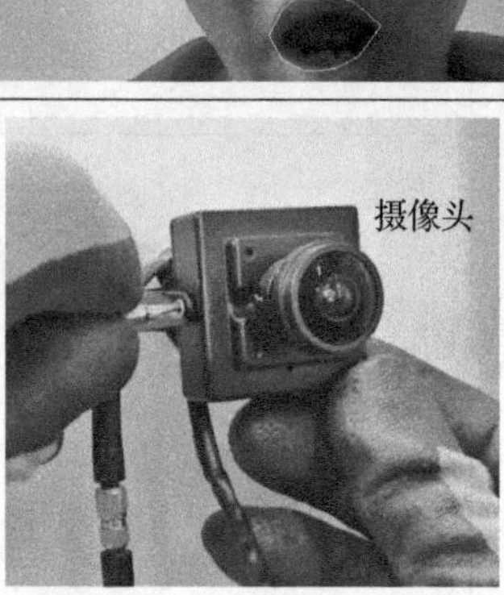 摄像头

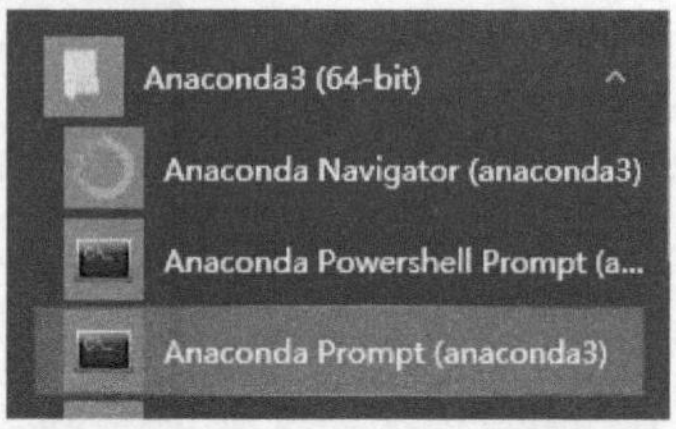

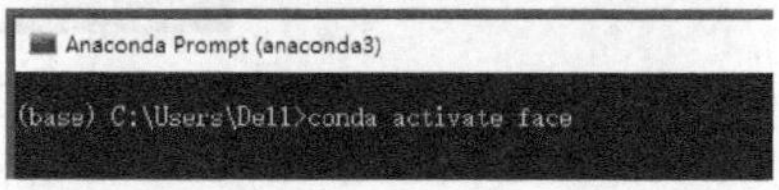

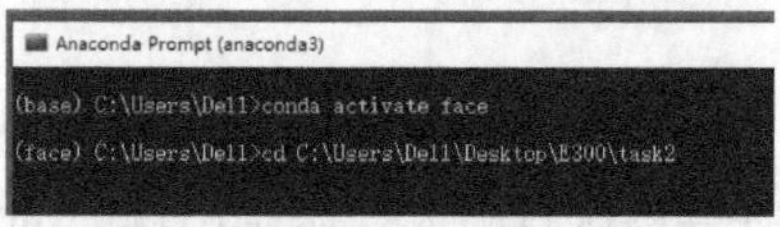

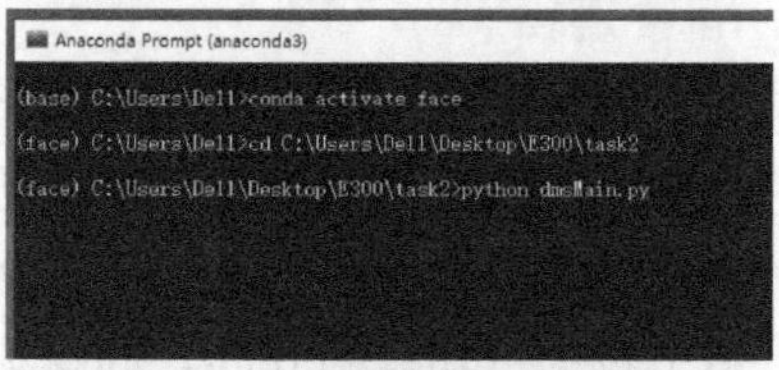

（续）

步骤	具体内容		图示
6	在教学车上进行DMS的固件烧入	（2）打开智能座舱系统测试软件。在"智能座舱系统测试软件"上，单击"设置"图标 ✿，单击SSH进入程序迁移界面	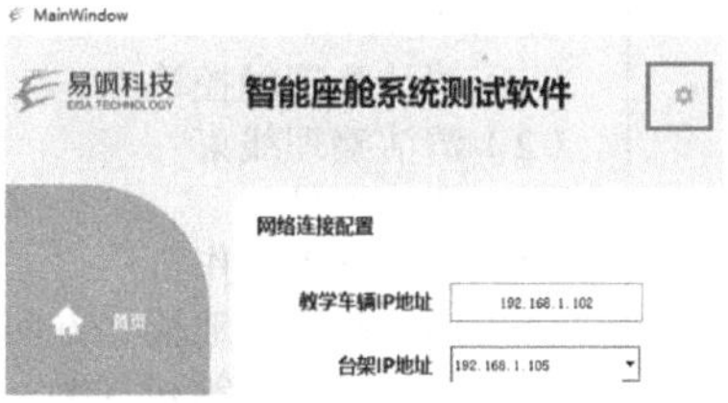
		（3）设置并连接网络。IP输入"192.168.1.102"，Name输入"e300"，Password输入小写root，单击"连接"按钮连接台架和车辆	
		（4）发送文件。单击"选择文件"，选择人脸系统的代码文件config.json、DMS系统的代码文件dmsDemo.py，（以上文件的路径都是：桌面/E300/task2，可以同时选择全部文件），再单击"发送任务二文件"。发送成功后，在窗口显示"发送成功"	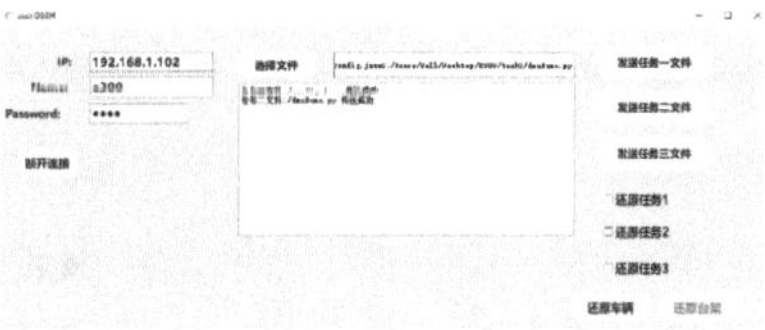
7	在教学车上进行DMS的功能测试	（1）在车辆中控屏左下角单击小车图标 🚗，再单击"系统设置"	
		（2）在车辆中控屏上单击"开启DMS功能" （3）在摄像头检测区域内，连续打哈欠两次后，屏幕出现Sleeping提示，系统发出疲劳驾驶报警音效，说明DMS功能测试成功 （4）测试完成后，关闭DMS功能	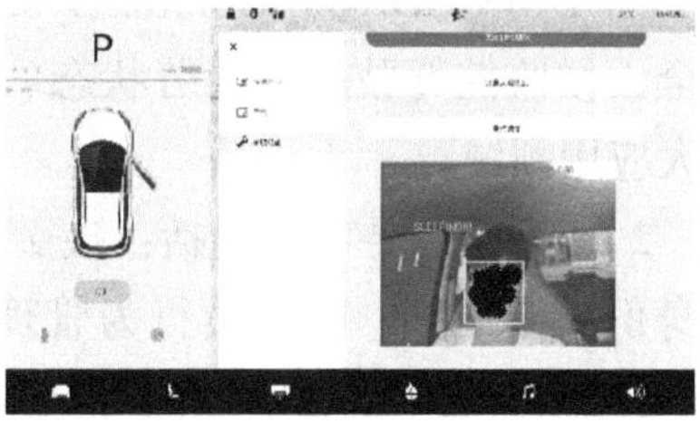
8	关闭台架和车辆 （1）测试完成后，在台架上一键还原车辆和台架 （2）关闭测试软件 （3）关闭智能座舱测试装调台架上的计算机 （4）关闭智能座舱测试装调台架电源开关并拔出电源线 （5）关闭车辆 （6）拆卸连接车辆和台架的联机通信线		

（续）

步骤	具体内容	图示
9	6S 整理 （1）清洁整理触控笔 （2）清洁整理线束 （3）清洁工具 （4）清洁整理工作台 （5）回收座椅、地板、方向盘、变速杆四件套 （6）清洁整理车辆和台架 （7）卸下并整理安全帽和工作手套 （8）回收安全警示牌 （9）离场并恢复围挡	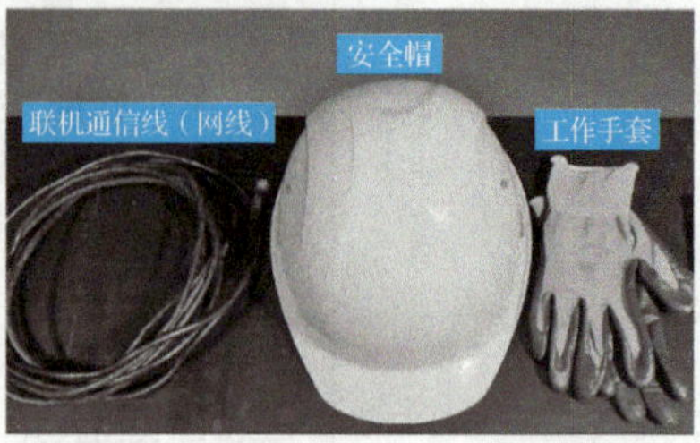

★视频6：DMS 系统的调试与测试

> ⏳ 注意
> 在 DMS 编程和台架及教学车调试过程，可两两分组或四个同学为一组，锻炼自主学习能力和团队精神。

任务小结

1）DMS（Driver Monitor System，驾驶员监控系统）是指驾驶员在行车过程中，用来全天候监控驾驶员的疲劳状态、危险驾驶行为的信息技术系统，它是车内人机交互的一大应用领域。

2）DMS 主要功能包括：疲劳驾驶识别与预警、注意力分散行为识别与预警、驾驶员身份安全识别、驾驶员行为管理（如抽烟，接打电话等）、对驾驶员异常行为的报警（如突然失去运动能力、昏迷等）。

3）DMS 的技术原理：通过在汽车上安装光学摄像头和红外摄像头对驾驶员的眼部状态（眼球追踪）、面部表情或动作特征（如较长的眨眼持续时间、较慢的眼睑运动、点头、打哈欠等）进行实时获取，通过深度学习算法对获取的信息进行分析，判断出驾驶员的状态，实现对驾驶员的身份识别、驾驶员疲劳监控、驾驶员注意力监控以及危险驾驶行为的监控，并进行不同级别的预警。

4）DMS 的分类包括：主动式和被动式 DMS。被动式 DMS 是指基于方向盘转向和行驶轨迹特征来判断驾驶员状态；主动式 DMS 基于视觉传感器获取驾驶员行为信息进行直接监控，也可基于生物传感器监控驾驶员生理指标，包括检测用户心率，血压，皮电反应，皮肤温度，脑电波等。

5）DMS 三种技术方案包括：通过检测车辆信息间接监控驾驶员状态、基于视觉传感器获取驾驶员行为信息进行直接监控、基于生物传感器获取驾驶员生理指标进行直接监控。

6）DMS 面临的挑战包括：成像质量会受外界光线干扰、算力不足、数据采集与标注、驾驶员状态多变、法律和法规的不成熟等。

7）DMS 中关于眨眼检测的核心算法是眼睛的高宽比；张嘴检测的核心算法是嘴巴的纵横比；头部姿势检测算法是 Pitch 的欧拉角。

任务工单

一、判断题

1. DMS 是指驾驶员在行车过程中,用来全天候监控驾驶员的疲劳状态、危险驾驶行为的信息技术系统。( )
2. 基于驾驶员生理反应特征的检测方法一般采用强制接触式检测途径。( )
3. 基于监控车辆信息的方案主要是直接监控驾驶员动态,可以准确评估驾驶员的疲劳与分心状态。( )
4. 目前最为常用的 DMS 方案是基于视觉传感器获取驾驶员行为信息进行直接监控。( )
5. 驾驶员状态多变,如不同性别、年龄、种族等会影响 DMS 的检测精度。( )
6. 被动式 DMS 对驾驶员驾驶状态的监控会受到驾驶员年龄的影响。( )
7. 基于视觉传感器通过车载摄像头获取驾驶员行为信息从而进行直接监控。( )
8. 接触式 DMS 迅速发展,成为近期 DMS 发展的主要趋势。( )

二、不定项选择题

1. DMS 有以下( )几种技术方案。
   A. 通过监控车辆信息　　　　　　　B. 基于生物传感器
   C. 基于视觉传感器　　　　　　　　D. 基于超声波雷达
2. 常见的 DMS 功能有( )。
   A. 驾驶员身份认证　　　　　　　　B. 疲劳驾驶报警
   C. 分神提醒　　　　　　　　　　　D. 抽烟提醒
3. 以下哪个不是 DMS 面临的挑战( )。
   A. 部署成本低　　　　　　　　　　B. 算力不足
   C. 图像质量多变　　　　　　　　　D. 驾驶员状态多变
4. 疲劳驾驶预警通过实时监控、分析驾驶员( )判断疲劳驾驶状态。
   A. 手势变化　　B. 姿势变化　　C. 脸部表情　　D. 眼部变化
5. 基于摄像头的驾驶员监控方案主要是以( )作为疲劳状态指标。
   A. 眼睛眨动次数　　　　　　　　　B. 疲劳状态特征指标
   C. 面部特征点　　　　　　　　　　D. 手势变化
6. 基于视觉传感器获取驾驶员行为信息进行直接监控,其监控指标包括( )。
   A. 眼球追踪　　　　　　　　　　　B. 视线检测
   C. 张口检测　　　　　　　　　　　D. 点头检测
7. 基于生物传感器获取驾驶员生理指标进行直接监控所用到的传感器包括( )。
   A. 压电传感器　　　　　　　　　　B. 电容传感器
   C. 摄像头　　　　　　　　　　　　D. 压电传感器

三、简答题

1. 简述 DMS 的工作原理？

答：

2. 简述 DMS 的优缺点？

答：

四、实操题

根据子任务 1~4 所学的知识，编制一个 DMS，要求可以根据驾驶者眨眼或闭眼、打哈欠、点头来判断疲劳驾驶并进行预警。

学习任务 5
手势交互系统开发与测试

任务说明

【任务描述】

手势交流是人的本能，在学会语言和文字之前，人就已经能用肢体语言与他人交流。而现在，随着科技的发展，也能用手势与汽车这样的无生命体进行交流，只要一个手势就能让它播放音乐、开天窗，甚至跟着手势自动挪车……，手势识别已经成为智能座舱卖点之一。例如，理想 L7、L9 配备的手势识别智能座舱系统；长城 WEY 摩卡只需简单的三个手势就可以把一辆熄火的汽车起动，并自动开到驾驶员跟前；长安深蓝电动汽车可以让驾驶员在座舱内拍照并自主设置手势功能；问界智能驾驶可以识别交警手势等。作为一名专业的智能汽车技术员，您知道座舱手势交互功能的原理，并自己设计开发出手势交互系统吗？

【任务育人目标】

知识目标：
1）能简述一芯多屏的概念。
2）能概述手势交互的工作原理。
3）能简述手势交互系统在智能座舱的应用。

技能目标：
1）能够正确编写代码判断手指屈伸状态。
2）能够正确编写代码实现手势检测。
3）能够熟练使用工具对手势识别功能进行调试。
4）能够独立在整车环境中完成手势识别系统的测试。

素养目标：
1）培养民族自信心和爱国主义情操。
2）拓宽动手能力和实践精神。
3）培养团队合作精神。

【任务接受】

熟悉手势交互系统在智能座舱中人机交互的应用，了解智能座舱中手势交互的新技术对我国汽车产业发展促进作用，引导敬业、创新能力培养；通过介绍手势识别在我国新能源汽车上的应用增强民族自信心，培养爱国主义情操，全面体现爱国、和谐、敬业的社会主义核心价值观。

知识准备

一、手势概念

手势通常指的是人在使用手臂时所体现出的具体动作与体位，分为动态手势和静态手势，它是人类最早使用的至今仍被广泛运用的一种交际工具（图5-1）。手势可被赋予各种特定的含义，具有表现力强和灵活性高的特点。手势既是人类表述情感及意图的自然手段，也是人类给予外界影响的重要方式之一。

图5-1 古人类利用手势交互进行捕猎

二、手势的分类

1. 基于运动特点分类

手势分为静态手势和动态手势，可以简单理解为静止不动的手势称为静态手势；而有运动轨迹特征的手势称为动态手势。

静态手势根据手指指向、弯曲形状、弯曲程度、与身体其他部分相互位置关系，再配合上下文语境可表达不同意义；动态手势除了静态手势具备的功能外，还包括用动作的位置和轨迹、运动的速度和方向、运动的幅度来表达不同的意义。

2. 通过手势传达指令的传统习惯

可以分为规定的手势和自由形式的手势。规定的手势符合人们的约定俗成的习惯，例如，国际通用手势（图5-2），自由形式的手势，不传达手势的象征意义或隐喻，一般是人们根据当时当地的语境，自由组织身体语言表达一定的意义，如图5-3所示讲演中的自由手势集合。

图 5-2　国际通用手势分别表示 OK、好（Good）、胜利（Victory）

图 5-3　讲演中的自由手势集合

三、手势识别定义

手势是一种无声的语言，人们在生活中借用手势，可以表达各种各样的感情。现在，人还可以与计算机之间进行手势互动。在计算机科学中，手势识别是指一种利用数学算法，包括计算机图形学，辅以摄像头、数据手套等输入工具，针对收集到的信息，如手掌、手指各关节的方位、角度等，进行判断、分析并给出正确回复的技术（图5-4）。用户可以使用简单的手势来控制设备或与设备交互，让计算机理解人类的行为。

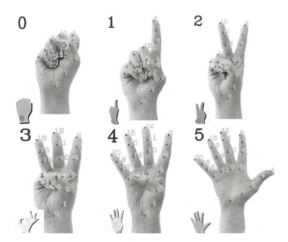

图 5-4　借助算法手势识别 0~5

四、手势获取技术分类

目前应用较多的手势获取技术包括基于视觉传感器技术和基于可穿戴智能设备两类。

视觉传感器应用最广泛的是不同类型的摄像头，如单目摄像头、双目摄像头、多目摄像头、环视摄像头等。视觉传感器是由镜头、图像传感器、模数转换器、图像处理器、图像存储器等组成（图5-5），能够对摄像机拍摄到的图像进行图像处理，来计算对象物的特征量（面积、重心、长度、位置等），并能输出数据和判断结果的传感器。

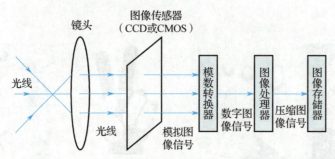

图 5-5 视觉传感器的工作原理

应用于手势识别的可穿戴智能设备主要是穿戴式智能手套，如图 5-6 所示。智能手套作为科技产品，具有感知反馈、高灵活度、智能控制和广泛应用前景等特点，在医疗、工业、军事和无人驾驶等领域有重要应用。

智能手套是一种融合了先进传感器、微电子、人工智能等技术的穿戴式手套。它具有以下特点。

（1）感知反馈　智能手套能够实时感知手部运动和触觉信息，为使用者提供精确的感知反馈。

（2）灵活度高　智能手套设计轻便、舒适，具有极高的灵活性，不会影响手部正常活动。

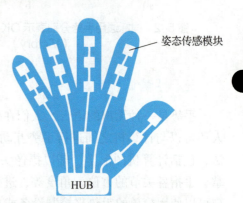

图 5-6 手势识别可穿戴设备

（3）智能控制　智能手套可以通过蓝牙、Wi-Fi 等无线技术，与手机、计算机等设备连接，实现远程操控。

（4）适应性强　智能手套可适应不同行业、不同场景的需求，具有广泛的应用前景。

五、手势交互工作流程和原理

手势交互系统手势识别的核心技术为手势分割、手势分析（特征提取和分析）以及手势识别。

手势无论是静态或动态，其识别顺序都是，首先通过摄像头获取 RGB 原始图像，然后在获取到的图像中进行手势分割，得到手部区域；接着在此基础上进行手势分析，分析手势特征，最后通过识别算法实现手势识别，如图 5-7 所示。

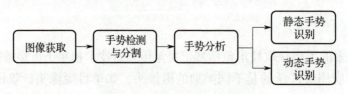

图 5-7 手势识别工作流程

上文的识别过程可以再细分，如图 5-8 所示。在此流程中，手势分割、特征提取和选择、手势识别是关键技术。手部检测定位和手势分割一般是同时进行，统称为手势检测分割。

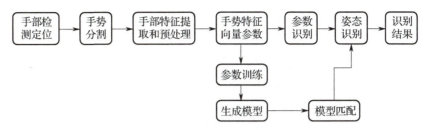

图 5-8　手势识别工作流程细分

六、手势分割

1. 手势分割目的

手势分割是手势识别过程中关键的一步，手势分割的效果直接影响到下一步手势分析及最终的手势识别。手势分割的最终目的是采用一系列分割算法从图像中有效地分割出手部区域，将手势作为前景与背景进行分离（图 5-9）。

2. 手势检测分割常用方法

手势检测分割包括手部检测定位和手势分割两部分。检测定位是指确定图像中有没有出现手势，并找到手势所在区域；手势分割是将手势区域从画面中提取出来，去除干扰背景，如图 5-9 所示。这两部分一般是同时进行。

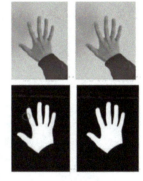

图 5-9　手势分割

手势本身具有丰富的形变，运动以及纹理特征，选取合理的特征对于手势的识别至关重要。目前常用的手势特征包括：肤色、轮廓、边缘、图像矩、图像特征向量以及区域直方图特征等。传统基于视觉的手势检测分割方法如下。

（1）**基于肤色的手势分割方法**　肤色是手势最基本的特征之一。肤色特征比较固定，跟手势动作无关，肤色检测的运算量较小，适用于快速的手势分割。基于肤色的手势分割方法需要选择合适的颜色空间并建立合适的肤色模型，利用肤色与背景之间的区别完成手势分割。目前，常用于建立肤色模型的颜色空间包括 RGB 空间、HSV 空间等。

1）RGB 空间的三个通道分别表示 Red，Green，Blue 三种基本颜色（图 5-10）。对于彩色图片的每个像素点，其颜色由 RGB 三个维度的值表示，RGB 分别代表红色、绿色、蓝色成分的多少，任意颜色由三个值共同决定，如黄色即为（255，255，0），如图 5-10 所示。RGB 非常适合显示色彩缤纷的彩色图像。

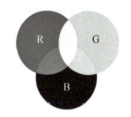

图 5-10　RGB 颜色空间

自然环境下获取的图像容易受自然光照、遮挡和阴影等情况的影响，即对亮度比较敏感。而 RGB 颜色空间的三个分量都与亮度密切相关，即只要亮度改变，三个分量都会随之相应地改变，因此没有一种更直观的方式来表达。

但是人眼对于这三种颜色分量的敏感程度是不一样的。在单色中，人眼对红色最不敏感，蓝色最敏感，所以 RGB 颜色空间是一种均匀性较差的颜色空间。对于某一种颜色,人们很难用较为精确的三个分量数值来表示,所以 RGB 颜色空间适合于显示系统,但不适合于图像处理。

2)HSV 空间的三个通道分别为色调(Hue)通道、饱和度或者色彩纯度(Saturation)通道、亮度(Value)通道,如图 5-11 所示。

在图像处理中使用较多的是 HSV 颜色空间,它比 RGB 更接近人们对彩色的感知经验,非常直观地表达颜色的色调、鲜艳程度和明暗程度,方便进行颜色的对比。

①色调(Hue)通道:表示色彩信息,即所处的光谱颜色的位置,用角度度量,取值范围为 0°~360°,如图 5-12 所示。颜色圆环上所有的颜色都是光谱上的颜色,从红色开始按逆时针方向计算,红色为 0°,绿色为 120°,蓝色为 240°,黄色为 60° 等,即 HSV 表示黄色只由一个值决定,Hue=60 即可。相比较而言,RGB 中,颜色由三个值共同决定,如黄色为即(255,255,0)。

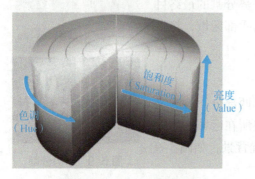 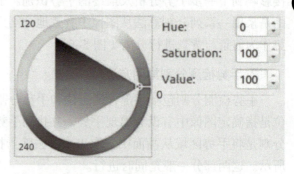

图 5-11 HSV 颜色空间　　　　　　图 5-12 HSV 颜色空间中 H 值的定义方法

②饱和度(Saturation)通道:饱和度为 0 表示纯白色。取值范围为 0%~100%,值越大,颜色越饱和,越接近光谱色,反之降低饱和度表示往颜色中添加白色。

③亮度(Value)通道:如图 5-11 所示,竖直方向决定颜色的明暗程度,亮度越高,表示颜色越明亮,范围是 0%~100%。明度为 0 表示纯黑色。

需要注意的是,RGB 和 HSV 两种表示颜色的方法可以根据算法进行互相转化。

在实际应用中,基于肤色的轮廓分割方法会受到光照、光源位置、有色光源、手部弯曲、背景环境等的影响,需要结合轮廓、几何特征等其他分割方法使用。

(2)基于边缘轮廓的手势分割方法　对于静态手势识别而言,边缘信息和轮廓信息是比较常用的特征,可建立基于边缘轮廓的手势分割方法,如图 5-13 所示。例如,可以建立模型提取手势指尖的数量和位置,将指尖和掌心连线,采用距离公式计算各指尖到掌心的距离,再采用反余弦公式计算各指尖与掌心连线间的夹角,将距离和夹角作为选择的特征。

(3)基于运动的分割方法　从众多实验发现,运动中会产生光影变化,以及背景的动态变化。基于运动中产生光影变化的手势分割方法称为帧差法;基于运动中背景的动态变化称为背景差分法。帧差法利用相邻图像帧之间的差分来判

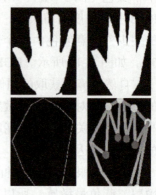

图 5-13 边缘轮廓手势分割

断是否有运动产生；背景差分法首先需要对背景图像建模，通过比较背景图像和含有手势的图像分割出手部区域。

（4）基于深度学习的手势分割方法　　良好的特征表达对算法的准确性起着非常关键的作用。在上述分割方法中，特征的提取是靠人工完成的。而手工选取特征需要复杂的手势特征先验知识，算法的准确性非常依赖工程师的经验，并且还需要不断调整算法内的参数。

深度学习的手势检测分割方法是机器学习的一个热点领域，其动机在于建立模拟人脑进行分析和学习的神经网络。深度学习需要机器学习模型和海量的训练数据来不断迭代，完善算法中的参数，从而提升算法的准确性和预见性。基于深度学习的手势分割方法，能较准确地提取手部区域，并且在光照不均匀、复杂背景、类肤色区域等因素影响下，也能很好地完成有效的手部区域提取。如图 5-14 所示。

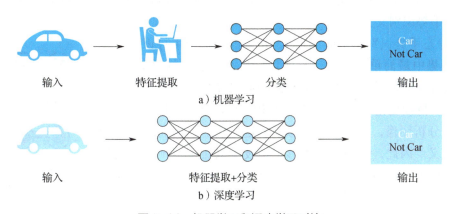

图 5-14　机器学习和深度学习对比

当然，还有别的手势分割方法，例如，基于直方图的分割法，即阈值法，通常取灰度直方图的波谷作为阈值。

每种手势分割方法都有自己的优点，但也存在一定的问题。对于简单背景的图像，采用阈值法能达到不错的效果，对于复杂的图像，单一的阈值不能得到良好的分割效果；采用边缘提取方法时，若目标物和背景灰度差别不大时，则得不到较明显的边缘。因此可以采用多种方法相结合来处理图像，例如，对采集的图像先进行差影处理，然后进行灰度阈值分割，或者对图像按区域分成小块，对每一块进行阈值设置。

七、手势分析（特征提取和分析）

手势分析（特征提取和分析）是完成手势识别系统的关键技术之一，手势的形状和运动轨迹是手势识别中的重要特征，与手势所表达意义有直接的关系。通过手势分析，可获得手势的形状特征或运动轨迹。手势分析的主要方法有以下几类。

1）边缘轮廓提取法。该法基于手形特有的外形而与其他物体区分。基于几何特征的手势识别算法采用提取关键点的识别算法，向邻域搜索提取出手势图像的边缘，把图像的边缘看成一条曲线，然后对曲线进行处理。

2）指尖、掌心位置、手势形状等多特征结合法。该法根据手的物理特性分析手势的姿势或轨迹，例如，将手势形状和手指指尖特征相结合实现手势的识别。

3）用指关节式跟踪法构建手的二维或三维模型，再根据人手关键点的位置变化来进行跟踪，该方法主要应用于动态轨迹跟踪。

八、手势识别

1. 基于 2D 摄像头和 3D 摄像头手势识别

手势识别是指将模型参数空间里的轨迹或点、线分类到该空间里某个子集的过程。

若按照摄像头的种类（2D 摄像头、深度摄像头）来分，手势识别可分为两类。

（1）基于 2D 摄像头的二维手势识别 利用 2D 图像采集设备，如单目摄像头来获得手势，得到手势的平面模型。建立手势形状数据库的方法是将能够考虑到的所有手势采集起来，再与手势的模板进行匹配。但该法会增加计算量，不利于系统的快速识别。2D 摄像头的手势识别又分为以下两项。

1）静态手势识别（手形识别），也称静态二维手势识别，识别的是手势中最简单的一类，只能识别出几个静态的手势动作，如握拳或者五指张开。这种技术只能识别手势的"状态"，不能感知手势的"持续变化"，说到底是一种模式匹配技术。通过计算机视觉算法分析图像，和预设的图像模式进行比对，从而理解这种手势的含义。因此，这种二维手形识别技术只能识别预设好的状态，拓展性差，控制感很弱，用户只能实现最基础的人机交互功能。其代表公司是被 Google 收购的 Flutter，图 5-15 所示是手机触控屏所使用的手势解锁技术。使用他家的软件之后，用户可以用几个手形来控制播放器。

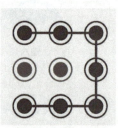

图 5-15 Flutter 手势识别密码控制按键

2）动态手势识别，也不含深度信息，仍停留在二维的层面上。这种技术与二维手形识别相比稍复杂一些，不仅可以识别手形，还可以识别一些简单的二维手势动作，如对着摄像头挥挥手。该二维手势识别拥有了动态的特征，可以追踪手势的运动，进而能够识别将手势和手部运动结合在一起的复杂动作，如图 5-16 所示。这种技术虽然在硬件要求上和二维手形识别并无区别，但是得益于更加先进的计算机视觉算法，可以获得更加丰富的人机交互内容。在使用体验上也提高了一个档次，从纯粹的状态控制，变成了比较丰富的平面控制。此算法的代表公司包括以色列的 PointGrab，EyeSight 和 ExtremeReality 等。

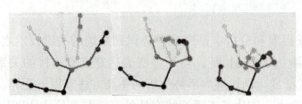

图 5-16 动态手势识别

（2）基于 3D 摄像头三维手势识别 立体视觉利用多个图像采集设备或深度摄像头得到手势的不同图像，再转换成立体模型。立体匹配的方法与单目视觉中的模板匹配方法类似，也要建立大量的手势库。而三维重构则需建立手势的三维模型，计算量将增加，但分割效果较好。图 5-17 所示是微软 Kinect 开发团队发布的 SDK 软件开发工具包，可以在 Windows 系统下实现 3D 传感数据的识别技术。

图 5-17　动态手势识别

相比于静态手势只需要在分类器的输入处处理单个图像，动态手势需要处理图像序列和更复杂的手势。由于动态手势本身的多义性以及时空差异性，动态手势识别一直是一项极富挑战的课题。在识别动态手势的过程中，需要考虑空间关系，再结合时序分析，先确定手势起始与最终位置，再通过手势分析提取的特征点结合时序连续图像进行拆分并逐帧分析，最终转化成静态手势识别。

2. 常见手势识别方法

从手势识别的技术实现来看，常见手势识别方法主要有：模板匹配技术方法、统计分析技术方法、神经网络技术方法。

（1）模板匹配技术方法　静态识别中最早提出的识别方法，也是最简单的手势识别技术方法。将输入图像与图像库模板进行比较，并计算相似度再进行分类，如图 5-18 和图 5-19 所示。

图 5-18　模板匹配法进行手势识别

该方法的关键在于手势模板库的构建与输入图像的处理。此方法在数据量不大的样本上，识别速度很快，抗光照干扰能力较强，但识别精度不高。

（2）统计分析技术方法　统计分析技术方法是一种通过统计样本特征向量来确定分类器的基于概率统计理论的分类方法。这种技术要求人们从原始数据中提取特定的特征向量，需要先对这些特征向量进行分类，而不是直接对原始数据进行识别。例如，对于每幅图像提取出指尖和重心特征，然后计算出距离和夹角，运用了统计分析技术，对不

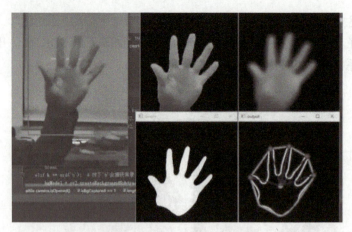

图 5-19　静态手势识别流程

同手势分别进行距离和夹角的统计，得到其分布的数字特征；在输入分类器以后，再对采集的手势图像进行分类识别。

（3）神经网络技术方法　这种技术具有自学习能力，能有效抵抗噪声和具有模式推广能力。采用这种技术，在识别前需要一个神经网络的训练（学习）阶段，包括机器学习和深度学习人工智能方法。

1）基于机器学习的手势识别方法。与深度学习相比较而言，机器学习方法更加传统。如图 5-17 所示，与深度学习不同的是，机器学习方法通常使用手工设计的特征提取器（如 HOG、SIFT 等）来提取手势的特征，即机器学习算法是基于人工特征的；然后将这些特征输入到分类器（如 SVM、随机森林等）中进行分类。基于人工特征的机器学习算法主要包括隐马尔可夫模型（Hidden Markov Model，HMM）和动态时间规整（Dynamic Time Warping，DTW）。

① HMM 模型。通过状态转移的随机过程和观察值输出的过程来确定手势信号，能够对连续时序信号的处理有较好的表现，用于动态手势识别。其缺点是训练代价大、复杂度高。

② DTW 模型。在手势识别中，DTW 模型通过测量并对比不同长度的两个时间序列的相似度，输出相似度最高的结果作为识别结果。使用 DTW 时首先对训练集中的每个手势进行预处理，提取特征并将其规范化为一个序列模板（类似特征模板）。对于待测试的手势，进行相同的预处理操作，并将生成的序列模板与训练集中的序列模板逐一匹配，输出相似度最高的结果作为识别结果。DTW 可以比较不同长度的手势序列，对时间偏移和变形鲁棒性高。

2）基于深度学习的手势识别。基于深度学习的手势识别是目前最流行的方法之一。它通常使用卷积神经网络（CNN）或循环神经网络（RNN）等深度学习模型进行训练，从而学习到手势的特征表示和模式。基于深度学习的手势识别包括 2DCNN 和 3DCNN 等，前者主要应用于静态手势识别，后者用于动态手势识别。

手势识别通常需要先进行手势关键点检测，即从图像或视频中检测出手的关键点位置，然后根据这些关键点的空间关系推断出手的姿态信息。深度学习模型通常被训练用于检测手的关键点位置（如手指、掌心等）。在训练阶段，可以使用大规模手势数据集（如 MSR Action3D、NTU RGB+D 等）来训练深度学习模型（如 OpenPose、HandNet 等学习模型），在测试阶段，可以将测试图像或视频输入到深度学习模型中，然后根据输出结果推断出手势的意义。

3. 背景知识：深度卷积神经网络 DCNN

DCNN 是 Deep Convolutional Neutral Networks 的缩写，中文名为"深度卷积神经网络"。DCNN 是深度学习中一种非常强大的工具，被广泛用于计算机视觉和图像识别处理领域。DCNN 通过多层卷积和池化操作，能够有效地提取图像中的特征。DCNN 作为一种深度学习模型，由多个卷积层、池化层和全连接层组成，核心思想是通过卷积和池化操作来提取图像特征，并通过全连接层完成分类和回归任务。

（1）卷积层　用来提取图像的基础特征。通过定义一组卷积核（滤波器），对输入图像进行卷积操作，得到一组特征图。卷积层使用多个卷积核对输入图像进行卷积操作，提取不同尺寸和方向的特征。通过多层卷积层的堆叠（图 5-20），可以逐渐提取出高级抽象的特征，同时卷积操作可以有效捕捉图像的边缘信息和纹理特征。

（2）池化层　也称为"降采样层"，能够对卷积层输出的特征图进行降采样，减少特征维度，并具有平移不变性，增强网络的鲁棒性。池化层可以减小特征图的尺寸，并保留主要的特征信息。

（3）全连接层　DCNN 通过全连接层将卷积层和池化层提取的特征映射到目标类别上。全连接层利用这些特征进行分类，得出最终的检测结果。

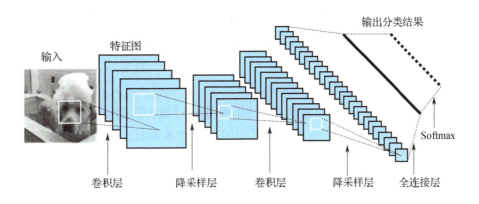

图 5-20　DCNN 的基础架构

4. DCNN 方法在视觉目标检测中的重要作用

（1）特征学习能力　DCNN 通过多层卷积层和池化层的组合，能够自动学习图像的特征表示。这种层级结构有助于提取出数据中的抽象特征，使得网络能够更好地理解图像内容，提高目标检测的准确性。

（2）上下文信息的利用　DCNN 在特征学习过程中，会包含图像的上下文信息。通过多个卷积层的堆叠，DCNN 可以感知更大范围的上下文关系，使得目标检测具备更好

（3）多尺度适应性　DCNN具有多尺度适应能力，可以自动处理目标在不同尺度下的变化。通过网络的多层卷积和池化操作，DCNN可以在不同尺度的图像上提取特征，并对目标进行准确地定位和分类。

（4）鲁棒性和泛化能力　DCNN通过大规模数据集的训练，可以学习到丰富的特征表示，使其对光照变化、姿态变化和遮挡等问题具有较强的鲁棒性。同时，DCNN具有良好的泛化能力，可以应用于不同场景和数据集中的目标检测任务。

（5）实时性能　DCNN在目标检测任务中，由于网络结构的优化和硬件的发展，已经取得了较快的计算速度，可以实现实时的目标检测。

基于神经网络技术的手势识别的方法和各类算法的优缺点以及适用场景见表5-1。

表5-1　手势识别算法的对比

算法	优点	缺点	适用情况
HMM	对连续时序信号的处理有较好的表现	训练代价大、复杂度高	动态手势
DTW	时间偏移和变形鲁棒性高	在处理大量数据和复杂手势时效果不理想	动态手势
2DCNN	能够从图像中提取手势的空间特征，对静态手势识别准确率较高，对于从图像中提取空间特征的场景效果较好	对输入图像尺寸要求较高，难以处理动态手势的时序信息	静态手势
3DCNN	能够学习图像和手势的时空特征，对动态手势识别准确率较高	对数据集和计算资源要求较高，需要大量标注视频进行训练	动态手势，能够从图像序列中提取时空特征，适用于复杂手势

九、手势识别的优缺点

手势识别目前还未广泛应用在量产车上，但是已经成为高端商务车和新能源汽车智能座舱的高端配置，彰显汽车品质。从目前的应用技术来看，手势识别有如下一些优缺点。

1. 优点

（1）应用简单　将人们在日常生活中所获得的手势操作经验，直接运用到手势识别交互活动中。通过手势识别，用户可以通过简单的手势控制车辆附件，如刮水器、车窗、空调、信息娱乐系统等。

（2）非接触性　手势识别可使用户整个活动都是无触控的。

（3）安全性高　将手势识别应用到先进驾驶辅助系统中，可在一定程度上提高驾驶的安全性。

（4）可扩展性　可结合语音识别、智能驾驶对车辆进行控制。

2. 缺点

（1）**复杂手势识别准确率低** 只能做一些稍微简单的手势，一些难度稍大的手势存在巨大的困难，识别准确率较低。

（2）**动态手势识别准确率较低** 由于算法算力原因，动态手势识别目前识别准确率还有待提高。随着技术的发展，在可预见的将来，动态手势识别的准确率肯定会大大提高。

（3）**易受环境的影响** 当前汽车的手势识别功能多基于摄像头，识别准确率容易受到光线及环境的影响。

（4）**功耗较高** 手势处理需要高水平的软件算法，从而导致高电量消耗和增加处理器空间的使用。

十、基于 MediaPipe + OpenCV 实现手势识别

该技术需要 OpenCV 进行图像识别，利用 MediaPipe 机器学习库对手部进行识别追踪，再通过手部 21 个坐标点的位置计算，实现一个简单的手势识别功能。

1. 需要安装的库

（1）**OpenCV 库** 一个跨平台的计算机视觉库，可提供许多用于图像和视频处理的功能，包括图像和视频的读取、预处理、特征提取、特征匹配、目标检测等。OpenCV 是用 C++ 编写的，但提供了 Python、Java 等语言的接口，可以方便地在不同平台上使用。OpenCV 已经被广泛应用于工业自动化、安防监控、机器人、医疗诊断、智能交通等领域。

（2）**MediaPipe 库** MediaPipe 是 Google 开发的一种跨平台、开源的框架，用于构建实时的、基于机器学习的应用程序。它提供了一系列的计算机视觉和机器学习算法和工具，包括对象检测、人脸检测、关键点检测、手部跟踪、语义分割等。这些算法都是经过训练的，可以在移动设备、桌面和服务器上运行，并且能够实现实时处理。MediaPipe 库用到的功能见表 5-2。

表 5-2　MediaPipe 功能简介

功能	备注
人脸检测 FaceMesh	从图像 / 视频中重建出人脸的 3D Mesh
人像分离	从图像 / 视频中把人分离出来
手势跟踪	21 个关键点的 3D 坐标，应用于手势识别
人体 3D 识别	33 个关键点的 3D 坐标，应用于姿态识别
物体颜色识别	可以把头发检测出来，并涂上颜色

2. 手势识别原理

Mediapipe 中对应的手势识别函数（solutions.hands）能够实现手势关键点检测，具有非常高的算法准确度。其主要采用深度学习姿态识别算法，可以检测手的 21 个骨骼关

键点，如图 5–21 所示。

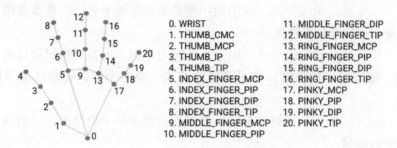

图 5–21　手势识别 21 个关键点

3. 手势识别流程

1）依赖库的导入代码如图 5–22 所示。

```
import cv2
import mediapipe as mp
import numpy as np
```

图 5–22　依赖库导入

2）打开计算机摄像头进行实时检测。

①使用 cv2.VideoCapture（ ）函数创建视频对象。如果使用笔记本计算机自带的摄像头，参数一般为 0。

② ret 为判断摄像头是否调用成果的变量，为 bool 值类型。True 表示摄像头成功读取到数据并返回 True；当摄像头没有读取到数据时返回 False。

③ frame 返回读取的视频数据，每一帧数据都是一个 numpy.ndarray 格式的三维数组。

④ if cv2.waitKey（1）& 0xFF ==27 #cv2.waitKey（delay）语句表示在一个给定的时间内（单位：毫秒）等待用户按键出发。如果用户没有按下任何按键，则继续等待。Esc 的 ASCII 编码是 27，即按下 Esc 键时，退出循环具体代码如图 5–23 所示。

```
import cv2

cap = cv2.VideoCapture(0)  # 打开摄像头

while True:
    ret, frame = cap.read()
    #……插入图像处理相关代码#
    cv2.imshow('Hand Gesture Recognition', frame)

    # 按 'q' 键退出
    if cv2.waitKey(1) & 0xFF == ord('q'):
        break

# 释放资源
cap.release()
cv2.destroyAllWindows()
```

图 5–23　退出循环具体代码

3）设定手势识别函数加载与参数设定。

注：为避免进入摄像头的循环中，应将绘图函数及识别参数写在 while 判断语句前。

① mp.solutions.drawing_utils 是 mediapipe 自带的绘图工具包。

② mp.solutions.hands 为手势识别函数。

③手势识别参数解析。

a. static_image_mode：如果设置为 False，该解决方案会将输入图像视为视频流。非常适合处理视频帧。如果设置为 True，则在每个输入图像上运行手部检测，适合处理一批静态的、可能不相关的图像。默认是 False。

b. max_num_hands：要检测的最多的手数量，默认是 2。

c. min_detection_confidence：来自手部检测模型的最小置信值（[0.0, 1.0]），用于将检测视为成功，默认为 0.5。

d. min_tracking_confidence：来自地标跟踪模型的最小置信值（[0.0, 1.0]），用于将手部地标视为成功跟踪；否则将在下一个输入图像上自动调用手部检测。默认阈值是 0.5。

④具体代码如图 5-24 所示。

```python
import mediapipe as mp  #导入MediaPipe第三方库
mp_drawing = mp.solutions.drawing_utils  #加载关键点和连线绘制函数
mp_hands = mp.solutions.hands  #加载对应手势模块（solutions.hands）中手部检测函数
#确定手势识别的参数
hands = mp_hands.Hands(
    static_image_mode = False,
    max_num_hands = 2,
    min_detection_confidence = 0.9,
    min_tracking_confidence = 0.9,
)
```

图 5-24　手势识别函数加载与参数设定

4）对图像检测进行色道镜像等调整。

① RGB2BGR。在 OpenCV 中，BGR（蓝绿红）和 RGB（红绿蓝）是两种常用的图像表示方式。BGR 是 OpenCV 默认的图像格式，RGB 是人们通常更熟悉和常用的图像格式，因此摄像头的图像需要先使用 RGB2BGR，将 RGB 转换为 BGR；最后还需要将 BGR2RGB 转换回 RGB。在 BGR2RGB 的转换中，每个像素的颜色通道的顺序会发生改变，即将原始图像中的蓝色通道 Blue 和红色通道 Red 进行互换，保持绿色通道 Green 不变，这样就可以将图像从 BGR 格式转换为 RGB 格式了。

②具体代码如图 5-25 所示。

```python
# 打开摄像头
cap = cv2.VideoCapture(0)

while True:
    ret, frame = cap.read()
    if not ret:
        print("无法读取视频帧")
        break

    # 转换颜色格式
    frame_rgb = cv2.cvtColor(frame, cv2.COLOR_BGR2RGB)
    result = hands.process(frame_rgb)
```

图 5-25　BGR 转换为 RGB

5）将 landmark 坐标进行转换并获取关键点坐标，并将关键点坐标进行连线，具体代码如图 5-26 所示。

```python
        # 在检测到手的情况下进行标注
        if result.multi_hand_landmarks:
            for hand_landmarks in result.multi_hand_landmarks:
                # 绘制手的关节点
                mp_drawing.draw_landmarks(
                    frame, hand_landmarks, mp_hands.HAND_CONNECTIONS,
                    mp_drawing_styles.get_default_hand_landmarks_style(),
                    mp_drawing_styles.get_default_hand_connections_style()
                )

        # 显示结果
        cv2.imshow('Hand Gesture Recognition', frame)

        # 按 'q' 键退出
        if cv2.waitKey(1) & 0xFF == ord('q'):
            break

# 释放资源
cap.release()
cv2.destroyAllWindows()
```

图 5-26　绘制手势关键点并连线后窗口显示结果

6）查看手势关键点，如图 5-27 所示。

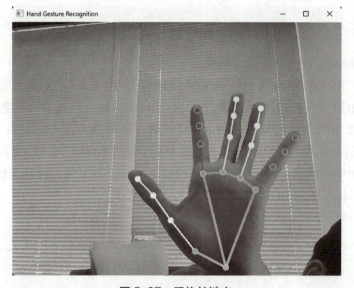

图 5-27　手势关键点

任务分解

要完成在座舱中加装手势识别验证的需求任务，需要将任务分解为三个子任务：

1. 子任务 1　手势交互系统 21 个关键点标记的 Python 代码开发
2. 子任务 2　手势交互系统常见手势识别 Python 代码开发
3. 子任务 3　手势交互系统的固件烧入和测试

任务实施

子任务 1　手势交互系统 21 个关键点标记的 Python 代码开发

任务要求：基于 MediaPipe+OpenCV 实现手势交互系统中，21 个关键点标记的 Python 代码开发。

前期准备

1）创建程序文件：在 PyCharm 中创建 hand_test.py 程序文件，如图 5-28 所示。

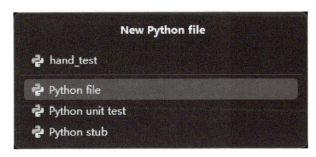

图 5-28　创建程序文件

2）安装 MediaPipe、OpenCV 库：打开 PyCharm 在 Terminal 中输入以下命令：

```
pip install mediapipe
pip install opencv-python
pip install opencv-contrib-python
```

当计算机连接网络，系统会自动下载安装第三方库至系统显示安装成功。

3）计算机配备摄像头，可采用笔记本计算机或者带摄像头的多媒体实训室。

任务实操

参考代码程序，如图 5-29 所示。

```
import cv2
import numpy as np
import mediapipe as mp
# 初始化 Mediapipe 手部检测模块
mp_hands = mp.solutions.hands
hands = mp_hands.Hands(min_detection_confidence=0.7, min_tracking_confidence=0.5)
mp_drawing = mp.solutions.drawing_utils
mp_drawing_styles = mp.solutions.drawing_styles

# 打开摄像头
cap = cv2.VideoCapture(0)
```

图 5-29　手势识别系统参考代码程序

```python
while True:
    ret, frame = cap.read()
    if not ret:
        print("无法读取视频帧")
        break

    # 转换颜色格式
    frame_rgb = cv2.cvtColor(frame, cv2.COLOR_BGR2RGB)
    result = hands.process(frame_rgb)

    # 在检测到手的情况下进行标注
    if result.multi_hand_landmarks:
        for hand_landmarks in result.multi_hand_landmarks:
            # 绘制手的关节点
            mp_drawing.draw_landmarks(
                frame, hand_landmarks, mp_hands.HAND_CONNECTIONS,
                mp_drawing_styles.get_default_hand_landmarks_style(),
                mp_drawing_styles.get_default_hand_connections_style()
            )

    # 显示结果
    cv2.imshow('Hand Gesture Recognition', frame)

    # 按 'q' 键退出
    if cv2.waitKey(1) & 0xFF == ord('q'):
        break

# 释放资源
cap.release()
cv2.destroyAllWindows()
```

图 5-29　手势识别系统参考代码程序（续）

运行后，显示结果如图 5-30 所示：

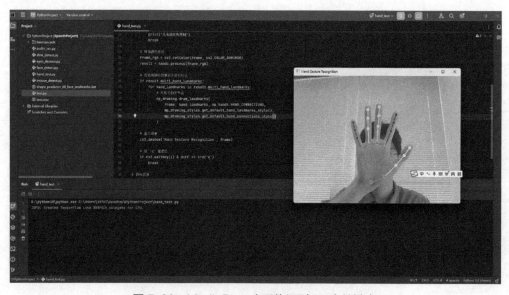

图 5-30　MediaPipe 库手势识别 21 个关键点

子任务 2 手势交互系统中常见手势识别 Python 代码开发

任务要求：继子任务 1 后，基于 MediaPipe+OpenCV 手势交互系统 Python 代码开发，要求对手势 1~5 进行识别。

前期准备

同子任务 1。创建程序文件 hand_main.py。

任务实操

1. 导入第三方库程序

导入第三方库程序代码如图 5-31 所示。

```python
import cv2
import mediapipe as mp
import time
import numpy as np
from numpy import linalg
```

图 5-31 导入第三方库程序

2. 初始化模型及参数

初始化模型及参数代码如图 5-32 所示。

```python
# 加载手部检测函数
mpHands = mp.solutions.hands
hands = mpHands.Hands()
# 加载绘制函数，并设置手部关键点和连线的形状、颜色
mpDraw = mp.solutions.drawing_utils
handLmsStyle = mpDraw.DrawingSpec(color=(0, 0, 255), thickness=int(5))
handConStyle = mpDraw.DrawingSpec(color=(0, 255, 0), thickness=int(10))
figure = np.zeros(5)
landmark = np.empty((21, 2))
```

图 5-32 初始化模型及参数

- 初始化 MediaPipe 的手部检测模型。
- 设置绘制手部关键点和连接线的样式。
- mpHands: 加载手部检测模型。
- hands: 实例化手部检测对象。
- mpDraw: 用于绘制手部关键点和连接线的工具。
- handLmsStyle: 手部关键点绘制样式（红色）。
- handConStyle: 手部连接线绘制样式（绿色）。
- figure: 用于存储手指伸展状态的数组，初始化为全零。
- landmark: 存储手部关键点坐标的空数组，大小为 21×2。

3. 编写计算每只手指弯曲程度程序

计算手指弯曲程度程序代码如图 5-33 所示。

```python
def finger_stretch_detect(point1, point2, point3):
    result = 0
    # 计算向量的L2范数。dist1为手指根点到手掌0点的距离，dist2为手指尖部点到手掌0点的距离
    dist1 = np.linalg.norm(point2 - point1)
    dist2 = np.linalg.norm(point3 - point1)

    if dist2 > dist1:
        result = 1
    return result
```

图 5-33 计算手指弯曲程度程序

● 计算手指根部到掌心的距离（dist1）和手指尖到掌心的距离（dist2），如果手指尖的距离大于根部距离，返回 1 表示手指伸展。

4. 编写判断具体手势程序

判断具体手势程序代码如图 5-34 所示。

```python
def detect_hands_gesture(result):
    # result改为列表
    result = result.tolist()
    # 根据手势的特征向量result，判断手势，如果result为[1,0,0,0,0]，代表大拇指伸直，
    其余四指弯曲，对应结果gesture为'thumbUp'
    if result == [0, 1, 0, 0, 0]:
        gesture = "one"
    elif result == [0, 1, 1, 0, 0]:
        gesture = "two"
    elif result == [1, 1, 1, 0, 0]:
        gesture = "three"
    elif result == [0, 1, 1, 1, 1]:
        gesture = "four"
    elif result == [1, 1, 1, 1, 1]:
        gesture = "five"
    else:
        gesture = "Not in detect range..."
    return gesture
```

图 5-34 判断具体手势程序

● 根据手指伸展状态的数组 result，映射到对应的手势字符串，比如"one"、"two"等。

5. 编写手势识别主程序

手势识别主程序代码如图 5-35 所示。

```python
def detect2(frame):
    frame_RGB = cv2.cvtColor(frame, cv2.COLOR_BGR2RGB)  # mediaPipe的图像要求是RGB，所以此处需要转换图像的格式
    result = hands.process(frame_RGB)

    if result.multi_hand_landmarks:
        # 为每个手绘制关键点和连接线
        for hand_landmarks in result.multi_hand_landmarks:
            mpDraw.draw_landmarks(frame,
                                  hand_landmarks,
                                  mpHands.HAND_CONNECTIONS,
                                  landmark_drawing_spec=handLmsStyle,
                                  connection_drawing_spec=handConStyle)

            for j, lm in enumerate(hand_landmarks.landmark):
                xPos = int(lm.x * 640)
                yPos = int(lm.y * 480)
                landmark_ = [xPos, yPos]
                landmark[j, :] = landmark_
            # 通过判断手指尖与手指根部到0位置点的距离判断手指是否伸开（拇指检测到17点的距离）
            for k in range(5):
                if k == 0:
                    figure_ = finger_stretch_detect(landmark[17], landmark[4 * k + 2], landmark[4 * k + 4])
                else:
                    figure_ = finger_stretch_detect(landmark[0], landmark[4 * k + 2], landmark[4 * k + 4])

                figure[k] = figure_

        gesture_result = detect_hands_gesture(figure)
        cv2.putText(frame, f"{gesture_result}", (30, 60), cv2.FONT_HERSHEY_COMPLEX, 1, (255, 0, 0), 5)
        return [frame, gesture_result]
    else:
        return [frame, '']
```

图 5-35 手势识别主程序

- 将图像转换为 RGB 格式并使用 MediaPipe 处理。
- 检测到手后，绘制手部关键点和连接线。（逻辑如子任务 1）。
- 遍历手指并调用 finger_stretch_detect 函数来判断每根手指是否伸展。
- 根据手指状态调用 detect_hands_gesture 函数识别手势，并在图像上显示结果。

6. 编写主检测循环程序

主检测循环程序如图 5-36 所示。

```python
def detect():
    cap = cv2.VideoCapture(0)  # 启动摄像头
    while True:
        ret, frame = cap.read()
        [frame, s] = detect2(frame)
        cv2.imshow('Gesture Detect', frame)
        cv2.moveWindow("Gesture Detect", 100, 100)

        if cv2.waitKey(1) == ord('q'):
            break

    cap.release()
    cv2.destroyAllWindows()
```

图 5-36 主检测循环程序

- 打开摄像头，循环读取帧并进行手势检测。
- 显示处理后的帧，直到用户按下 'q' 键。

7. 编写主程序入口

主程序入口代码如图 5-37 所示。

```python
if __name__ == '__main__':
    detect()
```

图 5-37 主程序入口

- 运行 detect 函数，启动手势识别系统。

8. 验证程序功能

完整代码程序，如图 5-38 所示。

```python
import cv2
import mediapipe as mp
import time
import numpy as np
from numpy import linalg

# 加载手部检测函数
mpHands = mp.solutions.hands
hands = mpHands.Hands()
# 加载绘制函数，并设置手部关键点和连接线的形状、颜色
mpDraw = mp.solutions.drawing_utils
handLmsStyle = mpDraw.DrawingSpec(color=(0, 0, 255), thickness=int(5))
handConStyle = mpDraw.DrawingSpec(color=(0, 255, 0), thickness=int(10))
figure = np.zeros(5)
landmark = np.empty((21, 2))

def finger_stretch_detect(point1, point2, point3):
    result = 0
    # 计算向量的L2范数，dist1为手指根点到手掌0点的距离，dist2为手指尖端点到手掌0点的距离
    dist1 = np.linalg.norm(point2 - point1)
    dist2 = np.linalg.norm(point3 - point1)

    if dist2 > dist1:
        result = 1
    return result


def detect_hands_gesture(result):
    # result改为列表
    result = result.tolist()
    # 根据手势的特征向量result，判断手势，如果result为[1,0,0,0,0]，代表大拇指伸直，其余四指弯曲，对应结果gesture为'thumbUp'
    if result == [0, 1, 0, 0, 0]:
        gesture = "one"
    elif result == [0, 1, 1, 0, 0]:
        gesture = "two"
    elif result == [1, 1, 1, 0, 0]:
        gesture = "three"
    elif result == [0, 1, 1, 1, 1]:
        gesture = "four"
    elif result == [1, 1, 1, 1, 1]:
        gesture = "five"
    else:
        gesture = "Not in detect range..."
    return gesture
```

图 5-38 完整代码程序

```python
def detect2(frame):
    frame_RGB = cv2.cvtColor(frame, cv2.COLOR_BGR2RGB)   # mediaPipe的图像要求是RGB,所以此处需要转换图像的格式
    result = hands.process(frame_RGB)

    if result.multi_hand_landmarks:
        # 为每个手绘制关键点和连接线
        for hand_landmarks in result.multi_hand_landmarks:
            mpDraw.draw_landmarks(frame,
                                  hand_landmarks,
                                  mpHands.HAND_CONNECTIONS,
                                  landmark_drawing_spec=handLmsStyle,
                                  connection_drawing_spec=handConStyle)

            for j, lm in enumerate(hand_landmarks.landmark):
                xPos = int(lm.x * 640)
                yPos = int(lm.y * 480)
                landmark_ = [xPos, yPos]
                landmark[j, :] = landmark_
            # 通过判断手指尖与手指根部到0位置点的距离判断手指是否伸开(拇指检测到17点的距离)
            for k in range(5):
                if k == 0:
                    figure_ = finger_stretch_detect(landmark[17], landmark[4 * k + 2], landmark[4 * k + 4])
                else:
                    figure_ = finger_stretch_detect(landmark[0], landmark[4 * k + 2], landmark[4 * k + 4])

                figure[k] = figure_

            gesture_result = detect_hands_gesture(figure)
            cv2.putText(frame, f"{gesture_result}", (30, 60), cv2.FONT_HERSHEY_COMPLEX, 1, (255, 0, 0), 5)
        return [frame, gesture_result]
    else:
        return [frame, '']


def detect():
    cap = cv2.VideoCapture(0)   # 接入方案1:摄像头(注意修改cap设备的编号)
    # 加载手态检测函数
    global file_f
    while True:
        ret, frame = cap.read()
        [frame, s] = detect2(frame)
        cv2.imshow('Gesture Detect', frame)
        cv2.moveWindow("Gesture Detect", 100, 100)

        if cv2.waitKey(1) == ord('q'):
            break

    cap.release()
    cv2.destroyAllWindows()


if __name__ == '__main__':
    detect()
```

图 5-38 完整代码程序(续)

运行程序后,效果如图 5-39~图 5-43 所示。

图 5-39 手势识别 1

图 5-40　手势识别 2

图 5-41　手势识别 3

图 5-42　手势识别 4

图 5-43　手势识别 5

子任务 3　手势交互系统的固件烧入和测试

任务要求：本任务主要基于 Python 编写代码，实现座舱手势交互识别功能，当驾驶员做规定的手势时，可以开启车窗或者刮水器。

前期准备

1）设备准备：同学习任务 2 子任务 2 语音交互系统的调试。
2）工具准备：同学习任务 2 子任务 2 语音交互系统的调试。
3）教学车检查：同学习任务 2 子任务 2 语音交互系统的调试。
4）教学车和台架互联：同学习任务 2 子任务 2 语音交互系统的调试。

任务实操

步骤	具体内容	图示及备注
1	起动车辆。踩住制动踏板，给车辆上电；车辆 READY 上电，仪表 READY 灯点亮，且档位处于 P 档	

（续）

步骤	具体内容	图示及备注
2	启动台架和计算机	
3	打开手势交互系统代码文件	在"桌面/E300/task2"文件夹中，右键单击 handDemo.py 手势交互系统代码文件，用 Visual Studio Code 软件打开，进入代码编写界面
4	按要求编写代码。完成代码编写后，按〈Ctrl+S〉键保存，然后关闭文件	见子任务2
5	在台架上进行手势交互系统功能调试	（1）打开台架计算机，打开程序中 Anaconda Prompt 软件 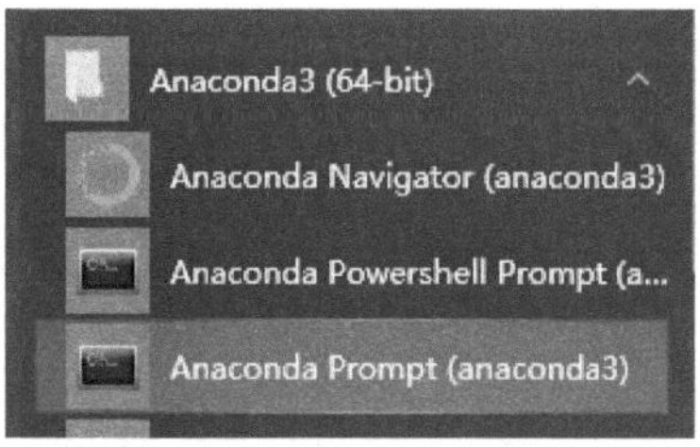
		（2）输入以下命令并按〈Enter〉键，进入手势交互系统专用虚拟环境 *conda activate mediapipe* 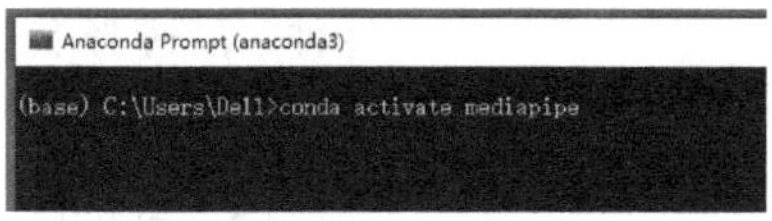
		（3）输入以下命令并按〈Enter〉键，进入手势交互系统项目文件夹 Cd C:\Users\Dell\Desktop\E300\task2 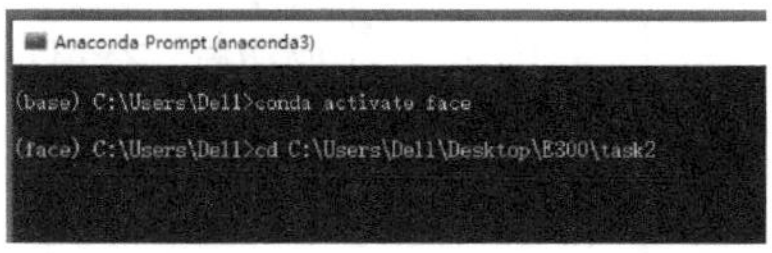
		（4）输入以下命令并按〈Enter〉键，用于运行手势交互系统 handMain.py 主程序。运行系统后弹出摄像头录制的实时画面 *Python handMain.py* 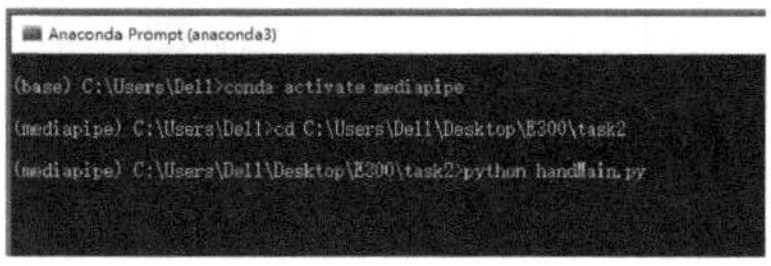
		（5）将手放在摄像头前，根据要求做出相应手势。在软件窗口上会捕捉到手势及关节，并显示手势含义，说明在台架上手势识别功能调试成功。调试时需脱下工作手套，调试完成后必须戴回工作手套准备拆卸 （6）调试完成后，按〈q〉键（注意需要切换为英文输入法）关闭 Anaconda Prompt 软件 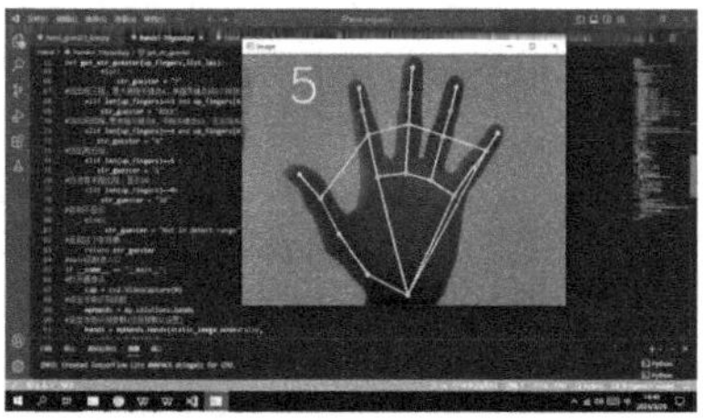

(续)

步骤		具体内容	图示及备注
6	在教学车上进行手势交互系统的固件烧入	（1）在车辆上安装摄像头。具体见学习任务2子任务3摄像头的拆装与标定。可关闭计算机和台架，把在台架上摄像头拆卸下来，然后再在车辆上安装摄像头	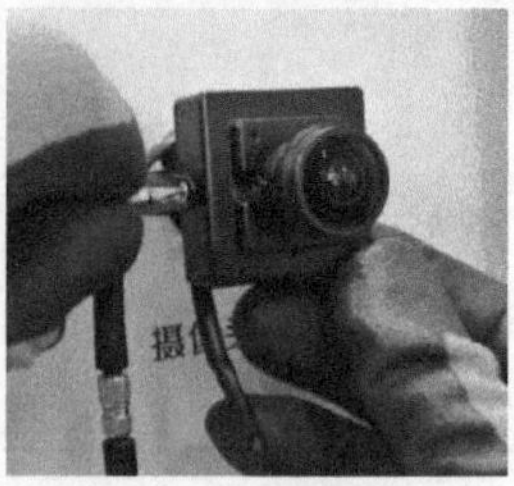
		（2）打开智能座舱系统测试软件。在"智能座舱系统测试软件"上，单击"设置"图标 ，单击SSH进入程序迁移界面	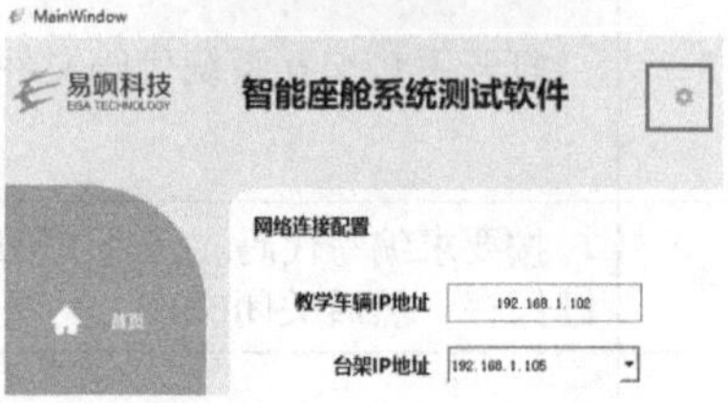
		（3）设置并连接网络。IP输入"192.168.1.102"，Name输入"e300"，Password输入小写root，单击"连接"按钮连接台架和车辆	
		（4）发送文件。单击"选择文件"，选择代码文件config.json、手势识别的代码文件handMain.py，（以上文件的路径都是：桌面/E300/task2，可以同时选择全部文件），再单击"发送任务二文件"，发送成功后，在窗口显示"发送成功"	
7	在教学车上进行手势交互系统的功能测试	（1）在车辆中控屏左下角单击小车图标 ，再单击"系统设置"	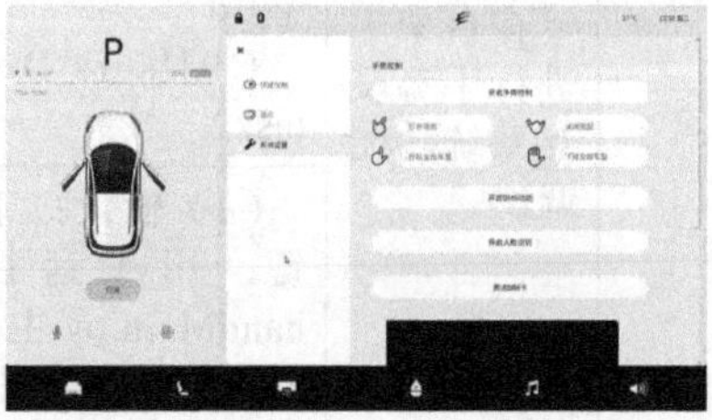
		（2）在车辆中控屏上单击"开启手势控制"
（3）脱下工作手套，在摄像头检测区域内，做规定手势，开启刮水器，然后再做规定手势，关闭刮水器
（4）同样的方法测试车窗的手势控制。测试完成后必须戴回工作手套。（注意车窗控制时要完全打开和关闭）
（5）单击"关闭手势控制"。刮水器和车窗控制顺利，说明手势控制测试成功	

（续）

步骤	具体内容	图示及备注
8	关闭台架和车辆 （1）测试完成后，在台架上一键还原车辆和台架 （2）关闭测试软件 （3）关闭智能座舱测试装调台架上的计算机 （4）关闭智能座舱测试装调台架电源开关并拔出电源线 （5）关闭车辆 （6）拆卸连接车辆和台架的联机通信线	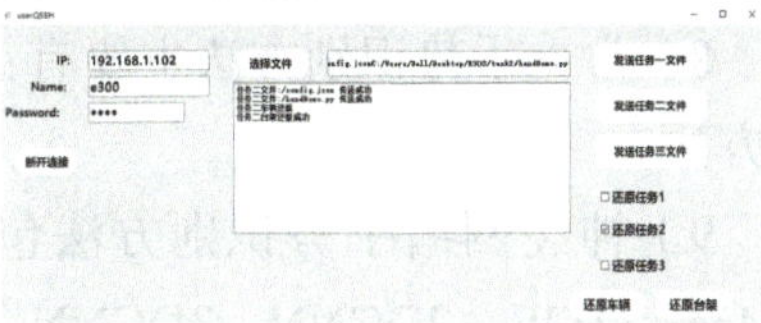
9	6S 整理 （1）清洁整理触控笔 （2）清洁整理线束 （3）清洁工具 （4）清洁整理工作台 （5）回收座椅、地板、方向盘、变速杆四件套 （6）清洁整理车辆和台架 （7）卸下并整理安全帽和工作手套 （8）回收安全警示牌 （9）离场并恢复围挡	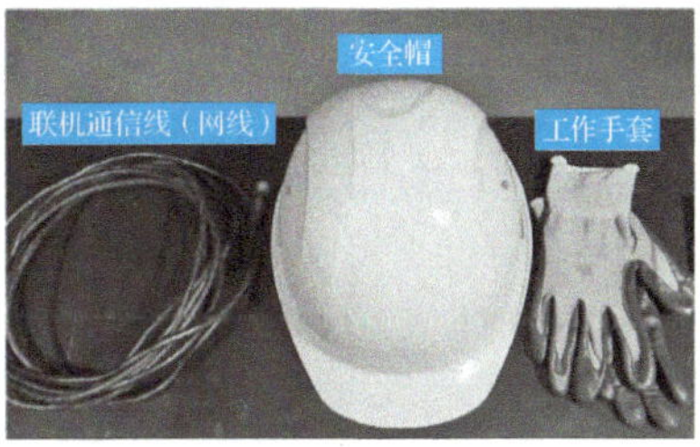

★视频 7：手势识别系统的调试与测试

> ⏳ 注意
> 在手势交互系统编程和台架及教学车调试过程，可两两分组或四个同学为一组，锻炼自主学习能力和团队精神。

任务小结

1）基于运动特点分类，手势分为静态手势和动态手势。

2）手势获取技术包括基于视觉传感器技术和基于可穿戴智能设备两类。

3）手势识别技术工作流程包括：图像获取、手部检测定位、手势分割、手势分析、手势识别。

4）手势交互系统手势识别的核心技术为手势分割、手势分析（特征提取和分析）以及手势识别。

5）手势检测分割常用方法包括基于肤色的手势分割方法、基于边缘轮廓的手势分割方法、基于运动的分割方法、基于深度学习的手势分割方法等。

6）常用的手势特征有：轮廓、边缘、图像矩、图像特征向量以及区域直方图特征等。

7）手势识别分为静态手势识别和动态手势识别。前者算法简单，更容易实现。

8）常见手势识别方法主要有：模板匹配技术方法、统计分析技术方法、神经网络技术方法。

9）神经网络手势识别方法包括机器学习和深度学习算法，比较典型的算法包括：HMM、DTW、2DCNN、3DCNN 等。

10）MediaPipe 库应用到手势识别算法中 solutions.hands 函数，有 21 个手部关键点。

任务工单

一、判断题

1. 手势识别可以来自人身体各部位的运动,但一般是指脸部和手的运动。（   ）
2. 基于立体视觉的手势分割需要建立大量的手势库。（   ）
3. 动态的手势识别不需要进行图像的获取、手的检测和分割手势的分析。（   ）
4. 静态手势识别最终可转化为动态手势识别。（   ）
5. 在每次使用手势识别功能时,都需要打开摄像头,容易受到光线的影响。（   ）

二、不定项选择题

1. 手势识别的核心技术分为（   ）。
   A. 手势分析　　　　　　　　　　B. 手势预处理
   C. 手势分割　　　　　　　　　　D. 手势识别
2. 目前最常用的手势分割法主要包括（   ）。
   A. 基于单目视觉的手势分割　　　B. 基于质心手指等多特征结合法
   C. 基于边缘轮廓提取法的手势分割　D. 基于立体视觉的手势分割
3. 常见的手势分析的主要方法有（   ）。
   A. 边缘轮廓提取法　　　　　　　B. 立体视觉提取法
   C. 质心手指等多特征结合法　　　D. 指关节式跟踪法
4. 以下哪个是手势识别系统的优点（   ）。
   A. 非接触性　　　　　　　　　　B. 技术性低
   C. 可操作性高　　　　　　　　　D. 安全性高
5. 以下哪个是手势识别系统的缺点（   ）。
   A. 功耗较高　　　　　　　　　　B. 易受光线影响
   C. 准确率低　　　　　　　　　　D. 手势的多义性

三、简答题

1. 简述手势识别的定义?
   答:

2. 介绍下手势交互系统的优缺点？
答：

四、实操题

根据子任务 1~3 所学的知识，编制一个手势交互系统，要求能识别阿拉伯数字 1~10。

学习任务 6
智能座舱显示触控系统的装调与测试

任务说明

【任务描述】

您知道汽车中控屏的发展史吗？进入到 21 世纪的今天，汽车智能座舱的显示触控系统已经发展出诸如仪表显示屏、中控屏、HUD、前排驾乘人员屏、二排扶手屏、后排娱乐屏等一系列产品。其中，中控屏和仪表屏是座舱内配备率最高的两块屏，中控屏已经是新能源座舱的标配；仪表屏通常会根据自动驾驶能力及产品市场定位来决策配置和尺寸。若您作为一名新能源汽车售后服务人员，会给新能源汽车座舱装调和测试触控屏吗？您会给传统汽车加装 HUD 吗？

【任务育人目标】

知识目标：
1）能简述手势交互系统的定义。
2）能简述物理按键变为触控按键给用户带来了什么变化。
3）能概述触控式交互系统的基本结构原理。
4）能简述触控式交互系统的接口定义。
5）能概述 HUD 在基本结构和工作原理。
6）能概述并掌握 C-HUD、W-HUD、AR-HUD 的区别和应用。

技能目标：
1）能概述一芯多屏技术的应用。
2）能够独立完成触控式交互系统的工具准备、安装、装调、测试、拆卸。
3）能够独立完成 HUD 工具准备、安装、装调、测试、拆卸。

素养目标：
1）培养民族自信心和爱国主义情操。
2）拓宽动手能力和实践精神。
3）培养团队合作精神。

【任务接受】

通过座舱显示触控系统背后的 MCU 模块（微控制单元），了解芯片先进制程工艺的发展对汽车电子市场的促进。介绍美国对中国的芯片出口限制案例，虽然短期对华为等 OEM 厂商有负面影响，但却间接带动了"国产替代"热，为国内 MCU 厂商创造了大好商机，是爱国、敬业、创新能力重要思政素材。通过介绍高利润、高附加值、核心技术的车用 MCU 基本被国外垄断现状，培养敬业、创新、自强的社会主义价值观。

知识准备

一、汽车显示触控系统的定义

汽车中显示触控系统是指安装在汽车仪表盘、座椅、前风窗玻璃及车窗玻璃上等人眼可及位置上的各类带显示、触控功能的屏幕，用于显示车辆信息、娱乐、办公、导航等内容，部分智能驾驶车辆的显示触控系统会组合有智能驾驶功能。随着汽车科技的不断发展，车载屏的功能和尺寸也在不断提升，成为现代汽车的重要组成部分。显示触控系统包括各类车载显示屏，如仪表屏幕、中控屏幕、前排驾乘人员屏、二排扶手屏、后排娱乐屏，及目前越来越多高端车辆选择配置的 HUD 系统（图 6-1），未来汽车还会诞生的应用于车窗玻璃上的触控显示屏等新技术。

图 6-1 HUD 和智能驾驶的结合

二、汽车显示触控系统的发展史

汽车显示触控系统主要包括汽车仪表盘显示屏、中控屏和各类车载屏，汽车仪表盘显示屏、中控屏的发展史是汽车科技发展史的一个缩影。汽车显示触控系统从最开始只能显示基本的车辆信息，如车速、油量、水和后来的简单导航，到目前智能网联、人机互动（HMI，Human Machine Interface），其发展大致经历了以下几个阶段。

1. 早期的机电液操纵控制的显示中控屏

汽车仪表是驾驶员与汽车进行信息交流的重要接口，早在二十世纪四五十年代，代表欧洲和美洲两大内饰设计先锋的分别是奔驰和凯迪拉克。此时汽车中控台已经足够完整，覆盖了仪表盘、收音机及空调。这个时期仪表盘为机械芯仪表，一般包含了车速里程表、转速表、机油压力表、冷却液温度表、燃油表、充电表等，并配置了诸多机械物流触控按键。初期的汽车仪表盘主要是传统的热式和动磁式，显示的信息极为有限。图 6-2 所示是奔驰早期汽车机电液操纵控制的中控显示屏。

图 6-2　早期汽车机电液操纵控制中控显示屏

2. 电子式仪表盘阶段

随着民用电子技术的发展，20 世纪 80 年代汽车率先提出电气化概念，汽车显示触控系统进入了电子式仪表盘阶段。从真空荧光显示屏（VFD），发展到液晶显示屏（LED）及小尺寸薄膜晶体管显示器（TFT），显示屏显示的信息越来越清晰、快捷。目前电气式仪表的市场保有量最大，且一般采用机械仪表结合数字仪表的方式。例如，车速、转速信息采用指针，指示灯信息采用 LED 等点亮，其他信息则采用 TFT 屏，如图 6-3 所示。

图 6-3　目前市场保有量最高的液晶仪表显示屏

3. 数字化仪表阶段

汽车仪表盘领域在不断追求更新，于是划时代的全数字液晶仪表盘孕育而生，即所谓的"虚拟仪表盘"。全数字汽车仪表盘使用一整块液晶屏取代了传统的指针和刻度表，所有信息都通过这块屏幕显示出来，如图 6-4 所示。这类仪表盘上往往没有指针等部件，所有信息都通过屏幕传递出来。全液晶仪表显示触控系统功能更强大，信息显示更具逻辑性，驾驶者接受信息更快，提升了行车安全性。

（1）集成信息丰富　全数字液晶仪表盘可以通过开发者自定义显示车辆信息内容，尤其是新能源汽车，可以显示车子当前的驾驶模式、能量回收系统情况、车子剩余电量并能导航等。

（2）表盘模式可切换，反应速度快　显示模式可凭用户喜好自由切换，可选择性也高，响应速度快。

（3）与智能驾驶相结合，提高车辆与外界环境交互能力　摄像头可以把收集到的周围环境的信息在液晶仪表盘上显示，提高驾驶员对周围环境的感知能力。同时和智能驾驶相结合，提升了车辆的行车安全性，如图 6-5 所示。

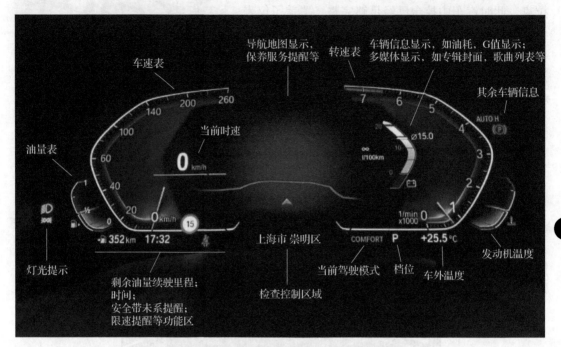

图 6-4　宝马汽车上的全数字液晶仪表盘

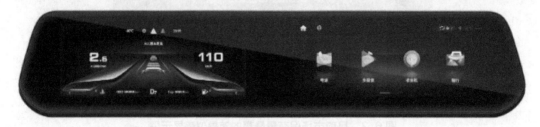

图 6-5　双联全数字液晶仪表盘

2007 年 iPhone 问世后，其大屏、轻薄机身、高清显示屏、可安装应用等功能引领了整个行业的革命。电动汽车行业飞速发展，智能 AI 和人机互联等人车交互概念也跟着兴起，对于中控台的需求和功能复杂度也跟着越发精细起来，结果就是屏幕越来越大，功能越来越强。

2013 年上市的特斯拉 Model S，座舱里最惊艳的就是那块 17in 的大屏，它的存在让实体按键全部失去意义。超高的分辨率、流畅的操作和漂亮的 UI 设计，让很多汽车消费者疯狂。就像苹果手机颠覆了传统手机行业，特斯拉也颠覆了传统汽车行业，重新定义了汽车座舱显示触控系统。

Model S 直接将一台 17in 的触控式平板搬进了汽车座舱，如图 6-6 所示。特斯拉中控大屏的引进，取消了传统的驾驶员前方的数据仪表盘，颠覆了传统汽车仪表显示屏的设计。特斯拉座舱中控大屏集成了车辆行驶参数信息显示、导航系统、信息娱乐控制、车辆控制、电话通信、甚至包括车辆使用说明书等。从此，汽车触控显示系统进入了大屏时代，传统的机械按键触控显示系统逐渐被历史淘汰。

图 6-6 划时代的 Model S 车载触控大屏

4. HUD 显示屏阶段

HUD（Head Up Display）是抬头显示的英文缩写，HUD 系统的工作原理是将驾驶信息包括当前速度、导航信息等，通过投影技术投射在驾驶员前方风窗玻璃上的全息半镜上，使驾驶员不必低头就能看清重要的信息，如图 6-7 所示。HUD 作为一种高级驾驶辅助系统，随着光学和显示技术的发展，已经逐渐成为汽车行业的一个热点，并与智能驾驶紧密结合在一起，是未来汽车座舱显示系统的发展方向。

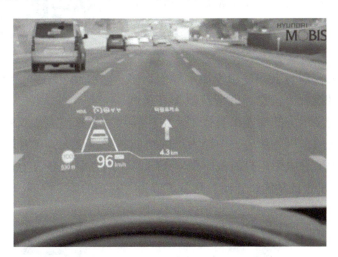

图 6-7 HUD 高级驾驶辅助显示系统

三、显示触控屏在汽车上的分类

2023 年新能源汽车在我国的产销分别完成了 958.7 万辆和 949.5 万辆，新能源汽车销量达到汽车新车总销量的 31.6%。伴随而来的是，汽车中显示屏越来越多，越来越重要，汽车内部的显示触控系统已经成为汽车科技创新和用户体验提升的重要手段之一。常见的车载显示触控屏幕如下。

1. 仪表盘显示屏

位于驾驶员面前的仪表盘上，用于显示车速、转速、油量、冷却液温度、故障报警等车辆信息，如图 6-8 所示。新能源汽车添加了显示剩余电量、续驶里程、最近的充电站位置等信息，如图 6-9 所示。现代汽车把导航系统、接打电话、语音提示等也放在了仪表盘显示区域。

图 6-8 带导航显示的传统汽车的仪表盘显示屏

图 6-9 小鹏 P7 仪表盘显示屏

部分车型借鉴 F1 赛车的设计方案，将仪表显示屏放置在方向盘上，如拜腾汽车的方向盘显示触控屏（图 6-10）。如此设计方案会让屏幕跟着方向盘转，并不方便驾驶员实时观察车辆信息，不利于行车安全。

2. 中控屏

位于车辆中央控制台上，多用于显示导航、多媒体、空调、车辆设置等信息，特斯拉汽车直接利

图 6-10 拜腾汽车的方向盘显示触控屏

用中控大屏把仪表显示屏的功能给替代了。中控屏尺寸越来越大，双联屏、三联屏越来越普遍。搭载最新的车机芯片后，中控大屏的功能越来越强大，大有取代仪表显示屏的趋势。利用中控大屏看电影、打游戏（图 6-11）、车内办公已经成为现实，中控大屏已经具备手机屏幕和平板的功能，让座舱具备了成为"移动的第三空间"的可能。

图 6-11 驾乘人员使用特斯拉中控屏进行游戏

3. 前排驾乘人员屏

顾名思义，位于前排驾乘人员前方的屏幕称为前排驾乘人员屏，多用于显示与驾驶无关的信息，如游戏、视频娱乐、聊天、办公等多媒体信息。在汽车向着智能化和电动

化转型过程中,前排驾乘人员屏的车型种类和数量在过去的一年里都有了显著增加,尤其是国产新能源车型几乎都配备了前排驾乘人员屏。

一般新能源汽车是将中控屏和前排驾乘人员屏幕做成双联屏;或者将仪表显示屏、中控屏、前排驾乘人员屏做成一个大的三联屏。例如,吉利控股集团与百度集团共同合作推出的高端智能汽车机器人品牌——极越旗下的首款车型极越01车型,把仪表显示屏、中控屏、前排驾乘人员屏做成一体,仪表屏显示与车辆和驾驶直接相关信息,中控屏显示导航信息,前排驾乘人员屏显示娱乐办公信息,如图6-12所示。

前排驾乘人员屏除了使采用联屏的车型变多之外,也有一些车型选择在前排驾乘人员屏的位置上进行一些拓展。例如,长安汽车深蓝S7就将前排驾乘人员屏集成到了遮阳板里,做成了一块名副其实的前排驾乘人员娱乐屏,如图6-13所示。把前排驾乘人员屏和遮阳板做成一体,一方面可以提升前排驾乘人员在零重力模式下的观影体验,另一方面也很好地解决了前排驾乘人员屏的碰撞安全问题。

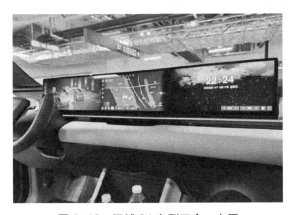

图6-12 极越01车型三合一大屏

图6-13 长安深蓝S7副驾屏

4. 扶手屏

扶手屏,是车内中央扶手位置处的一块小屏幕,用来操控座椅位置、后排液晶屏的娱乐功能、车门天窗等车身附件、空调或者小冰箱的温度控制等。大部分扶手屏是二排或者中排扶手屏,主要方便商务车上第二排尊贵乘员对整车舒适性的调控,多配置在高端商务车上,图6-14所示是腾势D9商务车中排扶手屏。配置中排扶手屏的车型包括奔驰V260商务车、红旗HQ9等高端商务MPV车型。

图6-14 腾势D9中排扶手屏

也有极少部分车型在前排和后排中央扶手处增加扶手屏的。例如,东风岚图品牌旗下的追光车型,在前排中央扶手位置有一块9in的空调控制触控屏,如图6-15所示;同时,该车型还在后排中央扶手处增加了一块屏幕,用于控制后排空调和座椅等,如图6-16所示;红旗E-HS9丝路敦煌艺术版在后排扶手处增加了一块后排娱乐屏,如图6-17所示。

图 6-15　岚图追光前排中央扶手屏　　　　图 6-16　岚图追光后排中央扶手屏

图 6-17　红旗 E-HS9 后排中央扶手屏

5. 后排多媒体屏

后排多媒体屏是指被布置在汽车后排靠背上的多媒体屏幕，主要作用是为后排乘员提供影音娱乐、办公学习等功能。后排乘员不仅可以自行选择音乐、视屏等影音内容，还可以控制整车的音量、选曲、频道等项目，是一项增强后排乘员体验的配置。越来越多的新能源汽车车型都配备了后排娱乐屏，尤其是商务出行车辆。根据安装方式的不同，后排多媒体屏幕可以分为固定式和折叠式两种。

（1）固定式后排多媒体屏幕　固定式后排多媒体屏幕一般应用于一些大尺寸的 MPV 车型中，例如，雷克萨斯 LM、广汽传祺 M8 四座御尊版等车型都配备了固定式的后排多媒体屏幕。这些主打商务属性的四座 MPV 车型以第二排为核心，车内功能以照顾第二排乘员为主。在这些车型上配备了固定式后排多媒体屏幕，再配合上与前排相对隔绝的后排空间，可打造出类似剧院的后排空间。简单来说，这种形式的后排多媒体屏幕就是将电视、音响系统搬到了汽车后排，坐在后排就跟在客厅一样。如图 6-18 所示。

图 6-18　固定式后排娱乐屏

（2）折叠式后排多媒体屏幕 折叠式后排多媒体屏幕一般会被安装在车顶上，因此又常常被业内人士称为"吸顶屏"。在不需要使用时，可将屏幕收纳于车顶。以理想L9为例，理想L9在后排配备了一块15.7in的OLED显示屏，分辨率达到了3K水平（图6-19）。除了可以与前排屏幕进行联动，支持常规的视频播放、音乐播放等功能，理想L9这块屏幕还可以通过一根数据线与Switch连接投屏，可在车内直接玩大型游戏。

图6-19　理想L9的可折叠吸顶屏

6. 顶篷显示屏

利用建筑物天花板进行LED投影的显示屏，称为"LED天幕显示屏"。它是一种特殊的LED显示屏，通常用于覆盖天花板或悬挂在高处，以显示各种信息、图像和视频内容。LED天幕显示屏通常安装在商业建筑、购物中心、展览中心、机场、车站、体育馆和其他大型公共场所的天花板上，以提供引人注目的视觉效果和信息传达，如图6-20所示。将汽车顶篷或者天窗改造成显示屏，需要对汽车天窗玻璃进行特殊改造，目前还没有量产车型投入使用。

京东方作为全球半导体显示产品龙头企业，其发明的一款汽车天窗看似与普通天窗无异，随着手指轻触表面前后滑动，天窗会发生明暗变化，此时窗外景色不见了，而是变成了一块显示屏，显示时间、温度等内容。图6-21所示是京东方智慧视窗解决方案，使用的智能调光车窗采用染料液晶技术控制光线透过率，可实现整面或分区调光，通过触控和按键方式即可调节，为人车交互带来了更好的体验。

图6-20　LED天幕显示屏

图6-21　京东方提供的汽车天窗顶篷显示屏解决方案

7. 车窗玻璃显示触控屏

智能车窗（又称"智能玻璃"）是智能汽车创新的热门元素。智能玻璃显示有PDLC、智能显示玻璃、抬头显示玻璃（HUD）、OLED等多种产品。其中PDLC通过通电控制玻璃内层可调光膜的状态，在透光和不透光间进行调节，隐私保障性强；智能显示玻璃可将信息显示在玻璃上，也可作为幕布显示图像或影片；抬头显示玻璃更为普及，不少量产车的车身上都搭载了抬头显示技术，将导航、车载音乐、安全系统等信息，直接投射到风窗玻璃上；OLED（Organic Light-Emitting Diode），有机发光二极管，又称为有机电激光显示、有机发光半导体，是指有机半导体材料和发光材料在电场驱动下，通过载流子注入和复合导致发光的现象。OLED显示屏比LCD（Liquid Crystal Display，液晶显示屏）更轻薄，并且亮度高、功耗低、响应快、清晰度高、柔性好、发光效率高。

随着汽车座舱智能化概念升温，商业巨头们纷纷押注智能车窗，将车窗玻璃变为移动显示器的智能玻璃，已经使其成为了一种重要的车载信息媒介，智能玻璃具有可调光、高通透、保护隐私、快速响应、智能交互等优势，可应用于轨道交通、乘用车等领域。图6-22所示是北京地铁6号线智能车窗显示触控玻璃。

我国面板巨头京东方（BOE）创新研发出一款柔性透明OLED交互炫窗，并在2022年亮相于国际显示周展览中心，如图6-23所示。该产品采用业内领先的透明OLED显示技术，屏幕尺寸为12.5in，显示透过率高达45%，支持乘用车侧窗前装及后装集成，并且还支持绘画涂鸦、导航定位、查询天气、拍照等系统功能拓展。对智慧车窗重新定义，使人车交互的内涵更加丰富。因为技术原因，目前侧窗玻璃作为显示触控屏，还未应用到量产车上。

图6-22 北京地铁6号线车窗变成"魔窗"　　图6-23 京东方（BOE）的汽车侧窗玻璃触控显示屏方案

8. HUD

HUD最早是应用在飞机上，如图6-24所示。早在1960年，HUD就在美国海军的A-5舰载机上成功运用。在飞机上称为平视显示系统，飞机的飞行参数、姿态信息、导航信息等都可投射到飞行员视野正前方的透视镜上，飞行员在不低头的情况下，可以兼顾仪

图6-24 飞机驾驶舱HUD投影技术

表参数和外界目视参照物，减少飞行员低头看仪表的频次，从而提高飞行安全。

与HUD应用于民航飞机的时间差不多，20世纪80年代，通用汽车在收购航天和国防制造公司Hughes Aircraft后，开始将HUD技术应用在汽车上。1988年，通用汽车在旗下某款汽车上应用了HUD，是世界上首款采用HUD技术的汽车，如图6-25所示。最初的汽车HUD系统显示的信息有限并且颜色单一。采用的是战斗机淘汰下来的技术，就如同一个数字闹钟一样，整体的效果一般，但是将这种技术首次应用在汽车上，在当时还是令人们惊艳不已。

随着科技的进步，汽车工业也在飞速前进，进入21世纪的今天，越来越多的新车开始配备HUD技术。2022年6月，理想汽车发布的L9，取消了仪表显示屏，取而代之的是抬头显示系统HUD，如图6-26所示。

图6-25 汽车驾驶舱首次使用HUD投影技术

图6-26 理想汽车用HUD投影技术取代仪表盘

四、汽车显示屏的工作原理

显示技术可以实现将电信号转换为视觉信号的效果。目前显示技术已经完成从第一代的阴极射线显示技术（CRT）向平板显示技术（FPD）的升级。而平板显示技术（FPD）也拓展出液晶显示（LCD）、有机发光二极管显示（OLED）、Mini LED、发光二极管显示器（Micro OLED）等多条技术路线。

根据汽车屏幕显示技术工作原理，大概可以分为LCD、OLED、Mini LED、Micro OLED四种。

1. LCD

LCD是Liquid Crystal Display的简称，也是第二代显示技术的简称。LCD的构造是，在两片平行的玻璃当中放置液态的晶体材料，两片玻璃中间有许多垂直和水平的细小电线，通过电压来改变液晶材料内部分子的排列状况，通过遮光和透光的方式来显示深浅不一、错落有致的图像。而且只要在两块平板间加上三元色的滤光层，就可实现显示彩色图像。需要配备背光灯，通俗地讲，就是一个手电筒前面放着滤光片，RGB三原色凑齐就能显示画面。如图6-27所示为汽车LCD仪表盘。

LCD利用外部光源（背光模组），在外加电场的作用下，液晶偏转改变光的偏振方向，穿过彩色滤光片和偏光片，从而呈现单个像素的颜色。图6-28所示是未加电压和外加电压的LCD对比图。

图 6-27　汽车 LCD 仪表盘

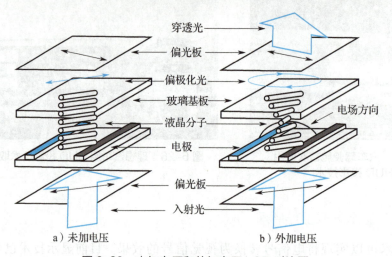

a）未加电压　　　　　　b）外加电压

图 6-28　未加电压和外加电压 LCD 对比图

与 CRT（阴极射线显像管，用于传统电视机显像）显示器相比，LCD 的优点主要包括零辐射、低功耗、散热小、体积小、图像还原精确、字符显示锐利等；LCD 的白色色彩相当细腻，无屏闪且能连续使用而不伤眼睛，但 LCD 也有缺点，主要有以下几条。

1）柔性差。全面屏最大的难题就是边框，LCD 柔性低注定与窄边框无缘；像无边框手机、显示器都纷纷采用 OLED；高端的曲面屏幕都注定和 LCD 无缘。

2）可视角度差。可视角度差意味着平看或者斜看会变暗，造成画面不清晰。这跟亮度关系不大，主要是由于屏幕材质不同及像素自发光问题导致。因此 LCD 屏不适合手机这类移动用户显示屏。

3）LCD 没有全黑背景，仍然是靠像素变成黑色来显示。相比之下，OLED 可以熄灭像素光，做到更省电的纯粹纯黑。

车载显示屏一般要求能够防潮、防尘、防眩光、阳光下可见、耐高温及低温等，因此，LCD 车载液晶显示屏通常采用宽温、防眩光、高亮、电容触控等 LCD 技术，车载显示屏绝大多数采用的是 TFT LCD（Thin FilmTransistor，薄膜晶体管）液晶屏技术，这种设备每个液晶像素点都由集成在像素点后面的薄膜晶体管来驱动，从而可以做到高速度、高亮度、高对比度显示屏幕信息，是最好的 LCD 彩色显示设备之一，是车载显示屏的主流显示设备。

2. OLED

是 Organic Light-Emitting Diode 的缩写，即有机电激光显示、有机发光半导体。OLED 属于一种电流型的有机发光器件，是通过载流子的注入和复合而导致发光的，发光强度与注入的电流成正比。

OLED 被称之为第三代显示技术，其发光原理是基于 PN 半导体结的基本原理。在施加外加电场的情况下，电子和空穴分别从阴极和阳极注入，然后在有机层内传输并在发光层内复合。当二者在发光层相遇时，产生能量激子，从而激发发光分子最终产生可见光。如图 6-29 所示，①载流子注入、②载流子传输、③载流子复合、④激子光辐射跃迁发光。

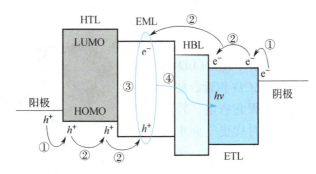

图 6-29 OLED 发光原理

OLED 屏相比于 LCD 屏的优点包括：

（1）对比度高　对比度，即图像明暗部分之间的差异。OLED 屏幕的对比度非常高，因为每个像素可以独立控制其亮度，使得黑色更加深沉。

（2）响应速度快　OLED 屏幕的响应速度非常快，对于高速运动的图像不会出现模糊或拖影现象。

（3）自发光原理带来更纯净的颜色　OLED 屏幕由于自发光原理，可以实现更为纯净的颜色表现，提供更高画质与更大的动态范围。由于自体发光特性，它不需要背光元件（BLU，Back Light Unit），在显示暗部时，能够细腻地关闭像素，达到省电效果。

（4）厚度薄　由于 OLED 屏幕的结构相对简单，因此相对于 LCD 屏幕更薄。

OLED 屏相相对 LCD 屏，也有以下这些不足之处。

（1）亮度低　相对于 LCD 屏幕而言，OLED 屏幕的亮度较低，尤其是在明亮的环境下使用时，可能会感觉太暗。显示器的亮度对在车内使用至关重要，尤其是当阳光照射到显示器上时。车用显示器对于多样化环境光源的要求更高，因此最大亮度是必要条件。

（2）使用寿命相对较短　虽然 OLED 屏幕的使用寿命比早期的版本有所提高，但相对于 LCD 屏幕而言仍然较短。OLED 的优势更多应用在手机等上面，如现在的苹果、三星、华为、小米等均在使用。由于手机基本一两年就更换，使用寿命这个缺点就可以忽略了。和其他电子产品相比，车用显示器需要更长的使用寿命，如果一辆车 3~5 年就需要更换屏幕，用户是不能接受的。因此，车用 OLED 屏需要提高其使用寿命。

（3）图像残留或烧屏问题　由于 OLED 屏幕的每个像素的使用寿命不同，可能会导致某些像素提前老化，出现烧屏现象，也就是俗称的"鬼影"。OLED 长时间显示同一静态图像，会导致该区域的有机发光材料老化不均匀，也会导致图像残留或烧屏现象。

（4）成本问题　OLED 屏成本较 LCD 屏高。事实上，和目前所有显示技术相比，TFT LCD 的成本都是最低的。

LCD 和 OLED 各有优缺点，在选择使用哪种屏幕时，需要根据实际的应用需求和使用环境来确定。例如，如果需要更高的亮度和色彩准确性，可以选择 LCD 屏幕；如果需要更高的对比度和响应速度，可以选择 OLED 屏幕。目前车用显示器市场由 TFT LCD 主导，但 OLED 也在强势崛起之中，车用 OLED 面板出货量预计将从 2023 年的 148 万片增长到 2025 年的 400 万片，2027 年超过 900 万片。

OLED 除了画质更好以外，OLED 面板因为不需要 BLU，整体设计可以更轻薄，更适合多种"弹性"造型，包括曲面屏幕，以及未来车内越来越多不同位置的显示器。随着车用 OLED 的技术不断进化，最大亮度已经与 LCD 相近，使用寿命差距也在逐渐缩小，这将使得它省电、轻薄、更多可塑性的优势，在电动车时代更受到重视。目前越来越多高端车型在使用 OLED 屏，例如：蔚来 ET5、奔驰 EQS、理想 L9 和极氪 001 等高端电动车，如图 6-30 所示。

图 6-30　奔驰 EQS 的 OLED 仪表显示屏、中控屏、副驾屏

3. Mini LED

Mini LED 技术是第二代显示技术 LCD 的升级版本，本质上还是 LCD 技术，可视为由 LCD 向 OLED 过渡性的产品。Mini LED 将传统 LCD 背光模组的 LED 灯珠缩小，通过减小 LED 的尺寸，可以在相同的空间内安装更多的 LED。根据屏幕大小，一个显示器上可能包含数百、数千甚至数十万个 LED。更多的 LED 意味着可以创建更多的调光区域，更多的调光区域有助于更好地控制对比度、黑色级别和光晕（图像中明亮光源周围出现的光晕），从而实现更为精细和密集的背光分区，更高的亮度和对比度。和 OLED 相比，Mini LED 没有"烧屏"的缺点，并且具备成本优势。Mini LED 使用微小的 LED 灯，尺寸以微米计，从而无需 LCD、OLED 显示器中的背光和滤光片，可以实现更薄的设计。简单地说，Mini LED 兼具 LCD 和 OLED 的优点，但本质上是 LCD 技术，也保留了 LCD 的几项缺点。

（1）光晕问题　由于显示器上明亮部分的光线会影响并且泛光到其他显示暗部，这会使得明亮物体出现一圈光晕。光晕太大不利于实现分区控光的目的，最终影响到画质效果，亮处图像周围有一圈看起来漏光的东西，如图 6-31 所示。

（2）柔性问题　同 LCD 一样，不适合曲面屏。厚度可比 LCD 有所改善，但不如 OLED 屏。

（3）响应问题 响应速度依旧不如 OLED。

图 6-31 Mini LED 屏上出现的光晕问题

Mini LED 弥补了 OLED 易烧屏的缺点，并兼备了 LCD 和 OLED 的多种优势，包括超高亮度、超高对比度、超高色域、超长使用寿命等。而效果更好的 Micro OLED 则成本过高，Mini LED 由此备受青睐。虽然 Mini LED 目前更多应用在大尺寸的电视、显示屏上，但在车载显示领域，Mini LED 近期增长强劲。多家面板制造龙头公司预计，随着新能源汽车对智能座舱的需求提升，车载 Mini LED 渗透率将持续提高。2022 年 Mini LED 背光车载显示屏出货量超过了 12.5 万片，2023 年出货量超过 50 万片，2024 年车用 Mini LED 背光显示器出货量正在不断增加，预计超过 130 万片。车载市场对前沿显示技术需求巨大，Mini LED 将迎来广阔的发展空间。

市场对 OLED 显示面板的需求正在推高对 Mini LED 背光液晶显示面板的需求。众多汽车厂商均纷纷配备基于 Mini LED 背光技术的 OLED 显示面板，背后原因在于 OLED 的亮度和使用寿命仍存不足，且大尺寸 OLED 面板的价格依然居高不下。目前量产车型中，Mini LED 屏多用于中高档车型。例如，理想 L7、L9 使用 Mini LED 作为方向盘交互屏（图 6-22）；BMW、Mercedes-Benz、Volvo、蔚来（NIO）、荣威、理想等都积极进入 Mini LED 背光车用显示市场，仰望 U8、理想 L7、飞凡 R7、理想 L9、蔚来 ET7 等车型均已应用 Mini LED 背光屏幕，见表 6-1。图 6-32 所示是 2024 年 3 月最新发布的小米 SU7 车型前排中控生态屏，尺寸达到了 16.1in，采用 TCL 华星提供的 Mini LED 背光屏幕。

图 6-32 SU7 采用 Mini LCD 的中控屏

车载 Mini LED 国产供应商包括京东方、TCL 华星、龙腾光电、华灿光电、聚飞光电、瑞丰光电、晶科电子、晶台光电、隆利科技、三安光电、翰博高新、乾照光电、聚灿光电等，见表 6-1。国产面板厂商积极布局车载 Mini LED 业务，争先进入利润较高的车规级产品市场。

表 6-1 Mini LED 屏在量产车上的应用

车型	上市时间	Mini LED 屏的供应商及应用
蔚来 ET7	2021 年 1 月	京东方 10.2in 背光数字仪表盘
奔驰 Vision EQXX	2022 年 1 月	TCL 华星 47.5in 横贯 A 柱显示屏
理想 L9	2022 年 6 月	聚飞光电公司安全驾驶交互屏
上汽荣威 RX5	2022 年 8 月	聚飞光电公司 27in 全景智能交互滑移屏幕
飞凡 R7	2022 年 9 月	京东方 12.3in 前排驾乘人员屏、10.25in 仪表屏
理想 L7	2023 年 2 月	聚飞光电公司安全驾驶交互屏
仰望 U8	2023 年 7 月	京东方 23.6in 仪表盘及前排驾乘人员屏
小米 SU7	2024 年 3 月	TCL 华星中控屏

4. Micro OLED

微型 OLED，是下一代 OLED 技术，原理上与 OLED 相近，都是基于有机发光二极管的技术，都是将发光二极管放置在每个像素点下方，每个像素都可以独立发光，拥有极高的对比度，宽广的色域和微秒级的响应速度。最大的区别在于 Micro，意味着像素更小，从而可以达到头显设备、AR（Augmented Reality，增强现实）和 VR（Virtual Reality，虚拟现实）设备、车载显示器和高分辨率可穿戴设备所需要的极高像素密度。OLED 最小像素间距是 44μm，而 Micro OLED 是 6.3μm，从而像素密度即每英寸像素量（ppi），Micro OLED 更高。

除了像素密度，响应时间也是 Micro OLED 的一大优势，因为它的结构紧凑、像素点小。简单来讲，响应时间就是屏幕上像素变化所需要的时间，时间长了就会出现拖影等影响观感的现象。常见的手机、显示器等大都在毫秒级，而 Micro OLED 是微秒级，就是这几个数量级的差距，决定了 VR 设备的沉浸感（图 6-33）。当用户戴着 VR 设备快速转动头部时，屏幕上的内容也应该同步变化，才符合人体的直觉，毫秒级的延迟大多数人感受不出，但是长期佩戴的话仍然会有一种视觉与体感不同步的失真感，而微秒级的延迟人体几乎无法感知。

图 6-33 Micro OLED 目前主要应用场景：可穿戴设备

苹果在 2023 年 6 月 6 日发布了一款令人惊艳的头显设备——Vision Pro（图 6-34），就采用了 Micro OLED 技术。其像素密度、刷频率、色彩、亮度、响应时间都达到了以假乱真"骗过人眼"的效果，可实现沉浸式的体验。

从理论上来看，Micro OLED 非常适合车载

图 6-34 苹果公司的头显设备 Vision Pro

HUD 设备和车载 AR/VR 显示技术（图 6-35），但是离普通消费者还有段距离，还面临着很多挑战和瓶颈。例如，苹果公司 Vision Pro 头显设备用的这两块 Micro OLED 来自索尼，物料成本就高达每块 350 美元，而其尺寸只有 1.42in，需要很多块才能拼出一块车载显示屏，价格昂贵；屏幕接缝、调校和控制也是一大难题。日本的索尼、韩国的三星、中国的京东方都在开发 Micro OLED 技术，力争实现元器件的量产，并期望在不远的将来实现其在量产车上的应用。

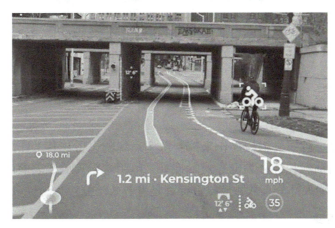

图 6-35　AR 技术让显示融入现实世界

扩展阅读

我国面板巨头京东方科技集团股份有限公司（BOE Technology Group Co., Ltd.）在欧美企业夹缝中异军突起，以其卓越的技术和领先的产能，在高端显示面板市场上杀出一条血路，已经成为全球第一大显示面板公司。京东方在全球市场占有率为 26.4%，这意味着每四块显示面板中，就有一块是由京东方提供的。这一成就不仅反映了京东方在显示面板制造领域的领先地位，也凸显了中国科技产业的崛起。

京东方不仅在 LCD 技术上保持着领先地位，还在柔性 OLED 领域取得了突破性的进展。此外，公司还积极探索量子点、柔性、透明等前沿显示技术，为全球消费者带来更加优质、创新的显示体验。除了技术上的优势，京东方还在产品线和产业链整合方面表现出色。公司涵盖了从玻璃基板到整机的全产业链布局，能够提供各类智能终端产品，如电视、计算机、手机、平板等。这种全产业链的优势使得京东方在产品品质和成本控制方面具有独特的优势。

京东方的发展带动了国内一大批自主企业向面板行业进军，涌现出华星光电、天马、惠科、中电熊猫、中电彩虹等国内知名企业，如图 6-36 所示。京东方作为中国半导体显示产业的翘楚，承载着国家产业变迁的历史进程。京东方人"自主创新、产业报国"的责任担当和"产业报国、强企富民"的发展理念值得所有民族企业学习。通过京东方的发展可以对中国工业体系的建设及发展有了更为形象的了解，并深刻理解科技创新和自主知识产权的重大意义，深刻筑牢文化自信自强的思想根基。

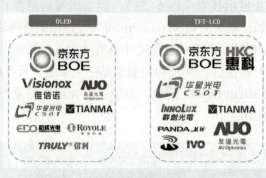

图6-36 中国面板行业企业名称

五、触控屏的工作原理

汽车触控屏是一种通过触控操作来控制汽车系统的设备,其工作原理主要基于电容式触控屏技术。目前触控屏分为电容式触控屏、电阻式触控屏、表面声波触控屏、红外线技术触控屏等。绝大部分车载触控显示屏都是电容式触控。

1. 电容基本原理

确定电容 C 的参数包括介电常数,正对面积和极板距离 d。不同的介质介电常数不同,如图6-37所示,可以看到玻璃的介电常数比塑料盖板的大。介电常数越小,电容变化量越小,支持介质厚度也越小,所以触控芯片支持的玻璃厚度最高可以达到 8~10mm,PMMA(有机玻璃)的厚度是 4~5mm,根本原因就是电容变化量的多少。

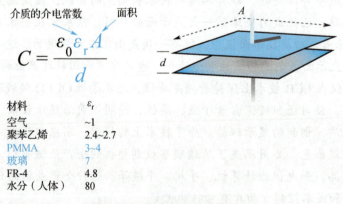

$$C = \frac{\varepsilon_0 \varepsilon_r A}{d}$$

材料	ε_r
空气	~1
聚苯乙烯	2.4~2.7
PMMA	3~4
玻璃	7
FR-4	4.8
水分(人体)	80

图6-37 电容与介电常数关系

2. 电容式触控屏原理

当手指触控在金属层上时,由于人体电场,用户的触控层表面会引入附加电容,从而改变电容极板的电容值。触控屏会通过检测电容极板的电容变化来确定触控位置,然后将触控信息传送到电子设备上,实现相应操作。普通手指触控产生的电容是 5~15pF。对于高频电流来说,电容是直接导体,会影响到整体电容特性。简单地说,触控屏就是利用人体的电流感应进行工作。

3. 电阻式触控屏原理

电阻触控屏由两层分别涂有导电层的玻璃板（或复合薄膜）组成，再盖上一层硬化的塑料层（防划层）。当手指按压在屏幕上，按压处两层导电层接触，电阻发生变化，从而引起两层电阻薄膜之间的电流变化，由此确定触控位置，然后将触控信息传送到电子设备上，实现相应操作。

4. 表面声波触控屏原理

表面声波是一种沿介质表面传播的机械波。这种触控屏由触控屏、声波发生器、反射器和声波接收器组成，其中声波发生器能发送一种高频声波跨越屏幕表面，当手指触及屏幕时，触点上的声波即被阻止，由此确定坐标位置。

表面声波触控屏分别贴有 X、Y 方向发射和接收声波的换能器。换能器在传感器的接收表面上可创建一个不可见的超声波网格，因此称为表面声波。当手指或柔软物体触控屏幕时，部分声能被吸收，从而改变接收到的信号，经控制器处理得到触控的 x、y 坐标，如图 6-38 所示。

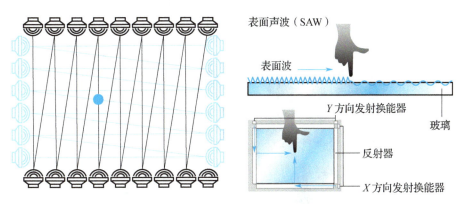

图 6-38　表面声波触控屏原理

表面声波触控屏不受温度、湿度等环境因素影响，分辨率极高，有极好的防刮性，使用寿命长（5000 万次无故障），能保持清晰透亮的图像质量；没有漂移，只需安装时校正一次；触控的物体不受限制，支持多点触控，并且具有较高的光传递率。

表面声波触控屏广泛应用于 ATM 机、售票机等户外或公共自助服务设备中，坚固性和性能都得到了有力的证明。表面声波的屏体仅由纯玻璃、换能器、线材以及控制卡极少的零部件构成，具有极高的可靠性；在不被蓄意破坏的情况下，表面声波触控屏可以稳定地工作十年以上，与汽车的使用寿命达到一致。另外，表面声波还具有天然的支持曲面和非矩形异形结构触控的属性，有助于汽车厂商对于车载触控屏应用的创新型设计。但由于该技术无法加以封装，容易受到表面脏污及水分的破坏，而表面脏污又会导致屏幕上产生暗点，因此需要定期清洁感应器及不定期进行调校；汽车领域用的触控屏是在高温、高振动下长期工作，高可靠性和高耐用性是汽车领域所特别强调的，这导致了目前表面声波触控屏在乘用车中的应用案例还比较少。但在触控技术厂商和车载触控厂商的共同努力下，未来表面声波触控屏必将会成为车载触控应用领域的主要技术之一。

5. 红外线技术触控屏原理

红外线式触控屏的实现原理与表面声波触控屏相似,不同的是它使用的是红外线发射与接收感测元件。红外触控原理是,通过介质阻断触控屏内的发射灯管和接收灯管之间形成的红外线来识别触控位置。红外线技术触控屏由装在触控屏外框上的红外线发射与接收感测元件构成,在屏幕表面上,形成红外线探测网,任何触摸物体都可以改变触点上的红外线而实现触控屏操作,如图6-39所示。

车载触控屏的使用环境要比其他行业电子产品严酷得多,需要防尘、耐振、防眩光,亮度应能自动调节、使用寿命要长、分辨率、灵敏度要高。红

图6-39 红外线技术触控屏原理

外线技术触控屏具有的诸多优点,使其被广泛应用于KTV的点播系统、ATM机、自动售票机、工控、医疗仪器、视频会议系统、展览宣传、电子地图、电子白板等领域,图6-40所示为北京华创盛远科技有限公司红外触控屏。

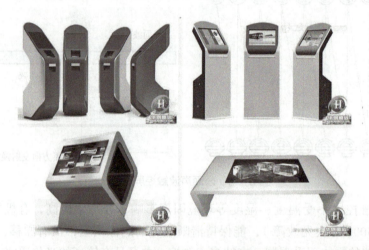

图6-40 红外线技术触控屏的应用

因红外触控屏外框容易在颠簸中损坏,造成光线干扰,且弯曲时容易变形,造成图像失真,目前还没有大规模在汽车上使用。但红外触控屏具有广阔前景,我国的德赛西威汽车电子有限公司已经提前布局,成为我国第一家实现车载红外触控显示屏产品化的汽车电子企业,旗下的红外触控车载导航产品为国内众多汽车厂商配套。如图6-41所示。

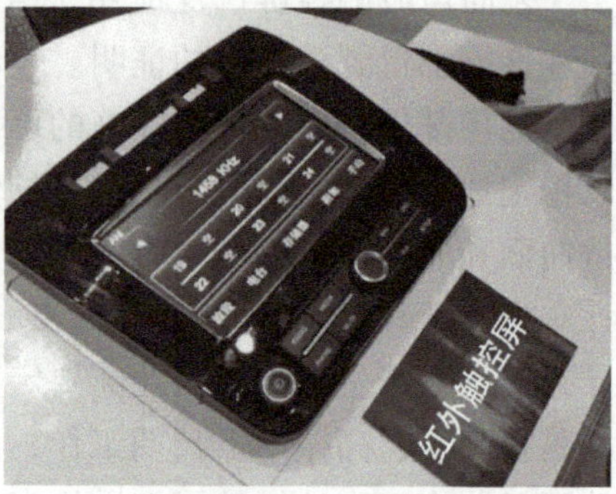

六、一芯多屏技术

图6-41 红外触控屏

车舱内的屏幕很多,包括仪表+中控+车辆控制屏+前排驾乘人员屏+流媒体后视

镜＋区域显示屏＋后排屏幕等设备。这些屏幕的设计，承载了不同的信息发布功能，每一个屏幕都有自己的任务和分工，通过分屏的方式，把不同的信息分别在不同的屏幕上展现给用户。如图 6-42 所示，HUD 展示车速及导航信息；仪表屏展现车辆状态信息；中控屏展现导航、影音娱乐以及附设备功能按钮；前排乘员娱乐屏＋后排娱乐屏则为乘员提供了娱乐和周边信息等，这样驾驶员、前排乘员以及后排乘员就能使用单独的屏幕而不会互相干扰，满足了舱内不同驾乘人员的乘车需求。

图 6-42　理想 L7 车内屏幕

传统的汽车座舱显示屏的架构是每个屏幕后面都有各自的微控制器（MCU，Micro Control Unit），控制器数量的增加除了推高成本之外还不容易实现多屏联动和信息互动。2021 上海车展期间，华为智能座舱一芯多屏解决方案首次亮相，该方案能够让座舱内的液晶仪表、AR-HUD（平视显示器）、中央显示、中央娱乐屏、中控屏、副驾屏等均由同一芯片提供性能支持。一芯多屏技术可以让汽车车载屏幕的通信和联动更加方便。例如，当驾驶员需要导航时，前排乘员、后排乘员可以操控面前的屏幕并将导航结果实时同步给仪表屏，避免驾驶员因操作屏幕而分心，如图 6-43 所示。一芯多屏技术的应用包括：

（1）本地多屏技术　驾驶员可根据自身需求，选择仪表盘屏幕的显示模式，前排驾乘人员和后排乘员也可以自由控制自己座位的屏幕。

（2）异地多屏技术　用户可以实现手机、计算机和车机端三屏的信息交互，例如，在手机或计算机端提前规划好目的地、路径，开车前直接下发给车机，如图 6-44 所示。

图 6-43　后排华为 Pad 和中控屏互动

图 6-44　异地多屏技术

（3）多模式交互技术　可以实现触控交互、视觉交互、手势识别、语音交互等交互通信，用户可以设计个性化的交互界面和显示方式，使用最习惯的交互模式，获取最佳的交互体验。

七、多（跨）域融合技术

智能驾驶与智能座舱，作为核心的计算芯片是其中最重要的发展引擎。早期分布式的电子电气架构下，每个 ECU 通常只负责控制一个单一的功能单元，彼此独立，分别控制着发动机、制动、车门等部件。随着整车电子电气产品应用的增加，ECU 的数量从几十个快速增加到 100 多个，ECU 数量的增多，使得整车成本较高（线束长、芯片多、自动化装配水平低等），且存在算力浪费等问题。故部分车企将汽车电子电器架构进行了集中，实现了动力域、座舱域、自动驾驶域等功能域的域控，这大大减少了整车的线束数量，同时也减少了整车的芯片使用数量，使得汽车的整车成本有一定下降。为了进一步降低成本同时增强整车协同，跨域融合成为汽车电子电气架构发展的新趋势。2023 年 11 月第二十一届广州国际汽车展览会，黑芝麻智能在 2024 年 4 月份发布了业内首个跨域计算芯片平台武当 C1200，如图 6-45 所示。武当系列 C1200 单芯片具有同时支持 NOA（Navigate on Autopilot，自动辅助导航驾驶）、智能座舱、数据处理的能力，通过跨域融合，降低了开发难度和开发成本。未来的云计算＋中央计算＋显示终端的控制架构，强大的车载芯片可实现统一控制。例如，华为公司的麒麟芯片＋华为鸿蒙 HarmonyOS 车载系统，未来可将智能驾驶和智能座舱进行跨域整合。

图 6-45　武当 C1200 跨域融合系统

八、HUD 技术

1. HUD 的定义

HUD（Head Up Display），抬头显示的简称，通过投影装置将对驾驶员有用的信息以显眼的数字、图像或者视频的方式展示在驾驶员前方的风窗玻璃或者显示屏幕上，可以让驾驶员在驾驶过程中保持眼睛的焦距在道路上，降低低头观察仪表的频率，提升驾驶安全性。HUD 技术的使用，让车载显示屏从多屏发展到无屏幕阶段。

2. HUD 的工作原理

HUD 的原理类似于幻灯片投影。车载芯片将信息传输至投影设备，由投影仪发出光信息，经过"反射镜"反射到"投影镜"上，再由"投影镜"反射到驾驶员视线前方"风窗玻璃"或者透明显示屏上，最终反馈到驾驶员眼中，如图 6-46 所示。人眼看到的是虚像，感觉就是信息悬浮在前方路上。

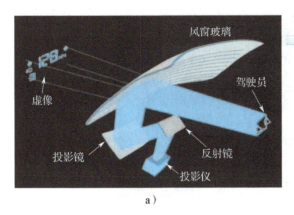
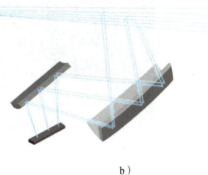

a）　　　　　　　　　　　　　　b）

图 6-46　HUD 原理

3. HUD 的组成

（1）车载计算单元　　车载计算单元处理不同来源的车况数据后输出给驾驶员的投影信息包含投影内容（导航、车速、车况等信息）、交互界面（内容显示的分布）和整个交互界面的位置（虚拟图像需要计算单元结合路况、车况去匹配）。车载计算单元或 HUD 微控制器的功能可由智能座舱域控制器替代。图 6-47 所示是车载计算单元。

图 6-47　车载计算单元

（2）投影设备　　投影设备的作用是根据车载计算单元的输出，生成显示图像。投影设备内部集成了 PGU（Picture Generation Unit，图像生成单元）、反射镜、投影镜、调节电动机等。其中 PGU 是汽车 HUD 系统的核心组件，它负责将行车信息通过光学技术投射到驾驶员的视野范围内。投影单元一般由激光、TFT LCD、LCOS（Liquid Crystal on Silicon，液晶附硅技术）或 DLP（Digital Light Processing，数字光处理）等光学技术构成，如图 6-48 和图 6-49 所示。

（3）显示设备　　显示设备的作用是将数据和图像展示给驾驶员。为防止重影，AR-HUD 和 W-HUD 在前风窗玻璃内层增加一种上厚下薄的楔形 PVB 膜，如图 6-50 和图 6-51 所示；而 C-HUD 是自带小屏幕，如图 6-52 所示。

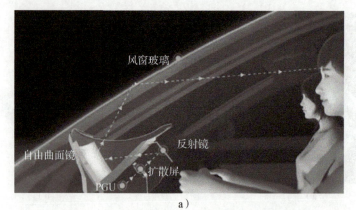

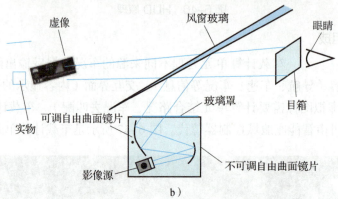

图 6-48 PGU：光源发出设备

图 6-49 松下基于 DLP 技术的 AR-HUD

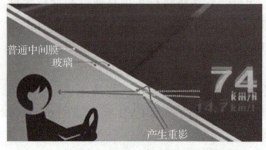

图 6-50 普通夹层玻璃容易产生重影

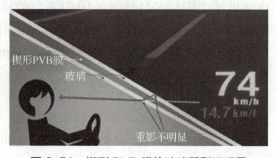

图 6-51 楔形 PVB 膜的玻璃重影不明显

4. HUD 的分类

（1）C-HUD（Combiner HUD，集合型抬头显示系统） 投影成像的载体是一块外置的半透明树脂玻璃，投影成像距离<2m，成像大小6~8in，如图6-52所示。C-HUD的优点在于其反射屏集成于HUD机体上，在其成像系统的设计中避免引入风窗玻璃，从而可以有效控制成本，降低设计难度。C-HUD的缺点是成像区域不大，信息量有限、投影距离较近，驾驶员在行车过程中视线频繁远近切换容易导致晶状体疲劳，不利于平稳驾驶；

图6-52 C-HUD自带显示屏幕

外置的树脂玻璃在汽车发生事故时可能对驾驶员造成二次伤害。由于这些缺陷，C-HUD逐渐被汽车市场淘汰，目前，C-HUD主要存在于汽车后市场。

（2）W-HUD（Windshield HUD，风窗玻璃型抬头显示系统） 直接使用汽车风窗玻璃作为HUD的反射屏，不需要其他反射部件，驾驶员透过风窗玻璃观察虚像，显示效果更为一体化，可以很好地整合进汽车。但由于风窗玻璃一般为曲面玻璃，反射成像后可能会引起像差、重影等问题。因此一个显示效果良好的W-HUD需要对风窗玻璃进行重新设计，如图6-53所示。受限于汽车仪表台内狭小的空间，其光路设计难度较大，所以W-HUD的成本较高。目前W-HUD技术已较为成熟，成为汽车市场主流的HUD产品，广泛应用于中高端车型中，并逐渐往中低端车型普及。

图6-53 W-HUD

（3）AR-HUD AR-HUD即AR（Augmented Reality，增强现实技术）和抬头显示的融合，使用风窗玻璃作为投影介质来反射成像。除了可以将导航、速度、转速等信息投射到前风窗玻璃上之外，还可以和车外部实景合成，如道路、前方行人、车辆、建筑、甚至连摩托车、自行车都可以展现出来，如图6-54所示。最值得称道的是，AR-HUD可以结合ADAS功能，提供行车中道路偏移、前车预警及障碍物识别等提示。因此，AR-HUD对于用户而言，具有很大的直观性，并让驾驶员实时了解车况、道路、行车等信息，是未来HUD的发展方向。

图 6-54 AR-HUD

目前市场上应用 AR-HUD 技术的车型有：领克 08 EM-P、2024 款飞凡 R7、问界 M9、奔驰 EQS、仰望 U8 等中高端车型，其中飞凡 R7 搭载了全球首发量产的华为视觉增强 AR-HUD 平视系统，成为同价位唯一拥有华为 AR-HUD 的电车，如图 6-55 所示。AR-HUD 将成为未来智能座舱的重要组成部分，预计未来的两到三年，将会迎来 AR-HUD 的量产爆发期。

图 6-55 飞凡汽车采用的华为 AR-HUD 技术

任务分解

要完成在座舱中加装人脸识别验证的需求任务，需要将任务分解为三个子任务。
1. 子任务 1 触控式交互系统的调试与测试
2. 子任务 2 C-HUD 的拆装
3. 子任务 3 C-HUD 的调试与测试

任务实施

子任务 1 触控式交互系统的调试与测试

任务要求：基于教学车和台架进行触控式交互系统的调试和测试，要求教学实训车触控式交互系统可以实现座椅的上、下、前、后的调节。

前期准备

1）设备准备：同学习任务 2（语音交互系统开发与测试）子任务 2（语音交互系统的调试）。

2）工具准备：同学习任务 2（语音交互系统开发与测试）子任务 2（语音交互系统的调试）。

3）教学车检查：同学习任务 2（语音交互系统开发与测试）子任务 2（语音交互系统的调试）。

4）教学车和台架互联：同学习任务 2（语音交互系统开发与测试）子任务 2（语音交互系统的调试）。

任务实操

步骤	具体内容		图示及备注
1	起动车辆。踩住制动踏板，给车辆上电；车辆 READY 上电，仪表 READY 灯点亮，且档位处于 P 档		
2	启动台架和计算机		
3	触控交互系统的调试	（1）在台架计算机上打开"智能座舱系统测试软件"，单击"中控"进入触控交互系统的调试界面	
		（2）在教学车中控屏上，找到并打开 EISAONCAR 软件，打开后显示软件界面提示"等待指令中"	

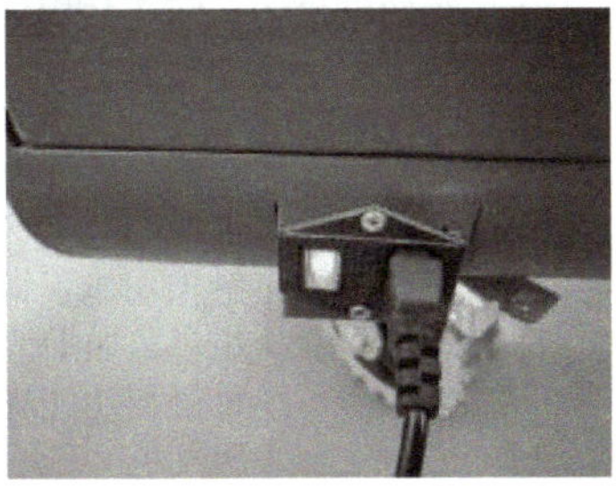

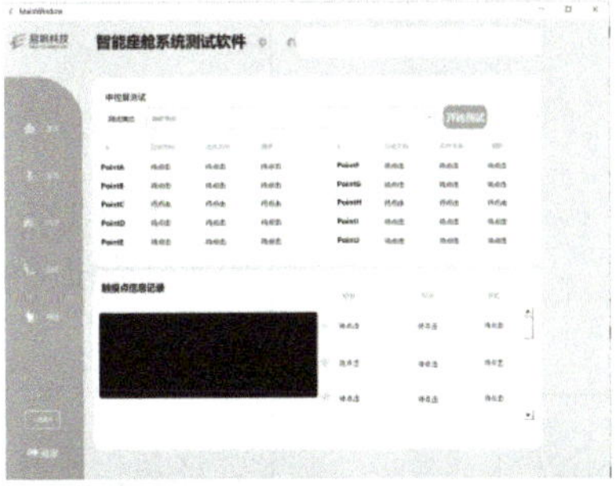

（续）

步骤		具体内容	图示及备注
3	触控交互系统的调试	（3）在台架计算机触控交互系统的调试界面上，单击"开始测试"，开始触控交互系统的调试（即中控屏的调试）	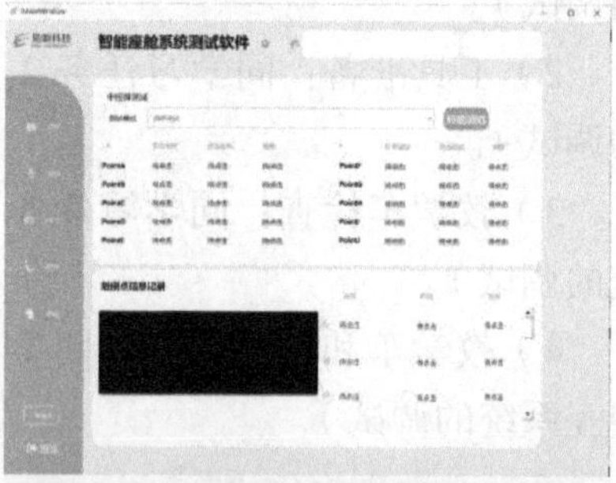
		（4）中控屏显示一个白色矩形后，使用触控笔准确单击白色矩形。单击完成后，台架测试软件上会显示刚刚单击的坐标数据	 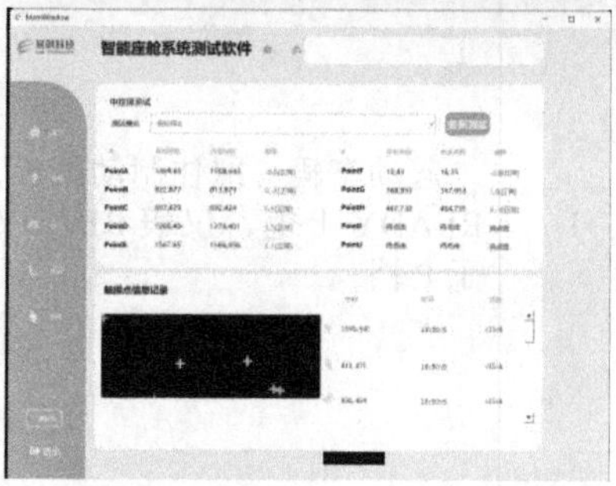
		（5）在中控屏上的不同位置将依次显示剩下的九个白色矩形，依次单击剩下的九个白色矩形。每单击一次，在测试软件上都会显示对应的坐标数据，偏移量不超过 ±30 时说明屏幕触控功能正常，此时偏移数据显示为绿色，如果偏移量超过 ±30，说明屏幕触控功能异常，此时偏移数据显示为红色	
		（6）如需重新测试，单击"重新测试"按钮即可	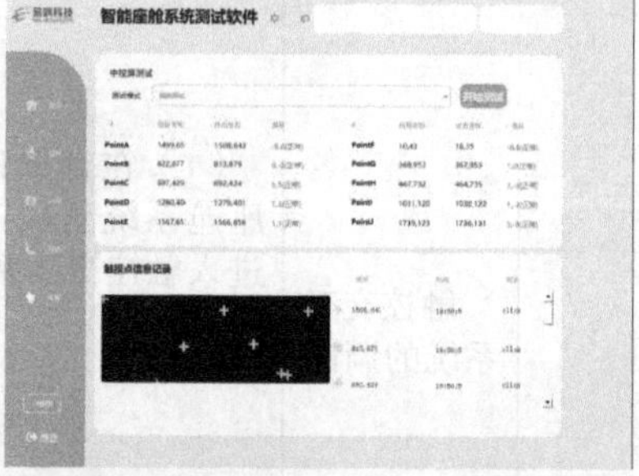
		（7）单击"退出软件"，关闭 EISAONCAR 软件	

（续）

步骤		具体内容	图示及备注
4	触控交互系统的测试	（1）在中控屏下方单击座椅图标，进入座椅触控调节界面	
		（2）在中控屏座椅触控调节界面，单击"前进"按钮，查看智能座椅是否实时向前移动	
		（3）在中控屏座椅触控调节界面，单击"后退"按钮，查看智能座椅是否实时向后移动	
		（4）在中控屏座椅触控调节界面，单击座椅靠背"向下"按钮，查看智能座椅靠背是否实时向下移动	
		（5）在中控屏座椅触控调节界面，单击座椅靠背"向上"按钮，查看智能座椅靠背是否实时向上移动	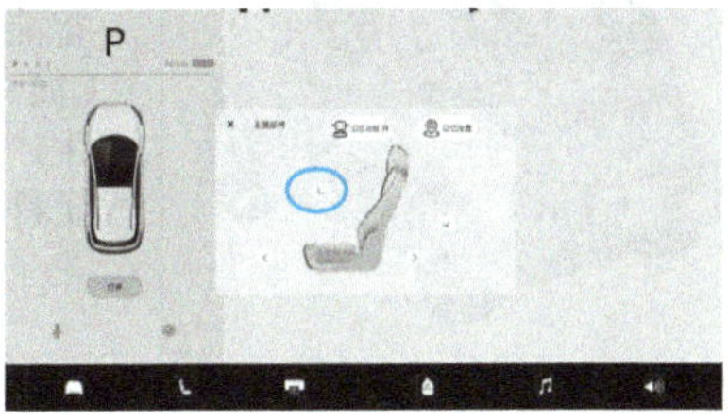
5	关闭台架和车辆 （1）测试完成后，在台架上一键还原车辆和台架 （2）关闭测试软件 （3）关闭智能座舱测试装调台架上的计算机 （4）关闭智能座舱测试装调台架电源开关，并拔出电源线 （5）关闭车辆 （6）拆卸连接车辆和台架的联机通信线		

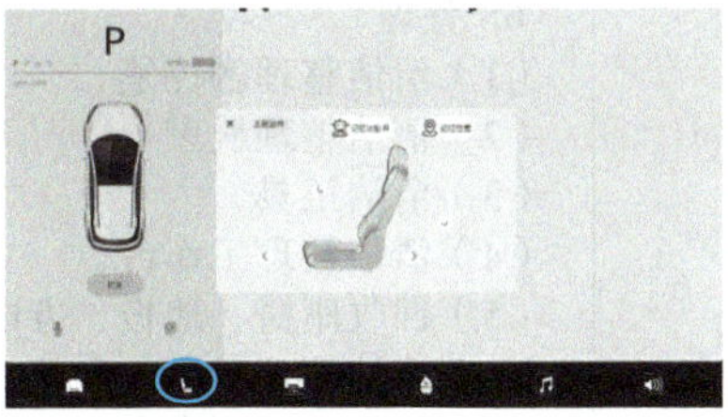

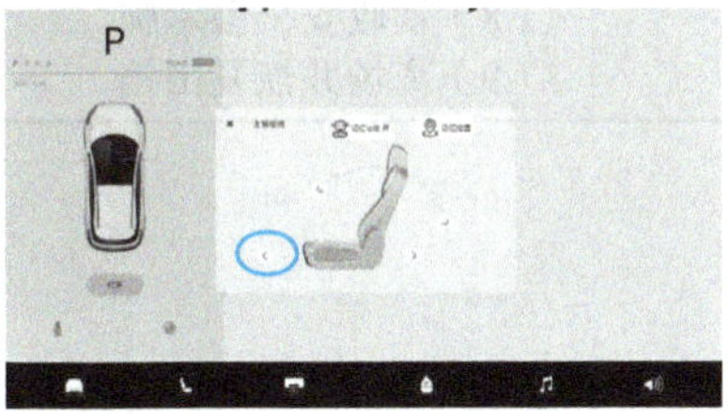

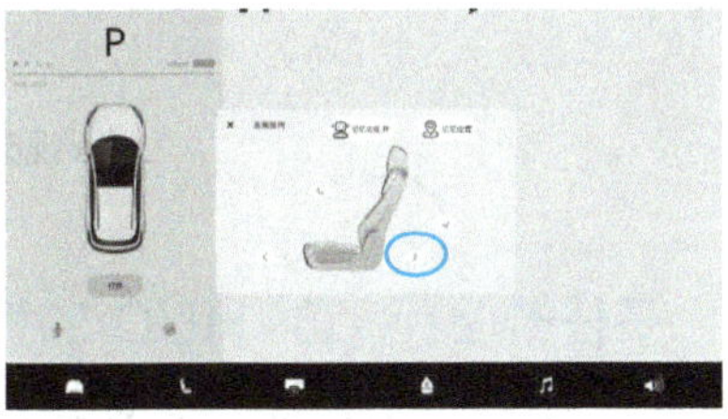

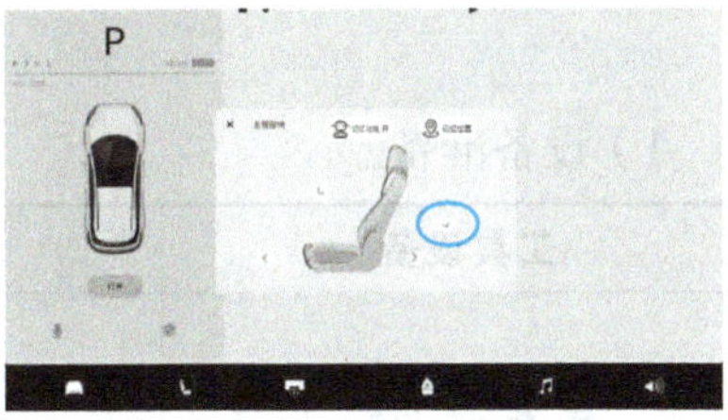

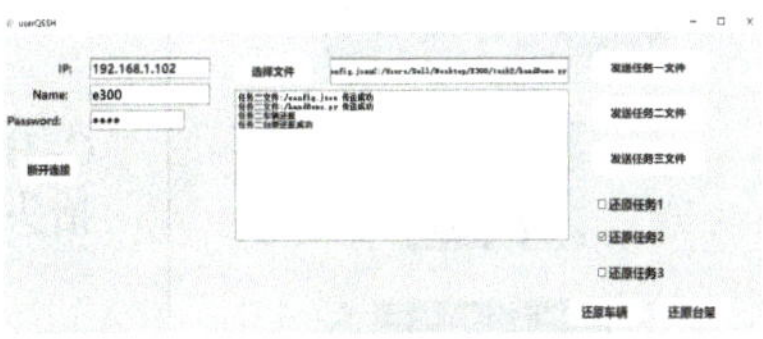

（续）

步骤	具体内容	图示及备注
6	6S 整理 （1）清洁整理触控笔 （2）清洁整理线束 （3）清洁工具 （4）清洁整理工作台 （5）回收座椅、地板、方向盘、变速杆四件套 （6）清洁整理车辆和台架 （7）卸下并整理安全帽和工作手套 （8）回收安全警示牌 （9）离场并恢复围挡	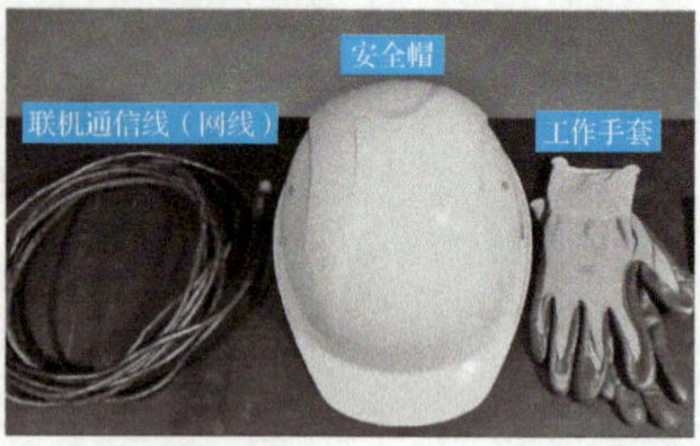 联机通信线（网线）　安全帽　工作手套

★视频 8：触控交互系统的调试与测试

子任务 2　C-HUD 的拆装

任务要求：在教学车上实现 C-HUD 的拆装。

前期准备

1）设备准备。

工具设备	名称	检查内容
	智能座舱教学车（简称"教学车"） 生产商：易飒（广州）智能科技有限公司	（1）绕车一周，检查两个阻车器是否放置在后轮的前后位置 （2）检查蓄电池电池电压，实验前蓄电池负极应处于断开状态。用 10 号扳手连接蓄电池负极并拧紧 （3）实验前确认智能座舱教学车处于关闭状态。连接蓄电池负极接线后，踩住制动踏板并起动教学车，仪表 READY 灯点亮，且档位处于 P 档，驻车制动灯点亮
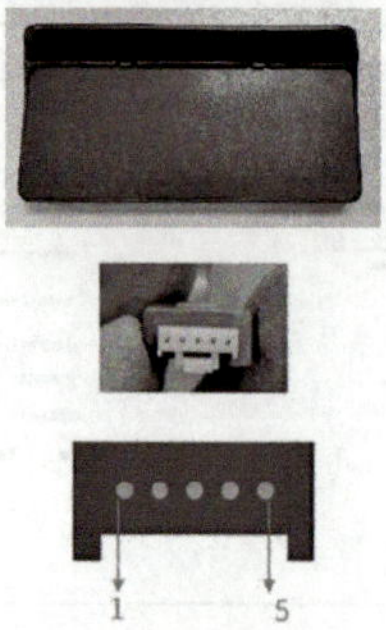	C-HUD 的显示设备 抬头显示器	（1）外观应整洁，表面无脏污、破损、划痕、裂纹、凹痕和凸点 （2）后端针脚无损坏、变形或生锈等缺陷 （3）检查抬头显示器线束，外观结构完整，表面不应有破损、变形、裂痕等问题

注：抬头显示器线束接口定义介绍：

针脚	功能
1	接地
2	CAN-H
3	CAN-L
4	空
5	电源

2）工具准备。同学习任务 2（语音交互系统开发与测试）子任务 2（语音交互系统的调试）。

3）教学车检查。同学习任务 2（语音交互系统开发与测试）子任务 2（语音交互系统的调试）。

任务实操

步骤	具体内容		图示及备注
1	抬头显示器的安装	（1）连接抬头显示器线束	
		（2）将抬头显示器压装到固定座上，听到"嗒"一声后，压装成功 （3）旋转抬头显示器下面的塑料螺母，将抬头显示器固定到固定座上	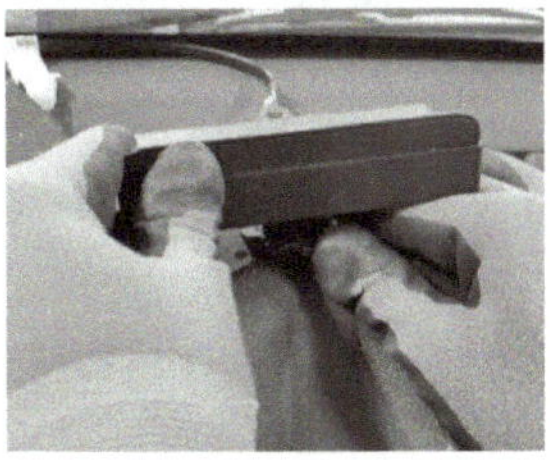
2	车辆 READY 上电 （1）踩下制动踏板，按下启动开关，车辆 READY 上电 （2）检查仪表 READY 灯是否点亮，且档位处于 P 档，驻车制动指示灯点亮		
3	调节抬头显示器的显示高度。手动调节抬头显示器的显示高度，直至投影影像在操作者平视范围内		

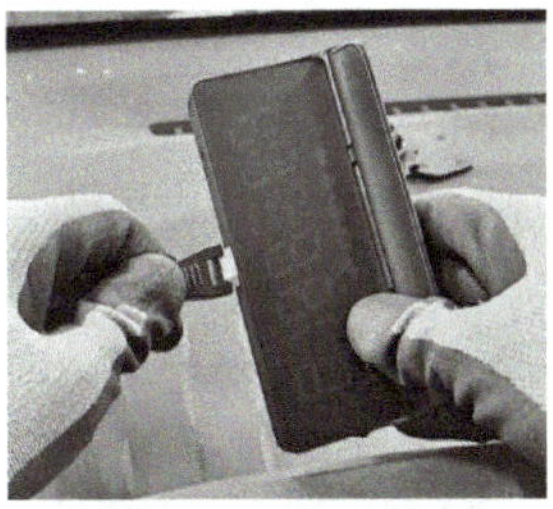

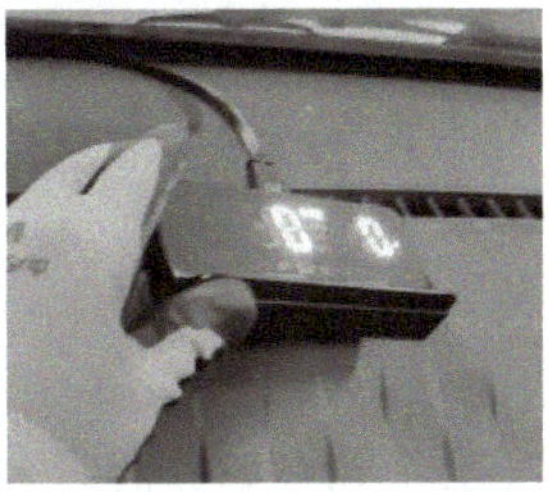

（续）

步骤	具体内容	图示及备注
4	关闭车辆，拔出车辆钥匙并放置工作台上	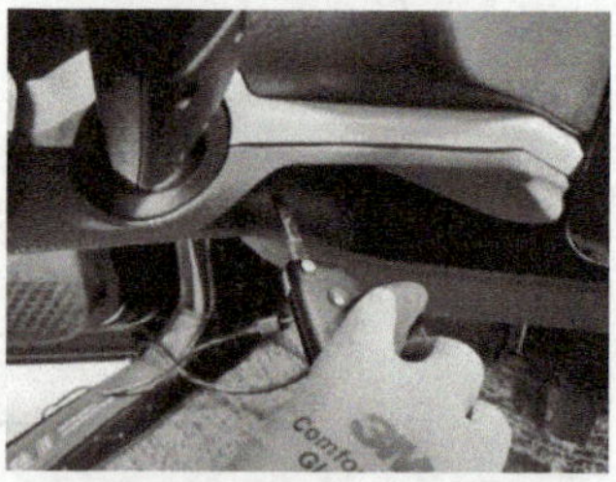
5	拆卸抬头显示器 （1）拆卸抬头显示器塑料螺母，并将抬头显示器与固定座分离 （2）拆卸抬头显示器线束插头	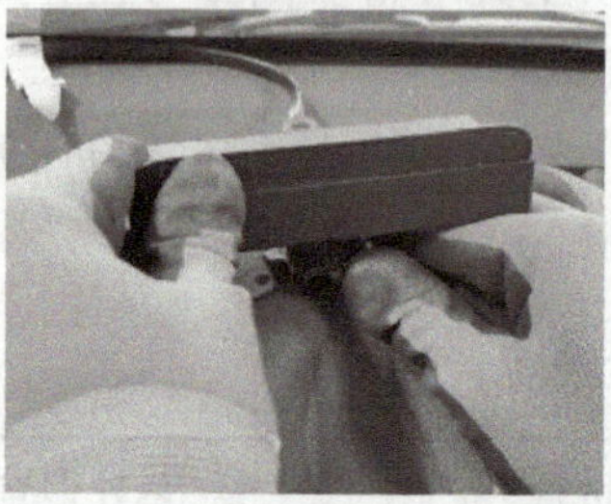
6	6S 整理 （1）清洁整理抬头显示器 （2）清洁整理工作台 （3）回收座椅、地板、方向盘、变速杆四件套 （4）清洁整理车辆 （5）清洁整理安全帽、手套、联机通信线	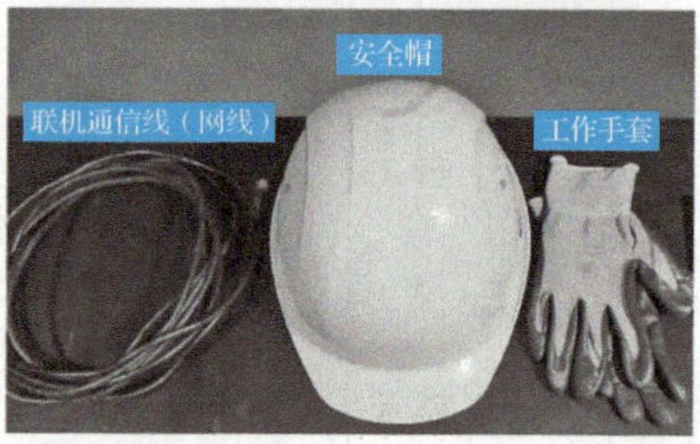

★视频 9：抬头显示系统的拆装

子任务 3　C-HUD 的调试与测试

任务要求：在任务 2 基础上，在教学车和教学台架上实现 C-HUD 的调试与测试。

前期准备

1）设备准备：同子任务 2 中安装抬头显示器设备。

2）工具准备：参考学习任务 2（语音交互系统开发与测试）子任务 2（语音交互系统的调试）。

3）教学车检查：参考学习任务 2（语音交互系统开发与测试）子任务 2（语音交互系统的调试）。

4）教学车和台架互联：参考学习任务 2（语音交互系统开发与测试）子任务 2（语

音交互系统的调试）。

任务实操

步骤	具体内容	图示
1	教学车上电。踩住制动踏板，给车辆上电	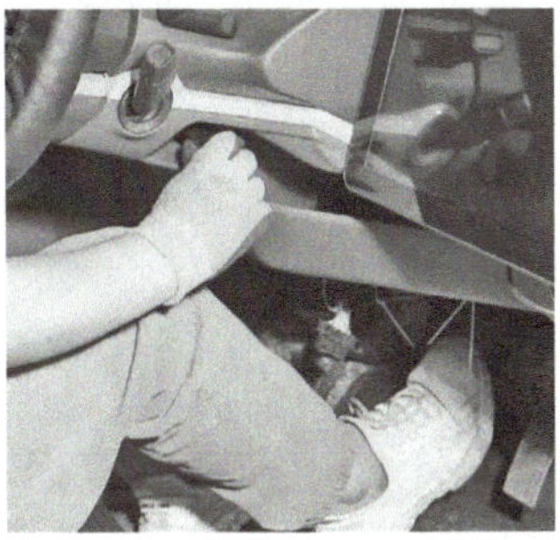
2	再次检查车辆状态。再次检查仪表READY灯、驻车制动指示灯、档位指示灯和车辆电量指示灯。车辆务必要处于READY状态，否则低压电池馈电，造成车辆无法使用	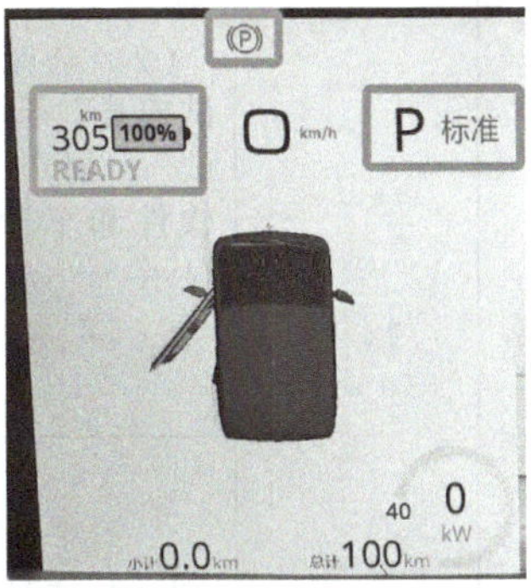
3	打开台架电源。连接台架电源线，并打开台架电源开关 注意：开关位置是位于插头旁边的红色按钮	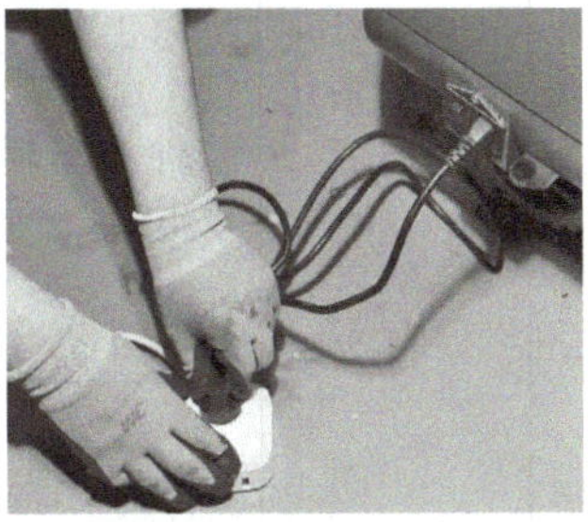
4	打开台架计算机。按计算机电源键启动台架上的计算机	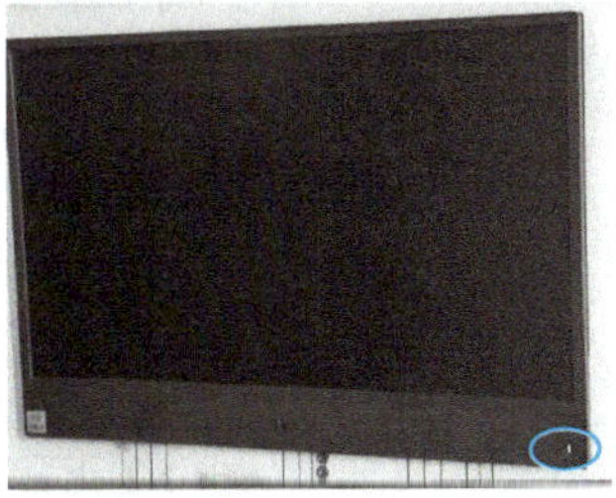
5	打开软件。在台架计算机桌面双击"智能座舱系统测试软件"	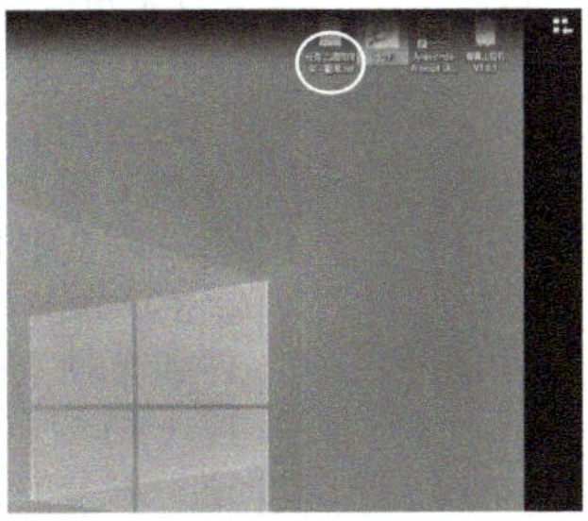

（续）

步骤		具体内容	图示
6	抬头显示系统显示功能的调试	（1）单击HUD进入抬头显示器显示功能的调试界面	
		（2）全暗模式调试。单击"测试模式"下拉菜单，选择"全暗测试"，再单击"开始测试"，测试软件和车辆上的抬头显示器全暗显示	
		（3）全亮模式调试。单击"测试模式"下拉菜单，选择"全亮测试"，再单击"开始测试"，测试软件和车辆上的抬头显示器全亮显示	
		（4）手动模式调试。单击"测试模式"下拉菜单，选择"手动测试"，再单击"开始测试"。手动单击某个指示灯，测试软件和车辆上的抬头显示器显示该指示灯	
		（5）正常显示模式调试 1）单击"测试模式"下拉菜单，选择"正常显示" 2）单击"开始测试"，测试软件和车辆上的抬头显示器显示"车速+剩余电量" 3）单击"显示档位"，测试软件和车辆上的抬头显示器显示"车速+档位"，且在3s后恢复"车速+剩余电量"的显示	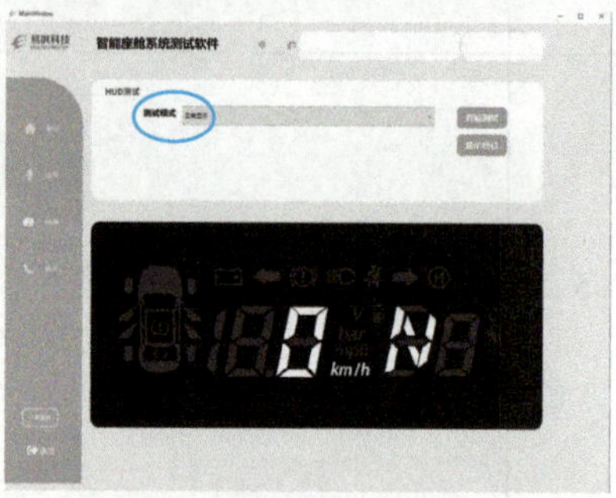

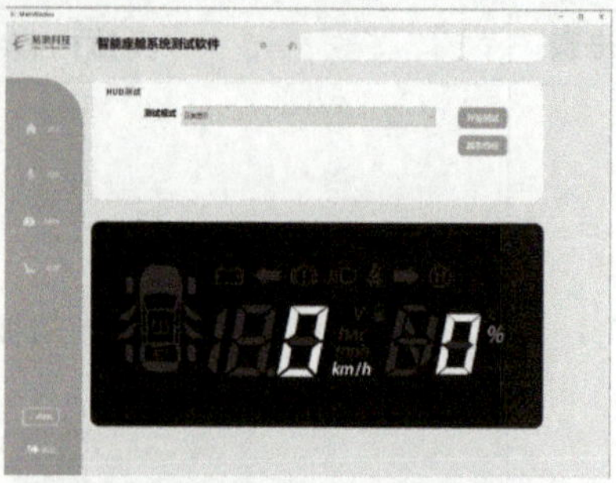

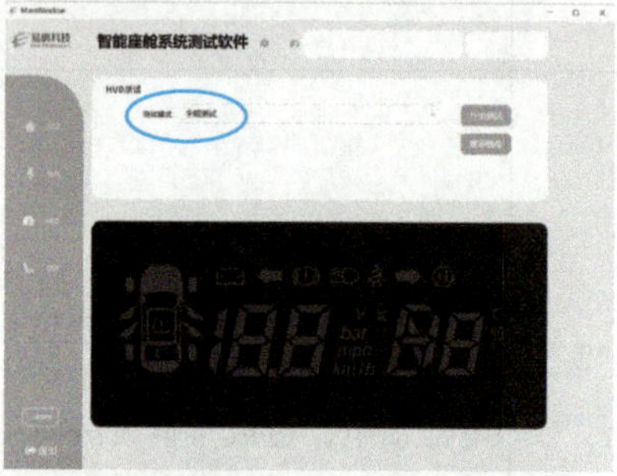

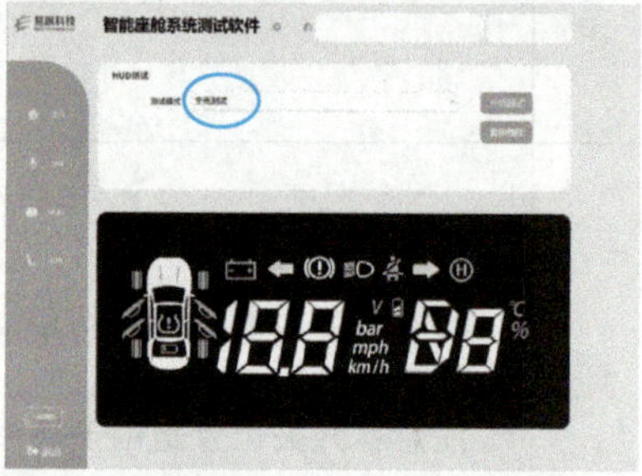

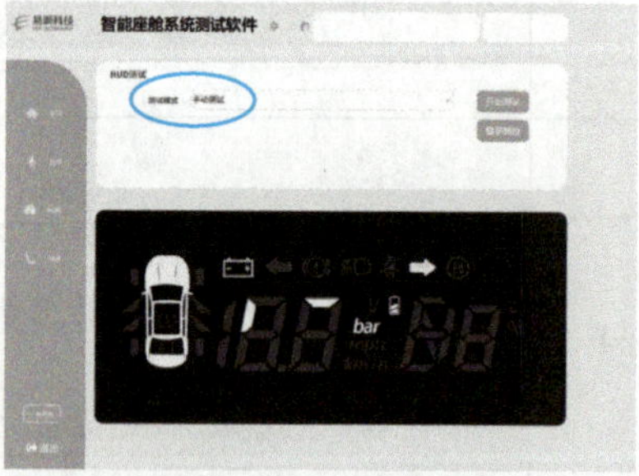

（续）

步骤		具体内容	图示
7	抬头显示系统固件烧入	（1）在"智能座舱系统测试软件"界面上，单击"设置"图标✿，单击SSH进入固件烧入界面	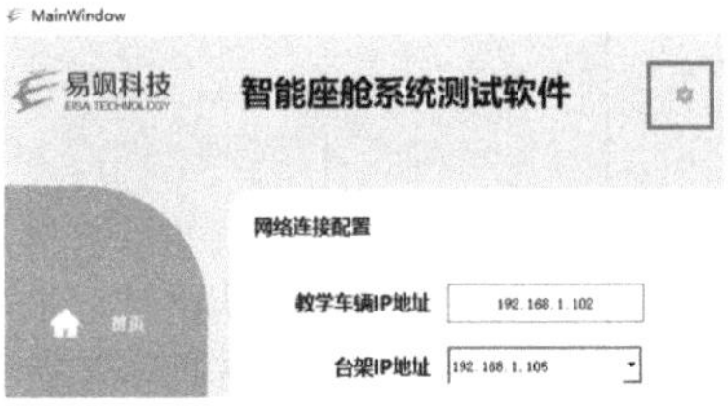
		（2）设置并连接网络。IP输入"192.168.1.102"，Name输入"e300"，Password输入小写root，单击"连接"按钮连接台架和车辆	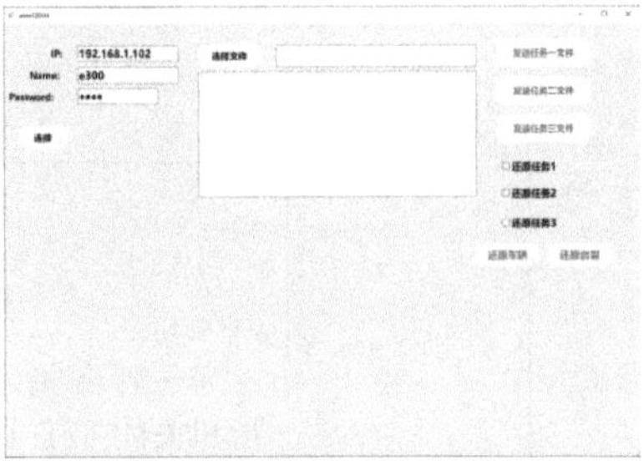
		（3）发送文件。单击"选择文件"，选择抬头显示系统的代码文件can.py（路径为：桌面/E300/task1），再单击"发送任务一文件"，发送成功后，在窗口显示"传送成功"	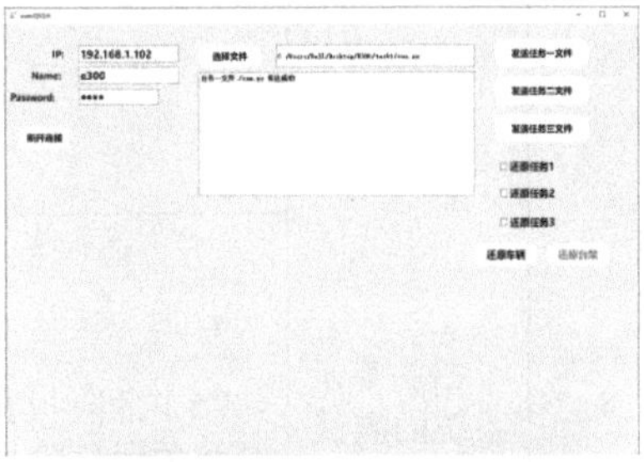
8	抬头显示系统的测试	（1）READY灯的测试。查看抬头显示器READY灯是否点亮	
		（2）剩余电量指示灯的测试。查看抬头显示器剩余电量指示灯是否显示，且与车辆仪表数据是否一致	

（续）

步骤		具体内容	图示
8	抬头显示系统的测试	（3）车速指示灯的测试。查看抬头显示器车速指示灯是否显示，且与车辆仪表数据是否一致	
		（4）转向指示灯的测试。分别打开和关闭左右转向灯，查看抬头显示系统是否正常显示	
		（5）危险报警闪光灯的测试。打开和关闭危险报警闪光灯，查看抬头显示系统是否正常显示	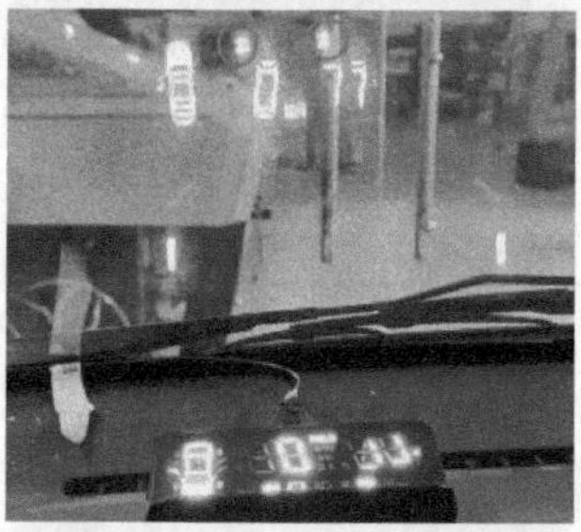
		（6）近光指示灯的测试。打开和关闭近光灯，查看抬头显示系统是否正常显示	
		（7）驻车灯的测试。解除驻车制动后重新驻车，查看抬头显示系统是否正常显示	

（续）

步骤	具体内容		图示
8	抬头显示系统的测试	（8）档位指示灯的测试。踩下制动踏板，分别挂入R、N、D、P档，查看抬头显示系统是否正常显示 注意：测试完成后，保证档位处于P档	
		（9）车门指示灯的测试。打开和关闭左右车门，查看抬头显示系统是否正常显示	
		（10）行李舱门指示灯的测试。打开和关闭行李舱门，查看抬头显示系统是否正常显示	
9	抬头显示系统的还原。在固件烧入界面右下方，选中"还原任务1"，再单击"还原台架"和"还原车辆"，窗口显示"任务一台架还原成功"和"任务一车辆还原成功"，抬头显示系统一键还原完成		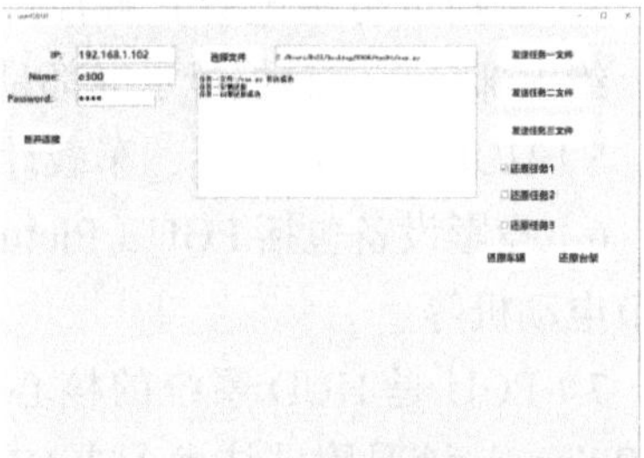
10	整理清洁 （1）关闭计算机 （2）关闭台架电源并拔出电源线 （3）关闭教学车并拔出车辆钥匙放置工作台定制钥匙盒内 （4）拆卸联机通信线		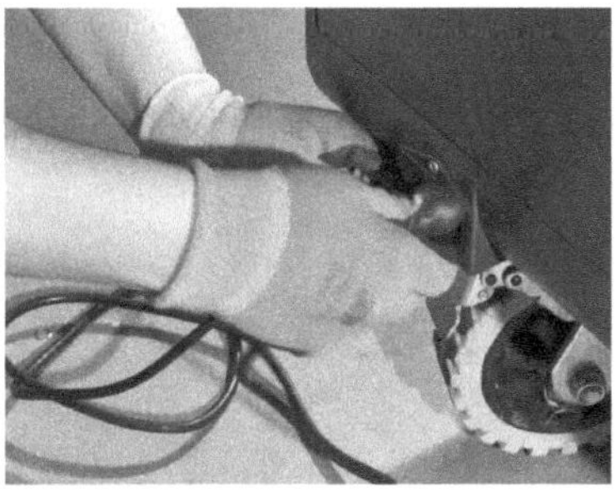

（续）

步骤	具体内容	图示
11	现场 6S （1）整理线束 （2）清理工作台 （3）回收座椅、地板、方向盘三件套 （4）清洁整理教学车和台架 （5）脱下并整理安全帽、手套、联机通信线 （6）回收安全警示牌	

★视频 10：抬头显示系统的调试与测试

任务小结

1）汽车显示触控系统先后经历了：早期的机电液操纵控制的显示中控屏、电子式仪表盘阶段、数字化仪表阶段、HUD 显示屏阶段。

2）汽车显示触控屏包括：仪表盘显示屏、中控屏、前排驾乘人员屏、扶手屏、后排多媒体屏、顶篷显示屏、车窗玻璃显示触控屏、HUD。

3）根据汽车屏幕显示技术工作原理，大概可以分为 LCD、OLED、Mini LED、Micro OLED 四种。

4）触控屏分为电容式触控屏、电阻式触控屏、表面声波触控屏、红外线技术触控屏。绝大部分车载触控显示屏都是电容式触控。

5）HUD 的组成包括：车载计算单元、投影设备、显示设备。

6）投影设备包括 PGU（Picture Generation Unit，图像生成单元）、反射镜、投影镜、调节电动机等。

7）PGU 是 HUD 系统的核心组件，一般由激光、TFT LCD、LCOS（Liquid Crystal on Silicon，液晶附硅技术）或 DLP（Digital Light Processing，数字光处理）等光学技术构成。

8）HUD 的分类包括：C-HUD、W-HUD、AR-HUD。

任务工单

一、判断题

1. 在智能座舱中,屏幕是展示内容和传递信息的重要载体。（ ）
2. 在座舱中实现多屏互动,各个屏幕之间实现信息的互联互通,但是又可以做到互不干涉。（ ）
3. 汽车中控屏越来越大,物理按键都变为触控功能。（ ）
4. 车载显示屏绝大多数采用的是 OLED 屏幕技术。（ ）
5. 同样尺寸的 OLED 屏幕价格较 TFT LCD 屏幕贵,但是 OLED 屏幕寿命更短。（ ）
6. Mini LED 屏幕技术本质上还是 LED 屏幕。（ ）
7. Micro OLED 目前还没有大规模应用在汽车上。（ ）
8. 目前,车舱内的屏幕很多,每一个屏幕都有自己的任务和分工。（ ）
9. 一芯多屏技术可以让驾驶员、前排乘员以及后排乘员使用单独的屏幕而不会互相干扰。（ ）
10. 一芯多屏技术能够根据用户的不同需求,在多屏间实现交互自由。（ ）
11. 一芯多屏技术能让用户获取更直接、更全面的信息。（ ）
12. 电容式触控屏在冬天驾驶员戴手套的时候也可以使用。（ ）
13. 多屏跨终端无缝连接提供了更多的交互可能性,能给座舱内不同位置用户提供更好的交互体验。（ ）
14. 目前市场上绝大部分触控屏都是电阻式触控屏。（ ）
15. 未来的最佳交互方案必定是多模交互。（ ）
16. 抬头显示技术可以降低驾驶员低头观察仪表的频率,提升驾驶安全性。（ ）
17. 抬头显示是驾驶辅助系统的一部分。（ ）
18. 抬头显示系统的核心是 PGU。（ ）
19. 抬头显示技术最早是在游戏上应用。（ ）
20. 汽车上最早 HUD 显示信息只有车速,既没有导航也没有 ADAS 功能展示。（ ）
21. 目前汽车上的抬头显示技术能把时速、导航、自适应巡航和变道辅助等重要的行车信息都显示出来。（ ）
22. HUD 的原理类似于幻灯片投影。（ ）
23. HUD 显示设备一般来说就是车载风窗玻璃。（ ）
24. HUD 主要分为四种类型。（ ）
25. 目前 AR-HUD 被广泛应用。（ ）
26. 目前市场上的 HUD 都是后装的。（ ）

27. 市场上主流的 HUD 技术是 W-HUD。（   ）
28. HUD 未来的发展趋势是 AR-HUD。（   ）
29. 目前 AR-HUD 还没有在量产车上使用。（   ）
30. C-HUD 主要应用在汽车后市场。（   ）

二、不定项选择题

1. 下列关于一芯多屏技术叙述，正确的是（   ）。
   A. 在智能座舱中，屏幕是展示内容和传递信息的重要载体
   B. 在智能座舱中，音响是展示内容和传递信息的重要载体
   C. 在智能座舱中，可以实现多屏联动
   D. 在智能座舱中，不能实现多屏联动

2. 目前，车舱内的屏幕很多，其中包括（   ）。
   A. 液晶仪表屏   B. 车辆控制屏
   C. 流媒体后视镜   D. 后排娱乐屏

3. 液晶仪表屏+中控屏+功能控制屏+HUD 偏向驾驶员一侧，方便驾驶员实时观看（   ）信息。
   A. 车辆状态   B. 倒车影像   C. 导航信息   D. 信息娱乐信息

4. 下列车型中搭载一芯多屏技术的有（   ）。
   A. 问界 M7   B. 理想 L9   C. 小鹏 P7   D. 岚图

5. 为了满足用户对车载交互体验的新需求，车载中控屏正向（   ）发展。
   A. 高清化   B. 大屏化   C. 智能化   D. 网联化

6. 目前一芯多屏技术使用的是（   ）芯片进行控制。
   A. SOC   B. SOA   C. MCU   D. MCV

7. Mini LED 优点包括（   ）。
   A. 超高亮度   B. 超高对比度   C. 超高色域   D. 超长使用寿命

8. OLED 屏幕缺点包括（   ）。
   A. 响应速度较慢   B. 亮度较低   C. 使用寿命较短   D. 成本较高

9. 一芯多屏技术的特点有（   ）。
   A. 信息获得更直接   B. 屏幕形式多样化
   C. 多屏跨终端无缝连接   D. 不能与手机联动

10. 目前，使用 OLED 屏幕的汽车品牌包括（   ）。
    A. 蔚来 ET5   B. 奔驰 EQS   C. 理想 L9   D. 极氪 001

11. 下列屏幕功能，能提高行车安全性的是（   ）。
    A. 电子后视镜   B. 后排娱乐屏   C. 透明 A 柱   D. 抬头显示

12. 目前座舱应用了（   ）交互技术。
    A. 语音交互   B. 手势交互   C. 触控交互   D. 人脸识别交互

13. 下列关于抬头显示叙述，不正确的是（　　）。
    A. 抬头显示技术最早应用在汽车上
    B. 汽车上的抬头显示有四种类型
    C. 目前没有 AR-HUD 在车上应用
    D. HUD 能提高驾驶安全性
14. 抬头显示系统由（　　）组成。
    A. 液晶显示屏　　B. 投影设备　　C. 车载计算单元　　D. 显示设备
15. 现在的 C-HUD 能看到（　　）信息。
    A. 车速　　B. 导航　　C. ADAS　　D. 天气
16. 下列车型中搭载 AR-HUD 技术的有（　　）。
    A. 领克 08 EM-P　　B. 2024 款飞凡 R7　　C. 问界 M9　　D. 仰望 U8
17. 车载计算单元的作用是处理不同来源的车况数据后，输出给驾驶员投影信息，其中包含（　　）信息。
    A. 导航　　B. 交互界面　　C. 车速　　D. ADAS
18. 常见的 HUD 类型有（　　）。
    A. C-HUD　　B. W-HUD　　C. AR-HUD　　D. 3D AR-HUD
19. 目前市面上使用较多的 HUD 类型是（　　）。
    A. C-HUD　　B. W-HUD　　C. AR-HUD　　D. 3D AR-HUD
20. C-HUD 优点有（　　）。
    A. 成本低　　B. 技术难关较多　　C. 显示更逼真　　D. 以上都不对
21. AR-HUD 优点有（　　）。
    A. 显示质量好　　　　　　　　B. 可视范围广
    C. 显示屏尺寸大　　　　　　　D. 显示内容与路况结合

三、简答题

1. 简述电容式触控屏的工作原理。

   答：

2. 介绍下 OLED 车载屏的优缺点。
答：

3. 简述抬头显示技术工作原理。
答：

4. 简述抬头显示系统组成及其作用。
答：

学习任务 7
智能座椅装调与测试

任务说明

【任务描述】

随着自动驾驶技术日渐成熟,将会催生一些全新的应用场景,如休闲、娱乐、社交和健康等。传统的座椅控制系统无法满足人们新的需求,更安全、更舒适、智能化及健康化体验将成为未来智能座椅的发展方向。您知道未来汽车的智能座椅和传统座椅的区别在哪里吗?您了解问界 M7 的零压力座椅吗?如何对现代汽车智能座椅进行开发、拆装和调试?

【任务育人目标】

知识目标:
1)能概述智能座椅系统的定义、功能与结构组成。
2)能概述串口通信的原理与串口接线方法。
3)能简述智能座椅通信协议。

技能目标:
1)能够正确编写代码实现开门迎宾功能。
2)能够正确编写代码获取用户记忆位置。
3)能够正确编写代码调节座椅到记忆位置。
4)能够独立在整车环境中完成智能座椅系统的测试。

素养目标:
1)培养民族自信心和爱国主义情操。
2)拓宽动手能力和实践精神。
3)培养团队合作精神。

【任务接受】

通过中航精机艰苦创业,自力更生,在座椅调角器上打破欧美垄断,并赢得市场尊重的案例,理解核心技术是用钱买不到的,该案例是爱国、敬业、创新能力重要思政素材。目前,高利润、高附加值、核心技术的高端乘用车座椅基本被外资品牌垄断,民族汽车座椅匹配还需要"心无旁骛创新创造，踏踏实实办好企业"。本学习任务通过汽车座椅的核心汽车零部件被外资垄断的案例，培养敬业、创新、自强的社会主义价值观。

知识准备

一、智能座椅的定义

传统汽车座椅已经具有姿态调节、加热、通风、按摩、记忆、自动上下车等功能。随着新能源汽车智能座舱的飞速发展，带智能感知、智能调整和智能娱乐功能的座椅也逐步开始应用，满足用户对高品质座椅的需求。智能座椅是指通过集成各类传感器、控制系统和人机交互界面，使汽车座椅拥有更多的智能化功能的座椅。智能座椅配备了传感器和控制系统，能够实时感知用户的体态、压力分布和活动数据，从而根据用户的需求进行智能调节，为驾乘人员提供更多的便利和安全性。

二、智能座椅的功能

智能座椅不再仅仅是提供舒适乘坐的工具，除了传统座椅应该具备的功能，还通过智能技术的应用，在传统座椅的基本功能基础上增加了如下新的功能。

1. 生理监测功能

汽车座椅是人体和整车车身接触面积最大的区域。汽车智能座椅可以通过生理传感器监测驾驶员的生理状态，如心率、呼吸、疲劳程度等。智能座椅能够根据驾乘人员的习惯和身体状况，自动调整座椅的角度、高度和软硬度等参数。当监测到驾驶员出现疲劳或不适时，座椅可以通过振动或调整座椅结构，提醒驾驶员注意休息或调整坐姿，以避免事故的发生。通过传感器检测驾乘人员的体温、心率、呼吸等生理指标，座椅可以及时调整，为驾乘人员提供最适合的坐姿和靠背角度。

2015年，汽车座椅知名供应商弗吉亚公司在洛杉矶互联汽车博览会上向公众展示了一款与众不同的汽车智能座椅。在该座椅中开发者嵌入了传感器可以监测心率和呼吸频率，通过这些信息来判断驾驶员的压力水平，并实施相应的预防措施来确保驾驶员保持专注和舒适。例如，当计算机检测到驾驶员因长时间驾驶而产生疲劳感时，前方的平板计算机上会给出可以提供按摩的建议，如果同意，便可以通过座椅上的动态按摩系统在车上来一次免费按摩，开车再也不用像以前那样辛苦了，如图7-1所示。

智能座椅的生理监测功能还包括：当发现驾乘人员出现心脏骤停、心脏病发作、脑梗、猝死等情况时，判断驾乘人员是否失去驾驶能力或生命指征是否处于紧急情况，可以与座舱域控制器通信启动紧急救助，自动拨打120和紧急联系人

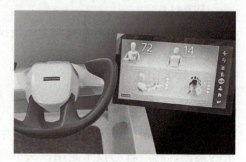

图 7-1　座椅的生理监测功能

电话，配合 ADAS 引导车辆靠边停车或者到最近的救助站和医院进行治疗；同时通过云端通信和 OTA 技术下载紧急救助方法，方便车内驾乘人员自救和互救。

早在 2014 年，福特汽车公司就研发了一款能发现心脏病的驾驶座椅（图 7-2）来帮助驾驶员尤其是 65 岁以上的驾乘人员，旨在避免长时间驾驶情况下可能发生的安全隐患。该座椅的关键区域载有六个传感器，并串联一个照相机，用来长期监测乘员是否有心脏病的症状。当照相机监测到驾乘人员以与平时不同的角度下滑时，该传感器就会检测到驾驶员不规则的心跳。一旦心脏病发作，汽车的自动驾驶组件就会开始运作，将车紧急制动，避免发生事故。

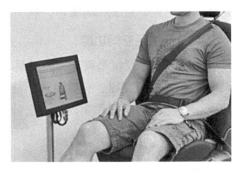

图 7-2　福特研发的一款可以监测驾乘人员心跳的座椅

2. 情感互动功能

智能座舱通过语音互动和驾驶员脸部识别等技术，捕捉到驾乘人员的心理情绪状态，通过座舱域控制器分析后发出控制指令，让智能座椅根据驾乘人员情绪变化提供相应的舒适度调整，例如，开启座椅按摩功能、开启空调、播放音乐或者环境声音，营造出舒适、放松的氛围，来帮助驾乘人员舒缓情绪，提高驾驶安全性。

3. 智能互联功能

将座椅与车载智能系统相连，实现座椅的信息共享和交互。例如，座椅与人体姿态识别联动，摄像头拍摄人体姿态并识别，根据驾乘人员体型自动提前调整座椅位置，以提供更加舒适的驾乘体验；以及前面所提到的智能座椅和 ADAS 通过跨域互联，一旦座椅检测到驾乘人员失去驾驶能力，ADAS 能够引导车辆开到最近的急救中心或者医院进行救助，并通过云端自动拨打救助电话和紧急联系人电话。汽车与云端万物互联机制如图 7-3 所示。

图 7-3　汽车与云端（C-V2X）

具有人机交互界面智能座椅在前面任务中已经介绍，将座椅融入触控屏幕和语音控制技术，提供直观的操作界面和便捷的操控方式，驾驶员可以通过触摸和语音命令来调整座椅的位置、角度和功能，实现个性化的驾乘体验。

4. 第三生活空间功能

未来汽车不仅仅是移动交通工具，而是所谓的"移动第三空间"。因此，座椅除了可以提供最基本的支撑、包裹身体，还能够增加场景需求，满足用户在休息时候作为床的功能、在办公的时候作为商务办公座椅的功能，亲子功能、方便老人、孕妇和残障人士上下车功能等。

（1）座椅强化出游休息功能　理想 L9 汽车在用户露营或者长途旅途时可以将前排座椅的头枕拆下来，然后通过中控屏幕或者语音助手打开车辆的"大床模式"，这时候车辆前排座椅、第二排座椅便会自动调整位置，前排座椅放平，前后座椅相连接后就跟一张单人床一样，如图 7-4 所示。如果带着理想官方提供的充气床垫的话，将后排座椅完全展开，那么便可以将充气床垫直接平铺上，即刻变成一张大床，让驾乘人员在车内也能享受到酒店大床的舒适体验，如图 7-5 所示。

图 7-4　理想 L9 汽车座椅秒变单人床

图 7-5　理想 L9 汽车座椅秒变大床模式

在长时间开车旅途中，后排乘员因为不需要驾驶，因此座椅可以设计得让乘员坐的舒适，躺的舒服。传统 MPV 商务车的中排座椅是增加了腿托，将第二排座椅充分向后调节，把腿托支起来，靠背俯仰，就是一个半躺的姿态。腿托打开后的状态如图 7-6 所示。

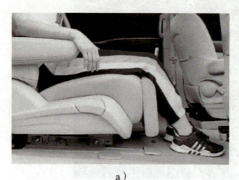

a)

b)

图 7-6　带腿托的汽车座椅

问界开发团队根据人体工程学原理，发现大腿与躯干夹角113°时可以实现膝盖和心脏处在同一水平线上，是最适合人体的舒适性曲线，据此开发了所谓的"零压力座椅"，如图7-7所示。零压力这个姿态能让人的脊柱、骨盆等压力均匀释放，获得较低的血液流速，从而获得漂浮感。同时，驾乘人员的压力均匀分布在整个座椅表面，能获得更好的承托感，无论是在行驶中还是停车时，都可以拥有更好的乘坐体验。

图7-7 零压力座椅

（2）座椅强化商务办公功能　某些商务车已经实现了在车上办公的功能，例如，2022年上市的岚图梦想家在第二排前方配备了一块隐藏式的32in的液晶智能电视，通过后排控制屏可以控制电视的升降。电视系统内预装了小米盒子，通过车内的5G网络，后排乘员轻松连接计算机、手机实现投屏，进行商务会议和办公，如图7-8所示。

为了进一步强化办公功能，汽车座椅通过整车设计改进，在满足安全法规前提下增加旋转功能，并通过座舱的智能灯光调节设置办公场景，利用5G云端技术与远程通信。已经上市的国产MPV江淮汽车瑞风M4，中排座椅已经具备旋转功能，如图7-9所示。

图7-8 岚图梦想家后排商务办公模式　　图7-9 瑞风M4中排座椅旋转后秒变会议室

对于普通的轿车，如何在座舱实现秒变会议室的功能呢？来自韩国的汽车品牌捷尼赛思推出的Neolun概念车可供参考。如图7-10所示，Neolun概念车选择无B柱车型，并通过旋转式前排座椅、折叠屏幕，轻松把普通座舱布置成商务会议室。

图7-10 捷尼赛思提供的座舱改会议室方案

（3）座椅强化亲子功能　座椅强化亲子功能离不开汽车座舱。首先，座舱在设计阶段就要考虑原材料中的甲醛等有害物质的挥发，并通过空调滤芯过滤掉车外空气中的有害成分，为儿童打造一个干净、安静的座舱环境。前排座椅的靠背配置多媒体控制屏幕，驾乘人员可以通过它播放故事或儿歌，让孩子们在车上不会感到无聊；后排座椅上配备了一个专属的摄像头，可以让驾驶员实时观察后排孩子的动态，增加了儿童安全性；前排座椅后背增加储物功能，方便放置儿童护理用品；儿童座椅在结构上提升了防撞强度，并增加头部保护和侧面包裹性能；同时，儿童位旁边的护理位可以考虑增加旋转功能，方便进行亲子护理。

2023年9月上市的极狐汽车推出的考拉品牌，座椅强化了亲子功能，座舱内除了应有的配置外，还增加了一项非常有趣的功能——"魔方茶几"功能，如图7-11所示。该功能能够让孩子在画画或进餐时更加方便实用。

图7-11　极狐考拉汽车打造的亲子座舱

（4）座椅强化关爱功能　为了关爱孕妇、老人、残障人士，后排汽车座椅在传统的座椅调节功能、按摩功能、通风功能基础上，还增加了方便上下车的功能。2024款新岚图梦想家（图7-12）中排座椅通过遥控伸出车外、降低高度并接驳轮椅，让特定人群告别需要陪护人搀、扶、抱、背等方式协助上下车的烦恼，不再因行动受限、不愿麻烦家人而被困在室内，有机会走出家门享受生活。

图7-12　岚图梦想家中排座椅可以遥控伸出车外

三、智能座椅的结构组成

1. 传统座椅

其组成包括头枕、靠背、坐垫、座椅骨架、座椅电动机、座椅控制单元、座椅气囊、安全带等，如图7-13所示。

电动座椅功能有位置调节、座椅加热、座椅通风、腰部按摩、座椅记忆等。

2. 智能座椅

在传统汽车座椅的基础上，增加了各种智能系统部件，主要由骨架、填充层、表皮和智能系统等组成，其中智能系统又包括传感器、执行器、人机交互和控制单元，如图7-14所示。

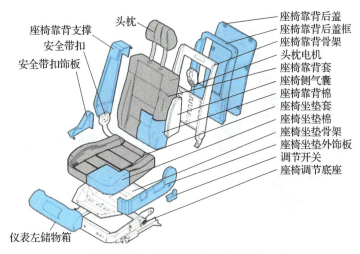

图 7-13　传统座椅的结构组成

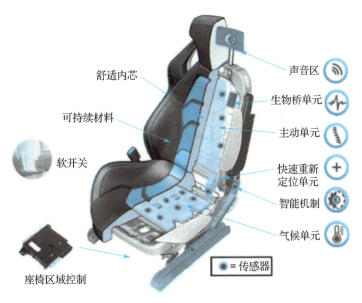

图 7-14　智能座椅的结构组成

3. 座椅骨架

汽车座椅骨架是汽车座椅的基础组成部分，也是汽车座椅最重要的安全支撑部分，骨架的强度对整车的安全起着重要的作用，能在汽车受到撞击时很好地保护驾乘人员保持一定的姿势，和其他安全件（如安全带，安全气囊等）一起充分发挥保护功能。

传统座椅骨架多采用低合金钢材质，智能座椅骨架为了满足轻量化要求，更多采用高强度钢骨架、镁合金骨架、铝合金骨架、碳纤维、超级工程塑料 PEI 等材料做成的轻量化骨架，并且多种材料混合设计应用将成为汽车座椅轻量化的发展趋势，如图 7-15 所示。

a）传统座椅骨架　　　　　　　b）镁合金座椅骨架

图 7-15　传统座椅骨架和镁合金座椅骨架

4. 座椅填充物

一套舒适的汽车座椅，一般要从它的柔软度、贴合度、支撑度等方面进行判断，此外座椅还应在发生车辆碰撞时起到减振、缓冲、吸能的作用。同时座椅是座舱内除地毯之外的最大的吸声面，因此座椅的填充物要考虑支撑、缓冲、减振、吸声等功能。

（1）海绵　海绵是一种传统的座椅填充材料，具有柔软性好、弹性恢复快、透气性好等特点。它能够有效分散身体质量，避免久坐疲劳，因此被广泛应用于汽车座椅中。

（2）棉花　棉花也是传统座椅的填充材料，具有柔软、易弯曲、有一定支撑力的特点。它的优点是随着时间的推移不会失去弹性，但容易结团和脱形，需要定期更换。考虑成本问题，部分车型使用不合格再生棉甚至"黑心棉"进行填充，给驾乘人员健康带来隐患。

（3）聚酯纤维　聚酯纤维是一种轻质、柔软、透气性强的座椅填充材料，具有防菌、防霉、无异味等特点。同样，它也具有较长的使用寿命和良好的支撑性，可以确保坐姿良好，避免因长时间按压而造成的疲劳。

（4）记忆棉　记忆棉是近几年较为流行的座椅填充材料，其发明初衷是为了舒缓宇航员在高速起飞和着陆时所承受的压力。它具有随着体温和压力变形、能够快速恢复原状、稳定的支撑性等特点，因此被广泛应用于办公座椅、汽车座椅、以及床垫等领域，为消费者带来舒适体验。

5. 座椅表皮

座椅表皮材质有真皮、人造革（高仿真皮）、织物、混搭材料等。座椅表皮的材质几乎决定了座椅的舒适性和高档程度，采用多样化、个性化的汽车座椅面料也是展现差异的方式，越来越多的智能座椅已经把环保、可持续、无污染面料作为设计元素，这也是未来汽车广泛使用的材料。

四、汽车座椅生产厂家

汽车座椅的开发和生产是一个复杂的系统工程，涉及座椅功能、碰撞安全、舒适性、造型、工程可制造性、质量、成本、人机工程、法规等范畴。汽车座椅设计开发和组织生产难度较大,作为汽车的关键零部件,整车厂一般是和汽车座椅配套厂家合作开发,或座椅配套厂按采购要求独立开发,并负责生产。很多轿车座椅的成本占整车成本比例达到5%,成为除发动机、变速器之外成本最高的汽车零部件之一。2022年我国乘用车座椅需求量约1.21亿席,市场销售规模为950亿元左右。在消费升级趋势下,乘用车座椅正经历从功能性到智能化逐渐演化,尤其在中高端车型和新能源汽车中的座椅尤为明显。座椅的智能化和客户关注度越来越高,高端智能座椅已经成为新势力汽车标配,如问界汽车、理想汽车的座椅都能为驾乘人员提供更好出行体验,并成为汽车的卖点。

汽车座椅行业的竞争激烈,外资品牌占据主导地位,但民族品牌逐渐崛起。李尔、安道拓等外资品牌依托技术、主机厂客户资源及先发优势在国内及全球汽车座椅市场占据较高份额。2022年李尔在全球及中国的市占率分别为26%及15%。2022年中国汽车座椅行业中市占率第一的是华域系,占比达28%。汽车座椅正在加速实现国产替代。

1. 外资品牌

(1) **安道拓**　安道拓是全球最大的汽车座椅供应商,前身为美国江森自控有限公司的汽车座椅业务,于2016年完成拆分,以一家独立的上市公司开启运营。安道拓曾与延锋合资成立延锋安道拓(前身为延锋江森座椅)一度是国内最大的汽车座椅供应商。

(2) **李尔**　2020年李尔在全球及中国汽车座椅的市场份额分别约为24%、14%。李尔公司于1917年在美国底特律创立,是全球汽车座椅和电子电气技术供应商。李尔全球总部位于美国密歇根州南菲尔德,亚太及中国总部位于中国上海。截至2020年,已在中国20多个城市建立了44家生产型企业,3个工程研发中心。

(3) **佛吉亚**　佛吉亚在全球及中国汽车座椅的市场份额分别约为13%、12%。创立于1997年的法国汽车零部件品牌佛吉亚集团已发展成为全球领先的汽车零部件科技公司,在2022年2月合并海拉后成为全球第七大汽车技术供应商。

(4) **丰田纺织**　全球第三大汽车座椅厂,2020年在全球市场份额约为16%。丰田纺织成立于1918年,是丰田集团的一部分。在中国,丰田纺织已投资建立了19家公司,为丰田汽车和通用汽车等主机厂提供汽车相关零部件,国内市场份额约为7%。

(5) **麦格纳**　全球第五大汽车座椅制造厂商,总部位于加拿大,全球座椅市场份额约8%。目前在中国已设有28个工厂、9个工程研发中心,1996年就在中国开设了第一家合资工厂上海龙马神汽车座椅有限公司,国内汽车市场份额5%左右。

2. 民族品牌

与外资及合资品牌相比,完全自主品牌座椅行业起步晚,产品成熟度低,大部分公司处于低端产品。除了华域汽车,其他自主品牌在汽车座椅领域的市场占有率约30%,主要集中在江浙、广东地区。

(1) **华域汽车**　华域汽车是由上汽集团控股的零部件公司,旗下延锋汽车饰件系统有限公司是华域汽车的全资子公司。2021年3月通过其全资子公司延锋汽车饰件系统有限公司收购了安道拓持有的49.99%延锋安道拓座椅有限公司股权后,进一步加强了其在汽车座椅总成产业上的布局,成为国内座椅总成行业领域龙头企业。

（2）**继峰股份**　成立于1996年，总部浙江省宁波市。继峰股份专注于汽车座椅赛道，通过并购全球商用车座椅龙头格拉默，业务横向已涵盖乘用车与商用车两大板块，纵向已由 Tier 2（二级供应商）零部件延伸至 Tier 1（一级供应商）总成环节，并成为全球汽车座椅头枕细分赛道龙头，全球市场占有率超25%。

（3）**天成自控**　浙江天成自控股份有限公司，始创于1984年，在国内外拥有18个生产基地和三个研发中心。天成自控作为汽车座椅国产化的开拓者，始终坚持智能化、轻量化、平台化，并计划在不远将来为汽车座椅的智能化提供高科技解决方案。

> **扩展阅读**
>
> 座椅调角器，汽车最关键的22种零部件之一。湖北中航精机科技股份有限公司历经28载艰苦奋斗，研发出具有国际先进水平的调角器，占据全球市场份额12%、国内市场份额30%。
>
> 1993年，中航精机在襄阳市成立时，调角器被欧美国家垄断，面对起步晚、被封锁、受打压的环境，中航精机人艰苦奋斗，研发出具有国际先进水平的调角器。"只有把核心技术牢牢掌握在自己手中，牢牢占据技术高峰，才能在国际合作、市场竞争中赢得尊重。"
>
> 创新之路，没有捷径可走。中航精机人下定决心：必须生产出属于自己的调角器。首选目标是板簧式调角器，研发任务落在了当时还是一名普通技术员的罗贤虎肩上。没有趁手的工具，被弹簧擦破、弹破手指是常有的事，他就把止血纱布放在口袋里；没有先进的数据计算系统，他依靠铅笔、算盘、计算机完成一次次的演算，在不到一个月的时间里完成了板簧式调角器原理图样的绘制工作。1998年11月，国外某汽车生产厂商相关负责人抵达武汉，中航精机多方联系获得一次展示样品的机会。"双方约定的时间是第二天上午10时，我们直到前一天晚上10时才把样品生产出来。"罗贤虎来不及洗去手上的油污，把调角器往棉大衣里一裹，买了一张火车站票直奔武汉。见面时，调角器余温尚存，现场试验一次成功，一向高傲的外商拍了拍罗贤虎的肩膀："小伙子，好样的！希望下一次能在谈判桌上见到你！"第一次拿下国际市场的订单，中航精机人喜出望外。
>
> 中国自主品牌的调角器诞生后，竞争对手在其成长和发展之路上，设置重重障碍。"从落后到追平，很不容易。绝对不能停下来，还要继续努力，去反超，去遥遥领先。"罗贤虎感慨道。2015年，中航精机联合华中科技大学、华工激光等多家单位的攻关成果，获得国家科技进步一等奖。2017年，麦格纳国际有限公司主动与中航精机合作，合资成立湖北航嘉麦格纳座椅系统有限公司。双方共同投资14.9亿元，联手在襄阳打造面向全球的汽车座椅调节机构等零部件生产基地。
>
> 一路走来，公司总经理胡煜敏说："中航精机的发展史，置于锐意进取的新时代，可以浓缩成九个字——不服输、能吃苦、敢创新。"

五、智能座椅串口通信

1. 串口通信的定义

串口通信也称为串行通信,是一种数据传输方式,数据一位一位(bit)地顺序传送,如图7-16所示。与之相对应的是并行通信。串口通信数据传输比并行通信慢,但最少需要一根传输线即可完成通信,成本低。串口通信通常用于外围设备和计算机之间,通过数据信号线、地线等按位进行传输数据。这些外围设备包括打印机、调制解调器、传感器、汽车座椅等。

2. 串口通信的硬件连接

通常包括地线、发送线和接收线,数据可以在两个设备之间发送和接收,如图7-17所示。

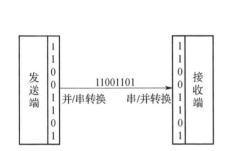

图7-16 串口通信按位传送

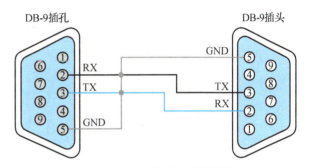

图7-17 串口通信的硬件连接1

3. 位、字节、比特率、波特率

1)位是计算机中数据存储的最小单位,每个位只能存储0或1;符号bit。

2)字节。衡量数据存储空间的基本单位,符号Byte。8个位构成一个字节,如图7-18所示。1MB的存储空间指1024KB。

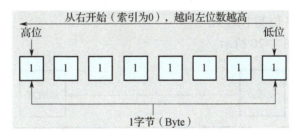

图7-18 串口通信的硬件连接2

3)比特率。指单位时间内传输的二进制位数,通常用于衡量数据传输的速度,单位bit/s,即每秒多少字节。

4)波特率:波特率是串行通信协议中的一个关键参数,用于确定数据传输的速度,单位是波特,符号Bd。例如,一个波特率为9600Bd的串行通信系统,每秒钟会发送9600个符号,每个符号使用10位来表示,那么该系统的传输速率为96kbit/s。

4. 同步和异步

串口通信最重要的参数是波特率、数据位、停止位和奇偶的校验。对于两个需要进行串口通信的端口，这些参数必须匹配，这也是能够实现串口通信的前提。串口通信有同步和异步之分。

（1）串口同步　是指发送方发出数据后，等接收方发回响应后才发下一个数据包的通信方式。数据传送是以帧（若干个数据字符，每个字符 8 个位，信息不足填空字符）为单位，字符与字符之间、字符内部的位与位之间都同步。因为一次传输的数据块中包含的数据较多，所以接收时钟与发送时钟严格同步，通常共用一个同步时钟。同时数据发送和接收的速率要相同，即波特率相同。一帧信息以一个（或几个）特殊字符开始，如图 7-19 所示。

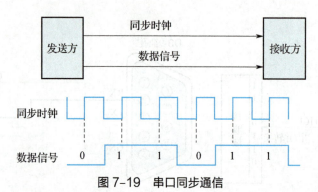

图 7-19　串口同步通信

（2）串口异步　是指发送方发出数据后，不等接收方发回响应，接着发送下个数据包的通信方式。相邻数据帧的间隔可任意长，接收端必须时刻做好接收的准备。如果接收端主机的电源没有加上，那么发送端发送字符就没有意义，因为接收端根本无法接收。发送端可以在任意时刻开始发送字符，因此必须在每一个字符的开始和结束的地方加上标志，即加上开始位和停止位，以便使接收端能够正确地将每一个字符接收下来。字符内部接收时钟和发送时钟只要相近就可以，但是要确保波特率相同。异步通信可视为字符间异步，字符内部各位基本同步。

串口异步通信如图 7-20 所示。

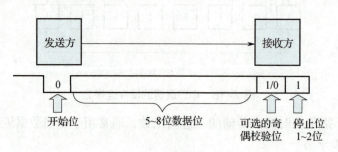

图 7-20　串口异步通信

（3）两种通信方式对比

1）同步通信可用于一点对多点；异步通信只适用于点对点。

2）同步通信要求接收端时钟频率和发送端时钟频率一致，发送端发送连续的比特流；

异步通信时不要求接收端时钟和发送端时钟同步，发送端发送完一个字节后，可经过任意长的时间间隔再发送下一个字节。

3）同步通信效率高，异步通信因为有开始位和停止位，数据传输效率较低。

5. 单工通信、半双工通信、全双工通信

串口通信从传输方向上可以分为单工通信、半双工通信、全双工通信三类，如图7-21所示。

（1）单工通信　数据传输是单向的。通信双方中，一方固定为发送端，一方则固定为接收端。信息只能沿一个方向传输，发送端和接收端的身份是固定的，发送端专门用于发送信息，接收端专门用于接收信息。这种通信模式

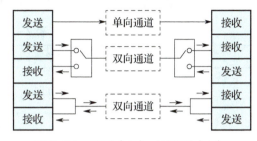

图 7-21　单工（上）、半双工（中）、全双工（下）

适用于一些特定的应用场景，如遥控、遥测、无线电广播等。

（2）半双工通信　通信双方都可以发送和接收信息，但不能同时进行。这种通信方式可以实现双向的通信，但在某一时刻，信息只能有一个传输方向，因此又称为双向交替通信。其工作原理是，一方发送数据时会先检查信道是否空闲，若空闲则开始发送数据，此时信道被占用，另一方不能发送，只能接收。当数据发送完毕后，信道再次空闲，这时另一方才能开始发送数据。半双工通信具有资源高效、成本低等优点，但缺点是通信效率低。典型应用是无线对讲机系统。

（3）全双工通信　通信允许数据在两个方向上同时传输，它在功能上相当于两个单工通信方式的结合，同时进行信号的双向传输。

6. RS-232 串口

在串行通信时，要求通信双方都采用一个标准接口，使不同的设备可以方便地连接起来进行通信。RS-232接口是目前最常用的一种串行通信接口协议。它以全双工方式工作，需要地线、发送线和接收线三条线，实现点对点的通信方式。RS-232通信协议用于连接计算机设备的串行端时，采用9个针脚的标准串行接口DB9，如图7-18所示。

7. 智能座椅串口通信协议

（1）通用的串口数据协议　开始标识占2字节，数据位占20字节，时间戳占6字节，厂家信息占据2字节，如图7-22所示。

图 7-22　智能座椅通用的串口数据协议

（2）座椅下位机下发的串口通信协议　示例如图7-23所示。

0xFFEA | 0x01FF 0x01000x0F01 0x0000 0x00000x00000x0000 0x00000x0000 0x0000 | 0x7E7C1F173735 | 0xE13A |

图 7-23　智能座椅下位机下发的串口通信协议

1）在数据栏最左边两个字节 0x01FF 中，具体信息解释见表 7-1。

表 7-1　0x01FF 解读

Byte	操作对象	信息	备注
0x01FF	导轨前后方向	01	移动到指定位置
		02	停止移动
	移动到什么位置	00	00 对应移动到最前位置
		FF	FF 对应移动到最后位置（00~FF 之间对应 0~255，任意位置可调）

2）在数据栏第 3 及第 4 字节 0x0100 中，具体信息解释见表 7-2。

表 7-2　0x0100 解读

Byte	操作对象	信息	备注
0x0100	靠背前后方向	01	移动到指定位置
		02	停止移动
	移动到什么位置	00	00 对应移动到最前位置
		FF	FF 对应移动到最后位置（00~FF 之间对应 0~255，任意位置可调）

3）在数据栏第 5 及第 6 字节 0x0F01 中，具体信息解释见表 7-3。

表 7-3　0x0F01 解读

Byte	操作对象	信息	备注
0x0F01	指令状态	0F	状态上报中
		00	状态未上报
		01	指令启动中
		00	指令未启动

4）时间戳 0x7E7C1F173735 是 16 进制，其解读信息见表 7-4。

表 7-4　0x7E7C1F173735 解读

Byte	信息	备注
0x7E7C1F173735	7E7	2023 年
	C	12 月份
	1F	31 日

（续）

Byte	信息	备注
0x7E7C1F173735	17	23 点
	37	55 分
	35	53 秒

任务分解

要完成在座舱中开发调试出座椅开门迎宾、自动调节自动位置的相关功能，需要对任务分解为下面两个子任务。

1. 子任务 1　汽车智能座椅的拆装和调试
2. 子任务 2　汽车智能座椅的开发和测试

任务实施

子任务 1　汽车智能座椅的拆装和调试

任务要求：基于教学车进行车辆智能座椅的拆装和调试。

前期准备

1）设备准备：同学习任务 2（语音交互系统开发与测试）子任务 2（语音交互系统的调试）。

2）工具准备：同学习任务 2（语音交互系统开发与测试）子任务 2（语音交互系统的调试）。

3）教学车检查：同学习任务 2（语音交互系统开发与测试）子任务 2（语音交互系统的调试）。

增加：

①智能座椅检查，教学车配套智能座椅如图 7-24 所示。

图 7-24　教学车配套智能座椅

a. 线束外观应完整，无破损、划痕、烧焦，连接针脚无损坏、变形或生锈。
　　b. 导轨和固定螺栓孔无变形、损坏、生锈等缺陷。
　②智能座椅电源线束针脚定义见表 7-5。

表 7-5　座椅电源线束针脚定义

座椅电源线束	针脚	功能
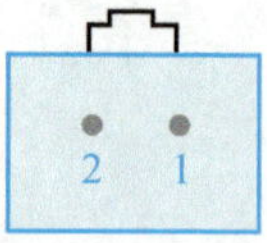	1	电源（VCC）
	2	接地（GND）

　③智能座椅信号线束针脚定义见表 7-6。

表 7-6　座椅信号线束针脚定义

座椅信号线束	针脚	功能
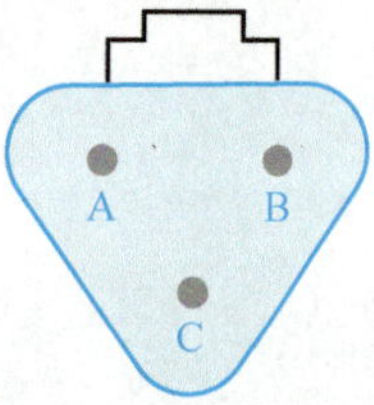	A	接地（GND）
	B	接收信号（RX）
	C	发送信号（TX）

　　4）教学车和台架互联：同学习任务 2（语音交互系统开发与测试）子任务 2（语音交互系统的调试）。

任务实操

步骤	具体内容	图示及备注
1	智能座椅的装配	（1）把智能座椅搬入座舱，连接智能座椅线束 （2）车辆 READY 上电，仪表 READY 灯点亮，且档位处于 P 位

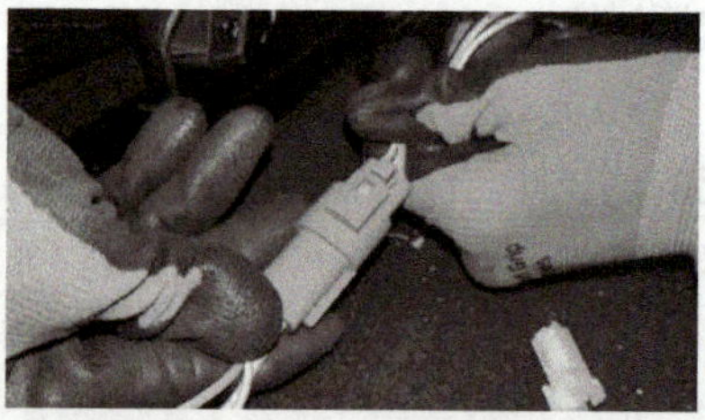

(续)

步骤		具体内容	图示及备注
1	智能座椅的装配	（3）调节座椅至最后位置，安装前面两颗紧固螺栓	
		（4）调节座椅至最前位置，安装后面两颗紧固螺栓	
		（5）使用扭力扳手按照标准扭矩（20N·m）拧紧后面的两颗紧固螺栓	
		（6）调节座椅至最后位置，使用扭力扳手按照标准扭矩（20N·m）拧紧前面的两颗紧固螺栓	
		（7）将座椅调节到初始位置（位置最后，靠背最上）	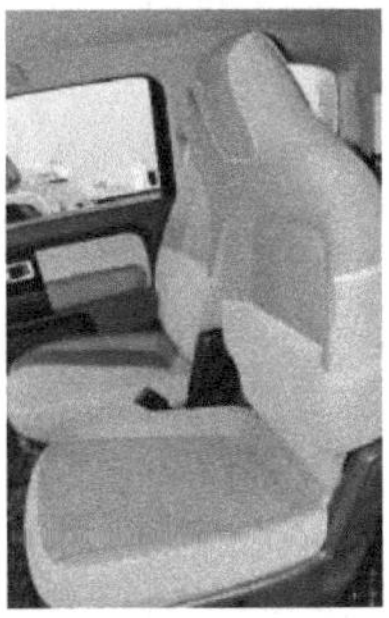
2		启动台架和计算机。连接台架电源线并打开台架电源开关，启动台架计算机	

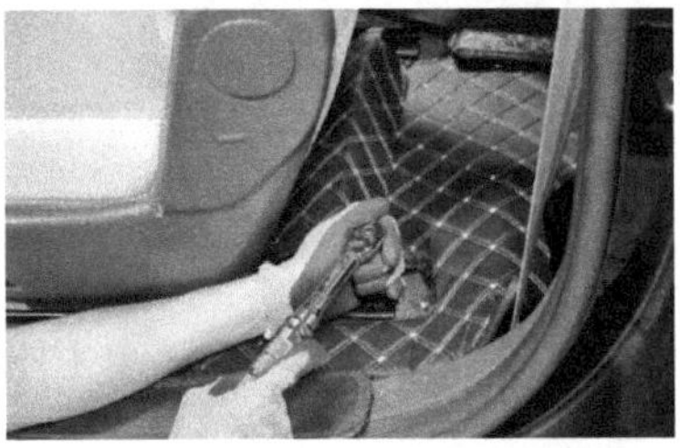

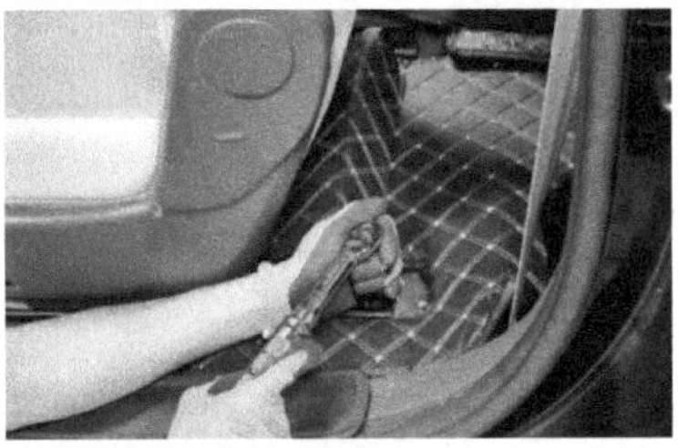

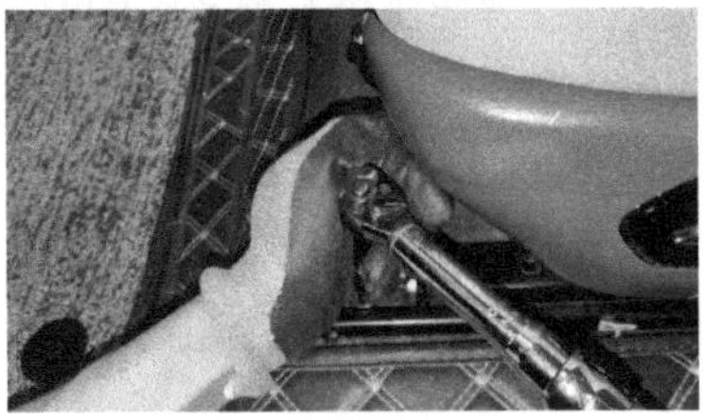

(续)

步骤		具体内容	图示及备注
3	智能座椅系统的调试	（1）在"智能座舱系统测试软件"上，单击"座椅"按钮进入智能座椅系统的调试	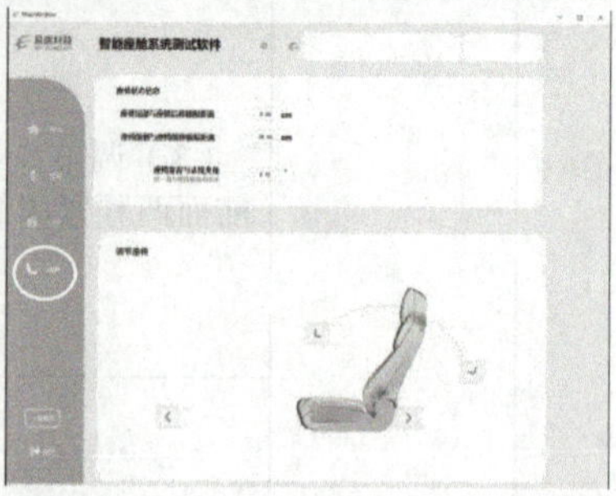
		（2）单击座椅位置"前进"按钮至最前的位置，检查智能座椅是否正常向前移动	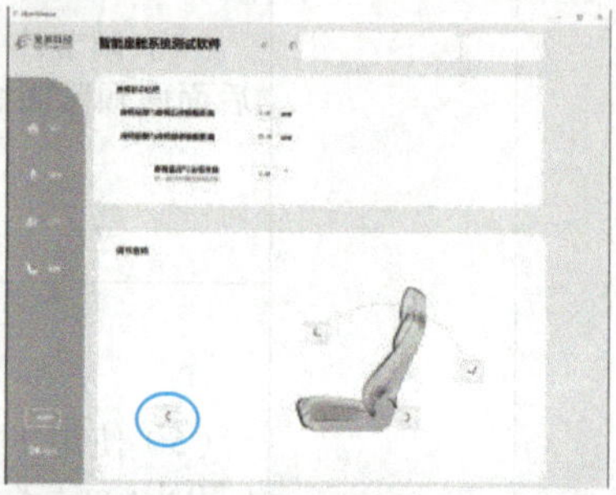
		（3）单击座椅靠背"向下"按钮至最下的位置，检查智能座椅靠背是否正常向下移动	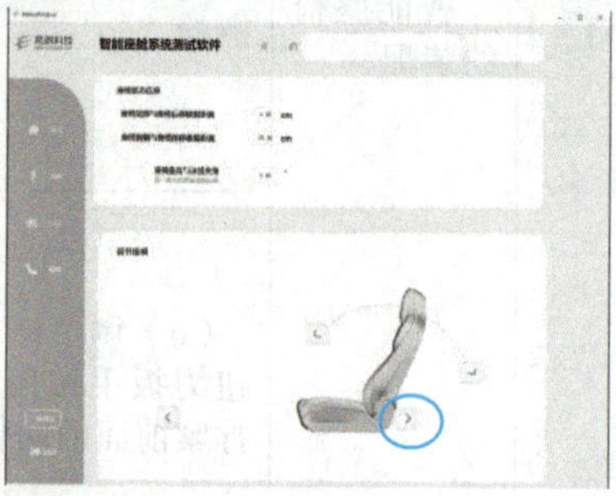
		（4）单击座椅靠背"向上"按钮至最上的位置，检查智能座椅靠背是否正常向上移动	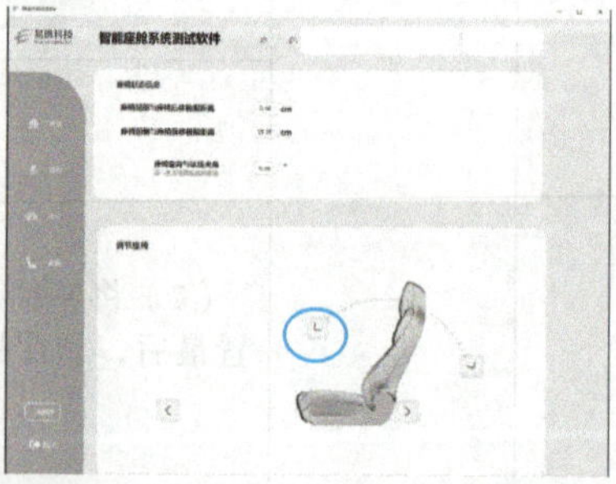
		（5）单击座椅位置"后退"按钮至最后的位置，检查智能座椅是否正常向后移动	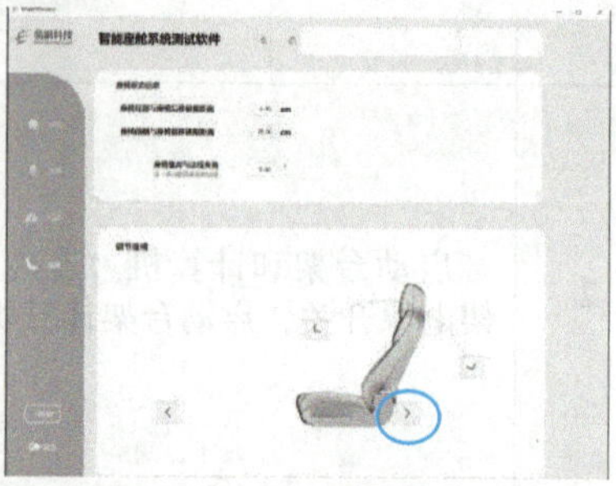

（续）

步骤	具体内容	图示及备注
4	关闭台架和车辆 （1）测试完成后，在台架上一键还原车辆和台架 （2）关闭测试软件 （3）关闭智能座舱测试装调台架上的计算机 （4）关闭智能座舱测试装调台架电源开关并拔出电源线 （5）关闭车辆 （6）拆卸连接车辆和台架的联机通信线	
5	拆卸智能座椅 （1）调节座椅至最后位置，松开前面两颗紧固螺栓 （2）调节座椅至最前位置，松开并拆卸后面两颗紧固螺栓 （3）调节座椅至最后位置，拆卸前面两颗紧固螺栓 （4）拆卸智能座椅线束插头，搬出智能座椅并放置工作台上	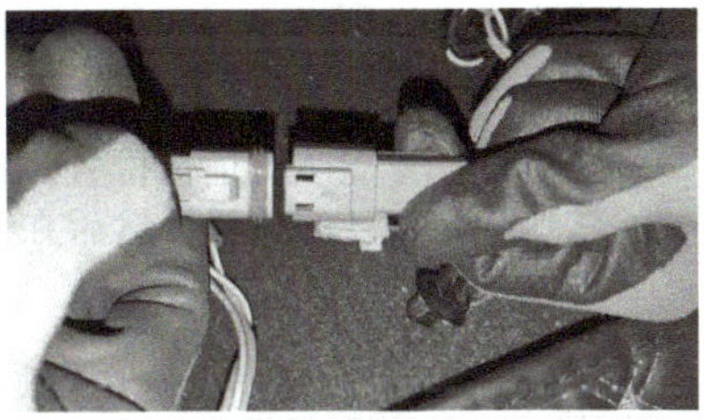
6	6S 整理 （1）清洁整理触控笔 （2）清洁整理线束 （3）清洁工具 （4）清洁整理工作台 （5）回收座椅、地板、方向盘、变速杆四件套 （6）清洁整理车辆和台架 （7）卸下并整理安全帽和工作手套 （8）回收安全警示牌 （9）离场并恢复围挡	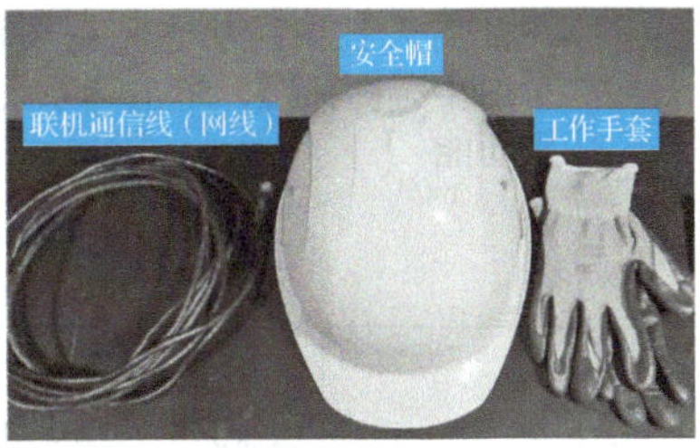

★视频 11：智能座椅系统的拆装与调试

子任务 2　汽车智能座椅的开发和测试

任务要求：本任务主要结合人脸识别系统实现智能座椅功能。在台架上编写程序实现座椅开门迎宾、自动调节位置相关功能，并利用台架和教学车通信互联进行固件烧入，最后在教学车上对开发的座椅开门迎宾、自动调节功能进行测试。

前期准备

1）设备准备：同子任务 1。

2）工具准备：同子任务 1。

3）教学车检查：同子任务 1。

4）教学车和台架互联：同子任务 1。

任务实操

步骤	具体内容		图示及备注
1	打开智能座椅设置界面。在车辆中控屏上单击"座椅"图标，进入智能座椅设置界面		
2	设置智能座椅记忆位置。将智能座椅位置调节到适合自己的位置，然后在中控屏上单击"记忆位置"，记忆当前座椅位置		
3	开启人脸识别功能。在车辆中控屏上单击左下角的小车图标，单击"系统设置"，打开人脸识别功能		
4	编写智能座椅系统程序	（1）在台架计算机"桌面/E300/task3"文件夹中，右键单击 student.py 文件，用 Visual Studio Code 软件打开	
		（2）编写代码，实现"打开车门，座椅调节到迎宾位置；关闭车门，座椅调节到中间位置" 代码解读 参数 doorstate：主车门开关状态，1-开；0-关 h：当前座椅位置 v：当前靠背位置 局部变量定义 sData-要发送的协议数据 返回值：无	def doorwel（doorstate,h,v）： # 车门开 if（doorstate == 1）： sData=bytearray（[0xff, 0xea,0x02,0xff,0x01,0x00, 0x00, 0x00, 0x00, 0x00, 0x00, 0x00, 0x00, 0x00, 0x00, 0x00, 0x00, 0x00, 0x00, 0x00, 0x00, 0x00, 0x7E, 0x7C, 0x1F, 0x17, 0x37, 0xE1, 0x3a]） # 座椅位置数据处理 # 发送座椅位置数据 # 车门关 elif（doorstate == 0）： sData=bytearay（[0xff, 0xea,0x02,0x00,0x01,0x00, 0x00, 0x00, 0x00, 0x00, 0x00, 0x00, 0x00, 0x00, 0x00, 0x00, 0x00, 0x00, 0x00, 0x00, 0x00, 0x00, 0x7E, 0x7C, 0x1F, 0x17, 0x37, 0xE1, 0x3a]） # 座椅位置数据处理 # 发送座椅位置数据 UDPsend（sData）

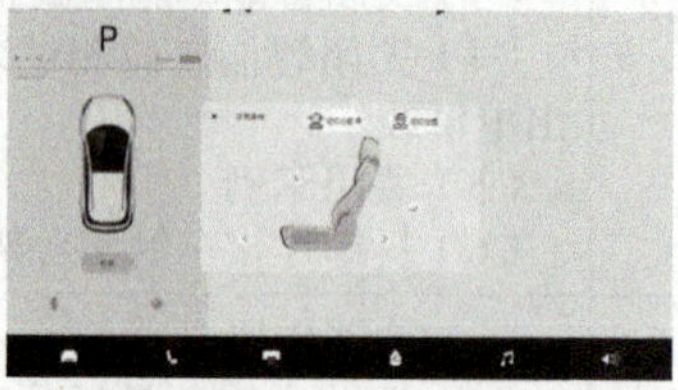

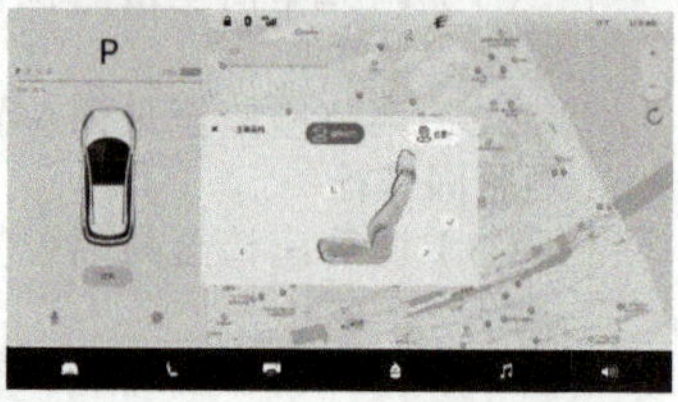

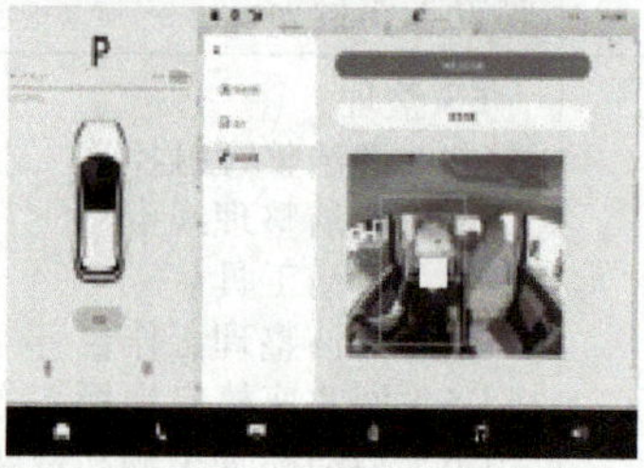

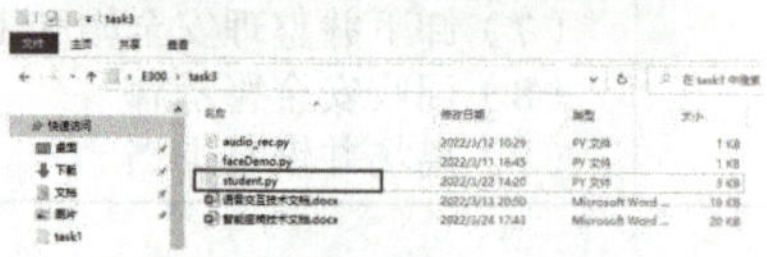

（续）

步骤		具体内容	图示及备注
4	编写智能座椅系统程序	（3）编写代码读取 ini 配置文件，获取用户记忆位置，实现"从文件中读取座椅记忆位置信息" 代码解读 参数：无 局部变量定义：hpos- 可记忆的座椅位置 vpos- 记忆的靠背位置 返回值：hpos，vpos 读不到记忆的位置信息 返回 -1	def memory_pos（）： hpos=-1 vpos=-1 with open（hpos_file_path）as file_object: with open（vpos_file_path）as file_object: return（hpos,vpos）
		（4）编写代码实现"人脸识别成功后，座椅调节到记忆位置" 代码解读 参数：face_info- 人脸数据检测驱动；driver- 调整座椅到记忆位置 局部变量定义：hpos- 记忆的座椅位置；vpos- 记忆的靠背位置；data- 要发送的协议数据 返回值：无	def facesetchair（face_info）： 
		（5）编写代码，绘制人脸框 代码解读 要求：绘制绿色矩形框，左上角坐标为（x-10,y-10），右下角坐标为（x+w+10,y+h+10）；绘制绿色文字"Face Detect OK!"，左上角坐标为（30,60），字体为 V2.FONT；HERSHEY_TRIPLEX 字体大小为 0.7，屏色为绿色，线宽为 1 参数：frame- 图片；x,y,w,h- 人脸框左上角坐标，宽，高 返回值：无	
		（6）编程完成后，保存并关闭文件（可使用快捷键〈Ctrl+S〉）	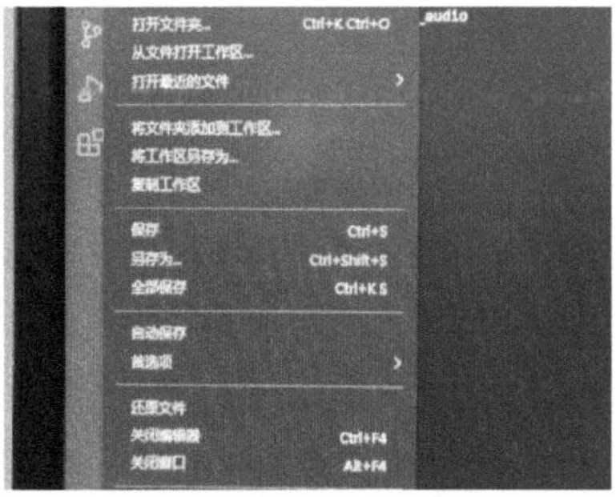

（续）

步骤	具体内容		图示及备注
5	智能座椅代码固件烧入	（1）打开智能座舱系统测试软件。在"智能座舱系统测试软件"上，单击"设置"图标，单击 SSH 进入程序迁移界面	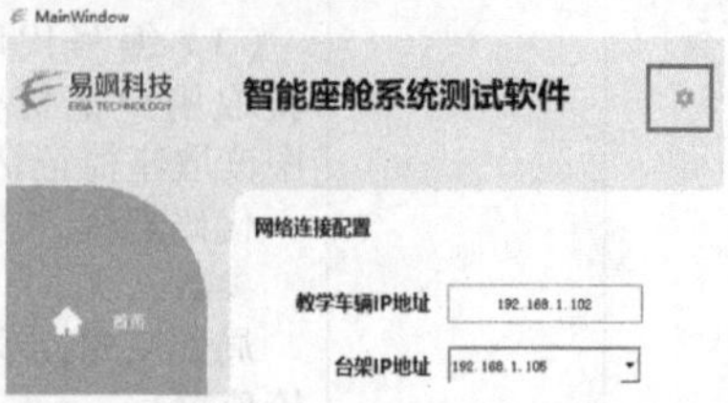
		（2）设置并连接网络。IP 输入"192.168.1.102"，Name 输入"e300"，Password 输入小写 root，单击"连接"按钮连接台架和车辆	
		（3）发送文件。单击"选择文件"，选择人脸识别的代码文件 facedemo.py 和智能座椅系统的代码文件 student.py（以上文件的路径都是：桌面 /E300/task3，可以同时选择全部文件），再单击"发送任务三文件"，发送成功后，在窗口显示"发送成功"	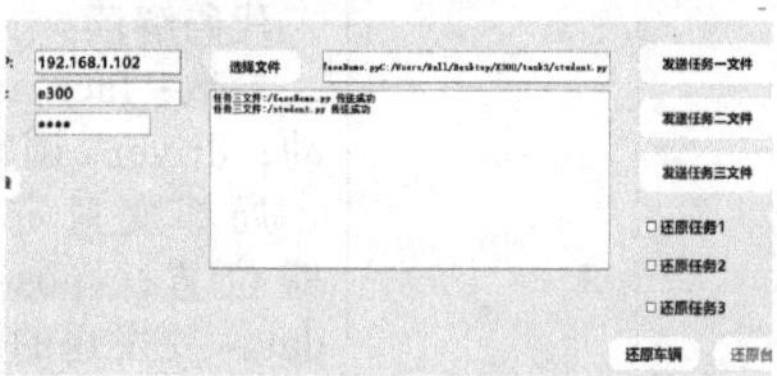
6	智能座椅测试 （1）在车外打开车门，座椅自动调节到最后的位置，靠背角度不变 （2）坐在座椅上结合人脸识别系统关闭车门后，座椅自动调节到原来记忆的位置 （3）在车内打开车门，座椅自动调节到最后的位置，靠背角度不变 （4）下车并关闭车门后，座椅自动调节到中间位置，靠背角度不变 （5）在车辆中控屏上关闭人脸识别功能		
7	还原教学车和台架。测试完成后，在台架上还原车辆和台架 		
8	关闭台架和车辆 （1）测试完成后，在台架上一键还原车辆和台架 （2）关闭测试软件 （3）关闭智能座舱测试装调台架上的计算机 （4）关闭智能座舱测试装调台架电源开关并拔出电源线 （5）关闭车辆 （6）拆卸连接车辆和台架的联机通信线 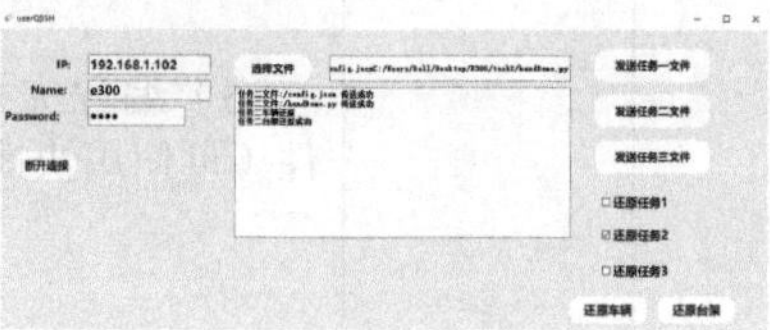		

（续）

步骤	具体内容	图示及备注
9	6S 整理 （1）清洁整理触控笔 （2）清洁整理线束 （3）清洁工具 （4）清洁整理工作台 （5）回收座椅、地板、方向盘、变速杆四件套 （6）清洁整理车辆和台架 （7）卸下并整理安全帽和工作手套 （8）回收安全警示牌 （9）离场并恢复围挡	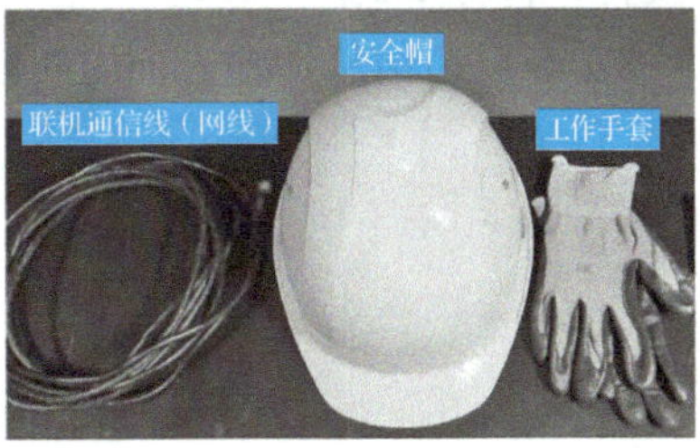 

★视频 12：智能座椅系统的开发与测试

任务小结

1）智能座椅的功能包括：生理监测功能、情感互动功能、智能互联功能、第三生活空间功能等；其中第三生活空间功能包括：强化出游休息功能、强化商务办公功能、强化亲子功能、强化关爱功能等。

2）传统座椅的组成包括：头枕、靠背、坐垫、座椅骨架、座椅电动机、座椅控制单元、座椅气囊、安全带、座椅面料；汽车座椅骨架是汽车座椅的基础组成部分，也是汽车座椅最重要的安全支撑部分；电动座椅功能有：位置调节、座椅加热、座椅通风、腰部按摩、座椅记忆等。

3）智能座椅是在传统汽车座椅的基础上，增加了各种智能系统部件，主要由骨架、填充层、表皮和智能系统等组成，其中智能系统又包括传感器、执行器、人机交互和控制单元。

4）乘用车座椅市场主要由延锋安道拓、李尔、佛吉亚、丰田纺织、麦格纳等几家外资为主体的合资企业掌控，约占 70% 市场份额。

5）串口通信也称为串行通信，是一种数据传输方式，数据一位一位（bit）地顺序传送。串口通信通常用于外围设备和计算机之间进行数据传输，这些外围设备包括打印机、调制解调器、传感器、汽车座椅等。

6）串口通信的硬件连接：通常包括地线、发送线和接收线，数据可以在两个设备之间发送和接收。

7）位是计算机中数据存储的最小单位，符号 bit；字节是衡量数据存储空间的基本单位，符号 Byte；比特率是单位时间内传输的二进制位数，通常用于衡量数据传输的速度，单位 bit/s；波特率是串行通信协议中的一个关键参数，用于确定数据传输的速度，单位是波特，符号 Bd。

8）串口通信从传输方向上可以分为单工通信、半双工通信、全双工通信三类。

任务工单

一、判断题

1. 所有的汽车智能座椅，都具有旋转功能。（   ）
2. 零重力座椅能让驾乘人员的身体完全放松，为乘员提供一种身处外太空失重时的舒适感。（   ）
3. 一张合格的智能座椅，不需要安全带、气囊的配合，也能对驾乘者起到有效的保护作用。（   ）
4. 汽车座椅绝大部分市场份额被外资和合资企业垄断。（   ）
5. 汽车座椅安全带是汽车座椅最重要的安全件。（   ）
6. 智能座椅是集人机工程学、机械驱动和控制工程等为一体的系统工程产品。（   ）
7. 未来智能座椅不仅能为驾乘人员提供舒适的体验，还能通过AI学习"读懂"驾乘人员意图，无需任何主动操作就能实现自动调节控制。（   ）
8. 比特率等同于波特率。（   ）
9. 串行通信较并行通信控制复杂，成本更高。（   ）
10. 对讲机使用的是全双工串口通信机制。（   ）
11. 串口通信中，同步通信较异步通信效率更高。（   ）
12. 智能座椅与车机采用串口通信。（   ）

二、不定项选择题

1. 智能座椅的功能包括（   ）。
   A. 生理监测功能　　　　　　　　B. 情感互动功能
   C. 智能互联功能　　　　　　　　D. 第三生活空间功能
2. 智能座椅第三生活空间功能包括（   ）。
   A. 强化出游休息功能　　　　　　B. 强化商务办公功能
   C. 强化亲子功能　　　　　　　　D. 强化关爱功能
3. 汽车座椅最重要的安全件是（   ）。
   A. 头枕　　　　B. 靠背　　　　C. 骨架　　　　D. 安全带
4. 智能座椅的生命体征监测功能包括（   ）。
   A. 呼吸频率　　B. 心率　　　　C. 眼睛闭合频率　　D. 头部倾斜角度
5. 智能座椅，是在传统汽车座椅的基础上，增加了各种智能系统部件，主要由（   ）等组成。
   A. 骨架　　　　B. 填充层　　　C. 表皮　　　　D. 智能系统
6. 通过传感器与座椅融合，座椅控制方式将从传统的按键方式，发展为（   ）等。
   A. 手势控制　　B. App控制　　C. 精神控制　　D. 意图感知控制

7. 全球及我国汽车座椅生产厂家市场份额排名首位的是（　　　）。
　　A. 延锋安道拓　　　B. 丰田纺织　　　C. 李尔　　　　　　D. 佛吉亚
8. 串口同步通信相比异步通信的优点包括（　　　）。
　　A. 单点对多点　　　B. 效率高　　　　C. 价格便宜　　　　D. 速度快

三、简答题

1. 简述汽车智能座椅相比于传统的汽车座椅，增加了哪些功能？
答：

2. 介绍下汽车智能座椅的结构组成。
答：

学习任务 8
智能座舱 OTA 与远程控制系统装调与测试

任务说明

【任务描述】

近年来，随着智能网联技术逐步普及，OTA 与远程控制系统频繁出现在车企新车发布会上。车企不断强调 OTA 升级会为车主补足车辆性能上的短板，增加各类智能化新功能，持续改善用车体验。特斯拉近年来频现大规模用 OTA 方式召回缺陷车辆。从 2021 年开始，特斯拉在中国市场已连续四年召回缺陷汽车，数量已超过 50 万辆，但均采取 OTA 远程升级的召回方式，为用户免费提供软件升级。OTA 既节约了高昂召回成本，同时也弥补了客户召回期间不能用车的损失。OTA 给车厂和客户带来便利的同时，也出现了多起关于 OTA 侵权的报道。众多客户投诉厂家 OTA 虚假宣传，不提供升级服务；更有甚者，主机厂不经过客户同意偷偷通过 OTA 升级的方式篡改客户车辆信息或改变车辆性能。

您知道如何进行远程控制系统的调试吗？如何通过 OTA 升级车机的软件包吗？会通过手机 App 远程控制打开车辆刮水器、车窗、空调吗？

【任务育人目标】

知识目标：

1）能概述 OTA 系统的类型和工作原理。
2）能简述 OTA 系统的功能、下载方式和设计要求。
3）能简述 OTA 系统的架构。
4）能概述远程控制系统的技术原理。
5）能概述远程控制系统的功能以及在车辆上的应用。
6）能简述远程控制系统的特点。

技能目标：

1）能够独立在整车环境中完成 OTA 系统的测试。
2）能够独立在整车环境中完成远程控制系统的测试。

素养目标：

1）培养法制精神。

2）培养保密意识。

【任务接受】

车辆 OTA 和远程控制技术固然给主机厂和客户带来一定的便利，但是近年来，部分主机厂打着为客户安全着想的口号，通过 OTA 和远程控制技术，私自篡改汽车电池的输出功率，造成客户车辆动力性下降。车辆 OTA 和远程控制缺乏监管和审查，目前依然处于盲区状态，用户的隐私和权益无法得到保障。这既需要从源头进行立法，同时也需要培养企业和国人的法制精神。

知识准备

一、OTA 的定义

OTA（Over-the-Air Technology）是空中下载技术的简称，是指通过无线通信网络（蓝牙、Wi-Fi、4G、5G 等）实现对移动终端设备及 SIM 卡数据进行远程管理的技术。控制中心通过 OTA 技术，实现对可连接到网络的远程终端进行软件升级和后台控制，如手机、计算机、汽车等。例如，汽车主机厂需要升级有缺陷的 ECU 系统，传统做法是通过发布召集通告召集客户车辆到 4S 店，通过整车 OBD 口进行本地升级。有了 OTA 技术后，主机厂通过后台控制中心，输入车辆 VIN 码范围进行统一升级，大大提升了软件升级的效率，并降低了召回成本。

二、OTA 技术架构

智能网联汽车的 OTA 架构由 OTA 云端、OTA 终端和 OTA 升级对象三部分组成。OTA 云端为汽车主机厂专属的云端服务器平台，OTA 终端采用 T-BOX，OTA 升级对象包括车载操作系统、各类 App 应用程序及各类电子控制单元（ECU），例如，动力系统域控制器、车身系统域控制器、影音系统域控制器、ADAS 主动安全域控制器等车载控制器。根据 ISO 26262 针对道路车辆功能安全性定义的风险分类，ASIL D 适用于安全保障最严苛的等级，涉及包括 ESP、EPB、安全气囊、ABS、EPS 等车身和动力系统安全相关部件；ASIL C 包括巡航控制、非集成的单芯片传感器等；ADAS 系统、前照灯和制动灯通常是 ASIL B 级别，如图 8-1 所示。

1. OTA 云端

OTA 云端也称为 OTA 云服务平台，包括 OEM 支持 OTA 升级的 ECU 全部的完整升级包。OTA 云端的设计具体要求如下：

1）独立的平台。
2）支持多车型、多型号规格、多种类型 ECU 软件的升级。
3）具备接口的能力：
①版本更新检查接口。
②升级包下载接口。

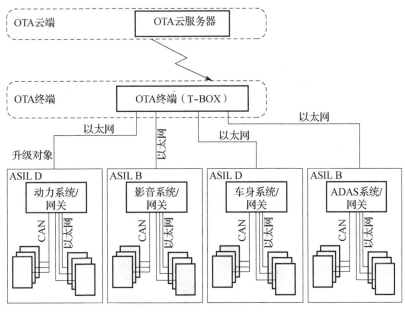

图 8-1 OTA 技术架构

③升级结果汇报接口。
④升级进度汇报接口。
⑤升级通知能力。

2. OTA 终端

OTA 终端采用 T-BOX。T-BOX 是 Telematics BOX 的简称，即远程信息处理终端，又称为远程信息处理控制单元（Telematics Control Unit，TCU），俗称车载终端。T-BOX 是网络云端和车辆信息交互节点，连接着远程信息服务供应商（Telematics Service Provider，TSP）和车端的娱乐信息单元（Infotainment Head Unit，IHU）、车辆车身控制模块（Body Control Module，BCM）及电子控制单元（Electronic Control Unit，ECU），如图 8-2 所示。车联网是 T-BOX 最重要的功能之一，借助 T-BOX 这个无线网关，通过 4G 远程无线通信、卫星定位、CAN 通信等功能，为整车提供远程通信接口，提供包括行车数据采集、行驶轨迹记录、车辆位置查询/追踪、车辆故障监控、车辆远程查询和控制（开闭锁、空调控制、车窗控制、发送机扭矩限制、发动机起停等）、车辆信息实时采集、车辆上网娱乐、OTA 升级、车辆驾驶平台监控/国家监管等一切需要联网的功能。根据工信部《新能源汽车生产企业及产品准入管理规定》，自 2017 年 1 月 1 日起对新生产的全部新能源汽车（包括商用车和乘用车辆）都要安装车载控制单元，目前绝大部分新能源车辆都安装了 T-BOX。T-BOX 功能包括以下这些。

1）车辆定位功能。借助北斗卫星定位系统和 T-BOX，可轻松实现车辆位置查询和追踪、行车数据采集、车辆驾驶平台监控及国家监管、车辆被盗、被抢找回等功能。

2）车辆状态实时监控功能。T-BOX 连接车端的各电子控制模块，能实时获取车辆各项信息，包括实时油耗、剩余油量、车辆行驶里程、当前车速，甚至冷却液温度等数据，通过云端传递到客户手机 App，实现对车辆行驶数据的实时监控。

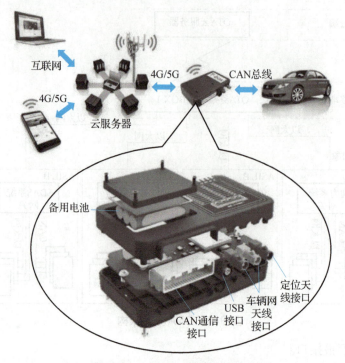

图 8-2 T-BOX 结构组成和功能

3)车辆远程控制功能。借助手机 App，通过 T-BOX，可以实现车门解锁/闭锁、车窗和天窗开/关、行李舱解锁、空调控制、座椅加热、发动机起停等远程操作控制。手机应用软件首先将指令发给服务端，然后服务端将指令交由 T-BOX 来执行，T-BOX 通过主连接器上的 CAN 总线等将指令传送给 ECU 执行。

4)车辆故障远程诊断功能。车辆在获知汽车的故障信息后，通过 T-BOX 把故障码上传至数据处理中心，系统会在不打扰车主的情况下复检故障信息。在确定故障后，先实施远程自动消除故障，无法消除的故障以短信通知的方式发送给车主，使车主提前获知车辆存在的故障信息，防患于未然。根据设置可以把故障信息直接发给维修中心，先由工作人员对车辆故障进行诊断分析，并选择通过 OTA 软件升级进行故障维护，或通过摄像头、语音交互系统现场指导用户进行车辆故障诊断维修。

5)车辆网络接入功能。T-BOX 作为车端与车联网连接的入口，给车机等提供上网服务，可以进行娱乐信息下载、聊天、在线游戏等上网功能。

6)车辆 OTA 在线升级功能。

3. OTA 升级对象

包括车载操作系统、各类 App 应用程序、各类电子控制单元（ECU）。例如，动力系统域控制器、车身系统域控制器、影音系统域控制器、ADAS 主动安全域控制器等车载控制器，如图 8-3 所示。

1)车载操作系统采用双系统升级策略，即存放

图 8-3 OTA 升级对象种类

系统程序的区域分为两部分，一部分为当前运行程序，另一部分为备份程序，见表 8-1。

表 8-1 车载操作系统 OTA 升级策略

步骤	分区一	分区二
第一次安装	软件版本 V1.0	无
第一次升级	软件版本 V1.0（备份）	软件版本 V1.1
第二次升级	软件版本 V1.2	软件版本 V1.1（备份）

2）App 应用程序。App 应用软件升级模式与操作系统升级类似，但不需要支持双区系统。如果升级完成并运行验证成功，则被新版本覆盖；如果验证失败，则回滚旧版本，如图 8-4 所示。

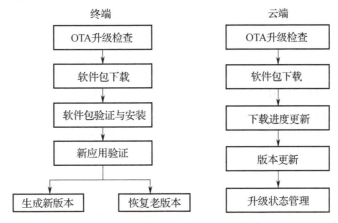

图 8-4 App 升级时终端和云端互动 1

3）电子控制单元（ECU）。车内 ECU 控制软件的升级通过 ECU 代理来实现，依赖 ECU 自身提供的升级协议（包括 Ethernet、CAN 等），通过 OTA 终端的 ECU 升级适配器适配不同的设备需求，并完成升级，如图 8-5 所示。

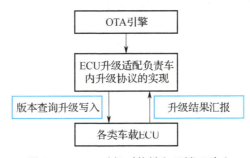

图 8-5 App 升级时终端和云端互动 2

三、OTA 技术的分类

OTA 常见类型包括 SOTA（Software OTA，软件升级）、COTA（Configuration OTA，配置升级）、FOTA（Firmware OTA，固件升级）、DOTA（Data OTA，远程数据升级、Diagnostic Over-The-Air，诊断 OTA）等。

1. SOTA

软件升级，是指对车机系统内的操作系统、地图、各类应用程序进行远程增加、删除、改进、升级等。例如，升级导航地图、多媒体系统、更换操作界面和主题、更换仪表盘显示风格等，目前几乎所有新能源车汽车都具备 SOTA 功能。

2. COTA

配置升级，是指通过 OTA 技术修改车辆的功能配置。车辆的功能配置通过一组所谓的"配置字"的数据存储在 ECU 上，这些配置字与车辆的功能特征码一一对应，通过修改配置字可以调整车辆的功能配置，软件根据这些配置字实现相应的功能。COTA 通过 OTA 技术远程修改配置字来调整车辆配置的功能，其常见的应用场景包括远程开启和关闭某项功能，如软件订阅功能。

3. FOTA

固件升级，是一种更全面的远程升级方式，涵盖了车辆从底层算法到顶层应用的综合升级。它通过远程下载并写入新的固件程序进行设备升级，无需更换硬件。FOTA 涉及车辆的核心系统，包括但不限于动力控制系统、底盘电子系统、自动驾驶系统以及车身控制系统等。通过 FOTA，可以修改与深度驾控相关的体验，如充放电、动能回收、加速性能以及辅助驾驶系统逻辑等。理论上，所有支持固件更新的电子控制单元（ECU）都可以涵盖在 FOTA 的范围内。

4. DOTA

远程数据更新（Data OTA）和远程诊断（Diagnostic OTA）。

1）远程数据更新（DOTA）主要是指独立于软件程序存在的数据包的更新，如地图数据、语音数据和算法模型数据等，这类更新的数据量通常较大，更新流程也相对独立。例如，地图数据通常由地图应用软件自行更新，且数据量可能高达几个 G 到几十个 G。

2）远程诊断（DOTA）通过云平台实时数据采集监控，主动检查汽车系统的异常问题，为远程问题修复和人工问题修复提供决策依据。远程诊断的触发方式有两种：一种是响应式，即用户在车辆上发现异常状况后进行触发；另一种是周期性收集通信网络、应用程序、硬件效能、使用操作记录、系统程序等状态信息，利用大数据后台分析监测故障。

5. XOTA

随着汽车智能化程度的不断提高，除了车辆本身软件的升级外，还可能涉及外部智能设备交互功能的软件更新，如智能钥匙、AR 设备等。目前，有些企业和组织将所有与车辆相关联的软件升级统称为 XOTA，即 Everything Over-The-Air，意味着一切都可以通过空中升级来完成。XOTA 的概念涵盖了更广泛的软件升级范围，旨在实现车辆与外部智能设备的无缝连接和协同工作。通过 XOTA，车辆可以获得更全面的功能扩展和性能提升，与外部设备的交互也将更加顺畅和高效，这将为用户带来更加智能化和便捷的驾驶体验，并推动汽车行业的持续创新和发展。

四、OTA 下载方式

OTA 下载方式包括：采用短信方式、基于浏览器方式和推送方式三种，OTA 下载方式优缺点对比见表 8-2。

表 8-2 OTA 下载方式优缺点对比

OTA 下载方式	优点	缺点
短信方式	操作较为简便、对网络资源要求低、执行速度快	难以承担大量应用数据传输
基于浏览器方式	用户可主动选择所需业务且数据传输速率较高	网络资源要求较高
推送方式	操作简便、业务流程简单	网络需要根据不同用户有针对性地发送业务数据，对网络资源要求高

1. 短信方式

用户选择移动终端上的"菜单管理"选项发送短消息，向 OTA 服务器请求下载服务；OTA 服务器通过短信方式将下载数据发送给用户的移动终端设备，SIM 卡自动完成数据更改。短信方式操作较为简便，对网络资源要求低、执行速度快，但是难以承担大量应用数据传输。

2. 基于浏览器方式

用户登录 OTA 服务器，查找应用菜单，根据需要从网络后台服务器中下载相应的数据。用户根据需要，主动选择所需业务数据，符合未来发展趋势，数据传输速率较高；但是该方式下移动终端设备需要与 OTA 服务器交互较多的应用数据，对网络资源要求较高。

3. 推送方式

是指网络运营者根据业务需要，通过短信或移动邮件方式向终端用户发送新业务数据下载的链接通知，用户点击该链接实现远程自动数据或程序更新。消息推送方式的网络需要根据不同用户有针对性地发送业务数据，对网络资源要求高，但操作简便、业务流程简单。

五、OTA 设计要求

OTA 设计主要从升级安全、时间控制、版本管理、异常处理等方面综合考虑。

1. 升级安全

安全是 OTA 的最基础的要求。车辆上 ECU 的软件运行状况会直接影响到车辆上人员的生命安全。从升级包制作、发布、下载、分发、刷写等各环节，OTA 需要从云端、网络、车端来保证安全。在云端通过证书，签名和加密机制，保证升级包不会被随意制作和发布，升级包内容不会被恶意获取。通过可靠的物理链路和安全传输协议来保证网络传输安全。通过汽车的功能域隔离、划分不同 ASIL 等级，通过冗余设计保证整车的功能可靠性，通过安全启动来保证可信的软件在 ECU 上加载启动运行。

2. 时间控制

尽量减少升级时长。整车升级进行车载 ECU 刷写时，特别是涉及动力域传统 ECU 的刷写，是通过 CAN 网络进行安装包的分发。由于 CAN 传输速率很低（实际典型的速率为 500kbit/s），并且 CAN 总线负载率通常要控制在 30% 以内，因此在带宽允许的情况下，尽可能采取并行刷写模式，选取刷写时间最长的节点优先处理等设计原则，以减少 OTA 升级时长。

3. 版本管理

因为车辆上 ECU 众多，不同 ECU 有不同版本的软件，不同车型 ECU 的需求也不同，版本也存在差异。版本的升级路径管理，需要能够全面准确进行管控。

4. 异常处理

在 OTA 传输过程中，外界干扰或者其他因素可能会导致刷写异常或者中断，车载 ECU 必须支持软件回滚、断点续传、丢失重传等处理机制。OTA 通过升级日志来管控异常事件，升级日志包括云平台的日志，车端与云平台通信产生的日志和车端升级程序搜集上来的日志，主要用于升级失败后的分析和支撑升级运维管理。

六、远程控制定义

远程控制是指利用无线信号、电信号、网络信号等控制信号对远端的设备进行操作的一种能力。例如，计算机的远程控制、机器设备的远程控制、车辆的远程控制、无人机的远程控制、智能家电的远程控制等。

1. 计算机远程控制

计算机远程控制是指管理人员在异地通过计算机网络异地拨号或双方都接入 Internet 等手段，连通需被控制的计算机，将被控计算机的桌面环境显示到自己的计算机上，通过本地计算机对远方计算机进行配置、软件安装程序、修改等工作。例如，远程唤醒技术（WOL，Wake-on-LAN）是由网卡配合其他软硬件，通过给处于待机状态的网卡发送特定的数据帧，实现计算机从停机状态启动的一种技术。

2. 车辆远程控制

利用移动通信技术、GPS 和 CAN 总线控制技术，对远处的车辆进行定位、管理和维护，车主不需要在驾驶室内就能实现与车辆的互动，可以远程查看自己汽车的状态，并能实现对车辆的远程控制，如图 8-6 所示。

图 8-6　车辆远程控制

七、车辆远程控制功能

车辆远程控制可以实现多种功能，包括但不限于以下功能。

1. 对车身部件的控制

包括用户通过手机 App 远程控制车辆开锁和解锁、车窗开闭、天窗开闭、车行李舱开闭、商务车的滑动车门的开闭、闪灯鸣笛等功能。例如，2017年上海车展上中国一汽的智能化互联网车型——森雅 R7 1.5T 手动档汽车，该车型搭载的车联网 E-travel 逸驾智联系统就是一个远程手机 App 控制系统，可轻松实现对车辆灯光的控制。如图 8-7 所示。

2. 车内电器的控制

应用最为普遍的是车内空调的开闭，让用户未上车前提前开启空调制冷；此外还有车内紫外线杀菌和车内空气净化器远程控制、远程座椅加热等功能。

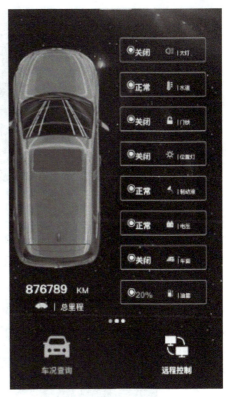

图 8-7 E-travel 逸驾智联系统

3. 动力系统的控制

远程起动或关闭车辆发动机，或远程实施新能源汽车上下电功能。如图 8-8 所示，比亚迪海豚新能源汽车用户通过手机 App 就可实现远程上下电的功能。

图 8-8 比亚迪海豚新能源汽车远程上下电

4. 车辆驾驶的控制

利用 5G 网络的优异性能，可以实现车端和平台端之间的紧密协作和信息交互，由驾驶员直接实现对车辆的远程遥控驾驶，以解决危险工况环境下的作业困难等问题。同时，这也为自动驾驶的安全行驶提供冗余保障，例如矿山或核辐射区域的车辆远程遥控作业，（图 8-9）。为方便用户上下车，很多乘用车已经开发出车辆直线召唤功能，如图 8-10 所示。

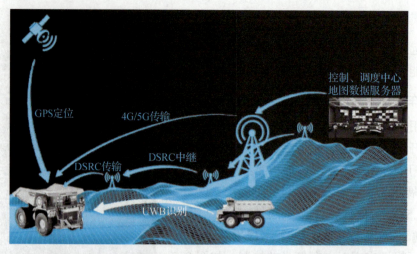

图 8-9　控制中心利用 4G/5G 网络远程控制矿山车辆驾驶行为

图 8-10　车辆直线召唤出车位方便上下车

5. 车辆状态查询和故障诊断

基于车载自诊断系统（On-board Diagnostic System，OBD 系统）和车载通信系统（如 T-BOX），可以轻松实现对车辆状态信息的查询和故障远程诊断。例如，控制中心远程监控车辆剩余电量、油量、续驶里程、行驶里程、机油温度等；对某些故障可以通过在线 OTA 升级的方式实现故障修复；或发送故障码和维修指导到用户手机，远程指导用户进行故障诊断。

6. 车辆定位及寻车

用户可以随时查看车辆的准确位置或地图标注，配合闪灯鸣笛在大型停车场找寻车辆；可实现车辆行车路线监控及车辆盗抢后的位置定位等功能。

八、车辆远程控制技术原理

车辆远程控制技术的核心是通过车载传感器、通信模块和智能控制系统的集成，实现对车辆的远程控制和监控。传感器可以实时感知车辆的状态和环境信息，通信模块将这些信息传输至云端服务器，智能控制系统通过云端服务器对车辆进行控制。这种架构使得车辆远程控制具备了实时性和智能化的特点。

远程控制的实现是基于车联网平台，用户可以通过手机 App 下发远程控制的指令，身份验证成功后，车联网后台发送指令给车辆的 T-BOX，如果此时 T-BOX 处于休眠状态，车联网后台会下发短信，唤醒 T-BOX，进行后续操作；如果 T-BOX 处于工作状态，则无需唤醒，直接接收远程控制的指令，并将信号传递给车辆执行机构的各 ECU 模块；ECU 执行后，会将执行结果反馈给 T-BOX，再通过车联网后台发送到手机 App，形成闭环，实现整个远程控制交互流程，如图 8-11 所示。

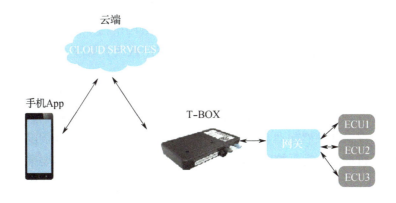

图 8-11　车辆远程控制交互流程

九、车辆远程控制的优缺点

车辆远程控制技术优点包括：

1）极大提高了用户使用汽车的舒适性和便利性。
2）远程驾驶车辆（如矿山、排爆、太空车等）代替人类进行一些危险的工作。
3）一人操控多车能降低驾驶员成本。

缺点包括：

1）长时间待机问题。远程通信依赖 4G/5G、蓝牙模块，在车辆待机时会消耗蓄电池电量，长时间待机时会退出远程控制功能。
2）控制稳定性。远程控制对通信信号质量要求比较高。当汽车停放在信号较弱的地方，会影响远程控制功能。
3）个人隐私泄露。手机端汽车控制功能通常需要车主在手机上输入个人信息和车辆信息，如果这些信息被不法分子获取，就可能导致个人隐私泄露。此外，如果应用程序存在漏洞或者被黑客攻击，也可能导致个人信息被窃取或者导致车辆出现安全问题；黑客远程操控车内摄像头和入侵车辆数据存储空间，会导致车内驾乘人员的隐私和用户数据受到侵犯，如图 8-12 所示。

图 8-12　车内摄像头对用户隐私产生潜在风险

4）网络安全风险。手机端汽车控制功能需要通过网络与车辆进行通信，如果网络连接不稳定或者被黑客攻击，就可能导致控制指令被拦截或者篡改，从而对车辆造成损害或者危及车主安全。

5）车辆安全风险。手机端汽车控制功能虽然方便，但也存在被误操作的可能性。如果车主在使用手机应用程序时操作不当，或者儿童误触手机 App 触控按钮，就可能导致车辆发生意外情况，如突然起动、突然移动车辆等，从而危及车主和周围行人的安全。

为了保障手机端汽车远程控制功能的安全性，车主和汽车厂商需要采取一些措施。

1）保护个人隐私。车主在使用手机端汽车控制功能时，需要注意保护个人信息和车辆信息的安全，避免将信息泄露给不相关的人员或者机构。

2）选择正规应用程序。车主应该选择正规的汽车厂商或者第三方服务商提供的手机应用程序，避免使用来源不明的应用程序，以减少网络安全风险。

3）加强网络安全防护。汽车厂商和第三方服务商需要加强应用程序的网络安全防护，采用加密技术、防火墙等措施来保护数据安全和控制指令的可靠性。

4）提供操作指南和安全提示。汽车厂商和第三方服务商应该提供详细的操作指南和安全提示，帮助车主正确使用手机端汽车控制功能，避免误操作导致的安全问题。

手机端汽车控制功能虽然带来了便利，但也需要车主和汽车厂商共同努力，加强安全防护和意识教育，确保其功能的安全性和可靠性。车辆远程控制技术虽有缺点，但是瑕不掩瑜，其中远程控制车辆驾驶还被视为自动驾驶之前的过渡。

> **扩展阅读**
>
> 智能网联汽车时代的到来，被各种摄像头和传感器"武装到牙齿"的智能汽车，会不会成为不法分子偷窥个人隐私的猫眼？车内行车记录仪的实时影像会不会被其他用户"一键解锁"，让自己沦为透明人？这些令人细思极恐的问题，不再只是科幻电影、惊悚片中的谈资，已成为现实生活中所有人不得不面对的选择。

不久前，小鹏汽车官方表示，应主管部门发布的相关数据安全法规的要求，暂停"App端远程查看车外摄像头功能"。

无独有偶，长安、比亚迪、日产等车企也先后禁用了旗下产品类似的远程观察功能。事实上，车外远程拍照、远程摄像等功能被集中下架，并非毫无预兆。

记者从多家车企了解到，车载远程摄像头之所以被集中紧急叫停，是因为有关部门对汽车数据安全的管理日趋严格。

从2021年10月1日开始施行的《汽车数据安全管理若干规定（试行）》（以下简称《规定》）要求，因保证行车安全需要，无法征得个人同意采集到车外个人信息且向车外提供的，应当进行匿名化处理，包括删除含有能够识别自然人的画面，或者对画面中的人脸信息等进行局部轮廓化处理等。

显然，日益完善的法律法规有助于帮助企业筑牢"红线"意识，保护消费者隐私，让智能汽车行业更规范、更健康地发展。然而，原本被车企当作产品亮点甚至核心卖点的功能突然被取消，消费者的权益如何保障？今后车企在产品研发、宣传中，又该如何寻找智能化技术发展与数据安全之间的平衡点？

一边是日益健全的法律法规和监管体系，为保护汽车数据安全划出了红线；另一边则是消费者日益增长的对智能化用车需求，车企不应再有侥幸心理，将涉及数据安全的技术当作卖点过度宣传，同时，还要认真探索用户便利性与数据安全之间的界限。这种寻找平衡点的游戏，可能是所有发力智能汽车赛道的企业都必须面对的挑战。

浙江大学国际联合商学院数字经济与金融创新研究中心联席主任、研究员盘和林认为，处理汽车数据安全问题，要将个人信息与汽车运行信息区别对待。"对于个人信息要遵照《个人信息保护法》，要重视信息收集中用户的知情权；而对于汽车部件信息，相关企业在存储、传输数据时应符合相关政策要求。"

新能源与智能网联汽车独立研究者曹广平认为，在汽车智联化技术飞速发展的过程中，不仅车内人机的数据种类、数量迎来爆发式增长，与车外人员、车辆甚至道路环境有关的数据量也变得空前巨大。"当车内车外、线上线下的各种数据交汇到一起，无疑需要主管部门居中调节。这样才能实现个人、企业、行业、社会乃至国家等各个层面的数据安全。"

日益激烈的市场竞争中，产品的智能化程度是各家车企一较高下的主赛道。一辆智能网联汽车每天至少收集10TB的数据。其中既包含驾乘人员的面部表情、动作、目光、声音数据，还包括车辆地理位置、车内及车外环境数据、车联网使用数据等。据测算，到2025年，中国的智能汽车渗透率将达80%，数量将达到2800万辆。然而，消费者对于汽车智能化功能的需求，绝不能以泄露个人隐私，甚至牺牲汽车数据安全为代价。汽车数据安全管理需要政府、汽车数据处理者、个人用户等多方主体共同参与。

任务分解

要学习任务 8 中 OTA 和远程控制系统,需要分解为两个子任务:
1. 子任务 1　汽车 OTA 系统的调试
2. 子任务 2　汽车远程控制系统的调试

任务实施

子任务 1　汽车 OTA 系统的调试

任务要求:基于教学车和智能座舱测试装调台架进行 OTA 系统调试。

前期准备

1)设备准备:同学习任务 2(语音交互系统开发与测试)子任务 2(语音交互系统的调试)。

2)工具准备:同学习任务 2(语音交互系统开发与测试)子任务 2(语音交互系统的调试)。

3)教学车检查:同学习任务 2(语音交互系统开发与测试)子任务 2(语音交互系统的调试)。

4)教学车和台架互联:同学习任务 2(语音交互系统开发与测试)子任务 2(语音交互系统的调试)。

任务实操

步骤	具体内容	图示及备注
1	教学车上电 (1)踩住制动踏板,给车辆上电 (2)车辆 READY 上电后,仪表 READY 灯点亮,且档位处于 P 档	
2	启动台架和计算机	(1)打开台架电源 (2)连接台架电源线,并打开台架电源开关 注意:开关位置是位于插头旁边的红色按钮

（续）

步骤		具体内容	图示及备注
2	启动台架和计算机	（3）按计算机电源键启动台架上的计算机	
3	教学车和台架通信连接	（1）打开软件。在计算机桌面双击"智能座舱系统测试软件"，如下图所示 	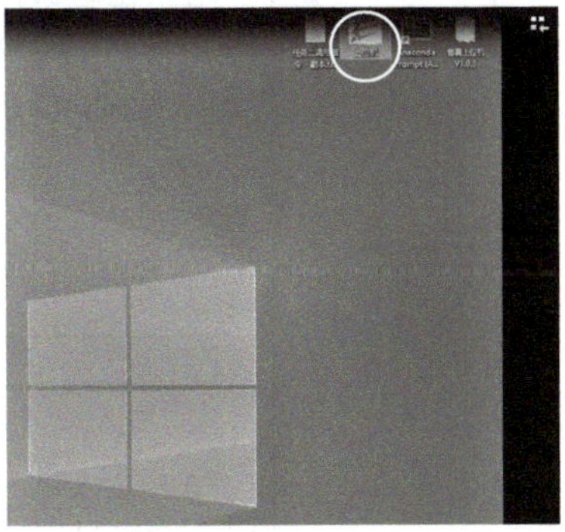
		（2）在智能座舱系统测试软件界面输入：教学车辆IP地址：192.168.1.102；台架IP地址：192.168.1.105；并保存，让教学车和台架实现通信	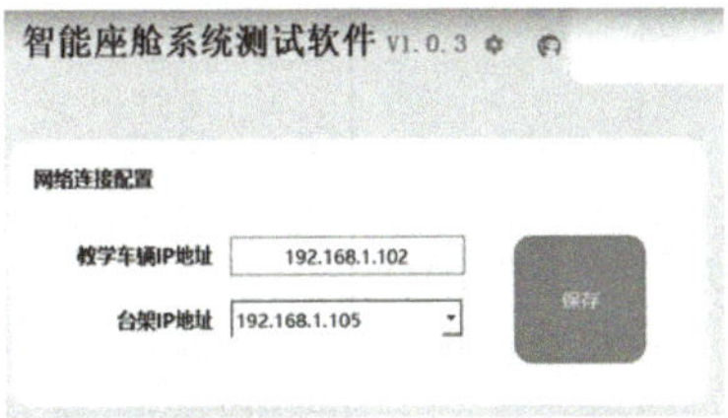
4	固件烧入测试	（1）在"智能座舱系统测试软件"上单击右上方"设置"图标 ✿，单击SSH，进入固件烧入界面	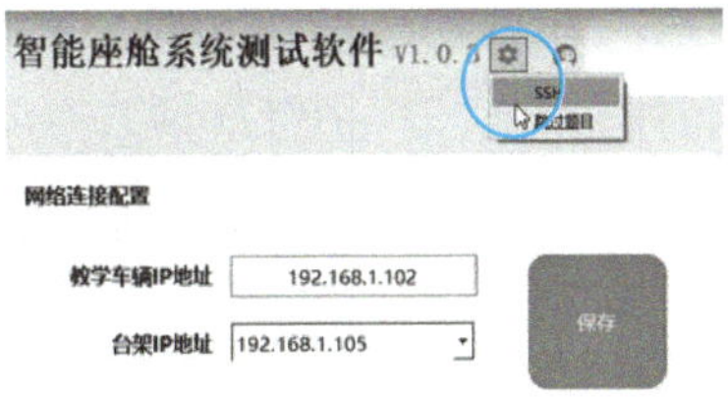
		（2）在固件烧入界面输入IP、Name、Password （3）单击"连接"按钮连接台架和教学车	

(续)

步骤		具体内容	图示及备注
4	固件烧入测试	（4）输入以下命令并按〈Enter〉键，运行脚本连接教学车和台架。如界面出现 start success 则说明连接成功，此时教学车功能运行正常	
5	上传固件升级数据包	（1）在台架计算机上打开浏览器，在地址栏输入 http://update.eisa.xyz/login 进入云平台登录页面	
		（2）输入账号：0535_car 和密码：eisa2023，登陆云平台后台端	
		（3）单击"全部应用"，核对云平台后台端显示的 VIN 码和车辆实际的 VIN 码是否一致	
		（4）单击"版本管理"进入上传界面	
		（5）单击"版本管理"进入上传界面后，单击"新增应用版本管理"	

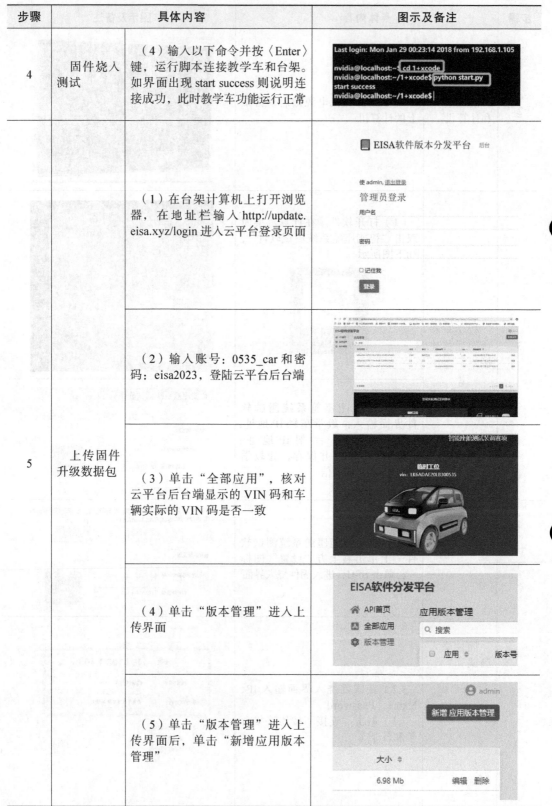

（续）

步骤	具体内容		图示及备注
5	上传固件升级数据包	（6）应用选择"E300"，"版本号"输入"2.0"，"描述"输入"新增云平台控制功能"，单击"选择文件"	
		（7）在桌面"E300/task1"文件夹内，选择 iv.tar.gz 文档，并单击"添加"	
		（8）上传完成后，在系统上会出现新的应用版本。安全退出云平台后台端并关闭浏览器	
6	车辆的上网测试	（1）在智能座舱教学车中控屏左下角单击"小车"图标，再单击"系统设置"	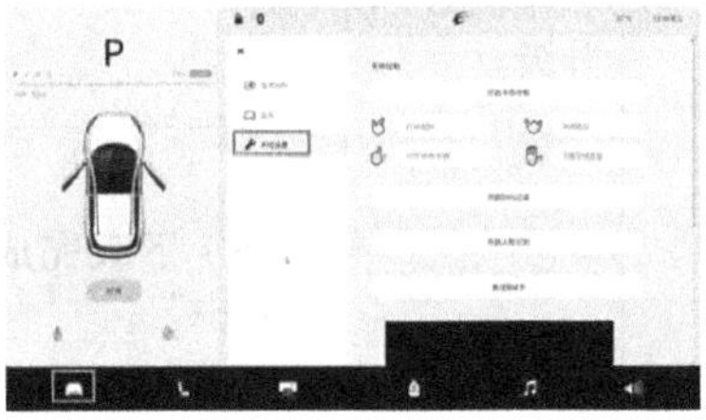
		（2）单击"激活 SIM 卡"	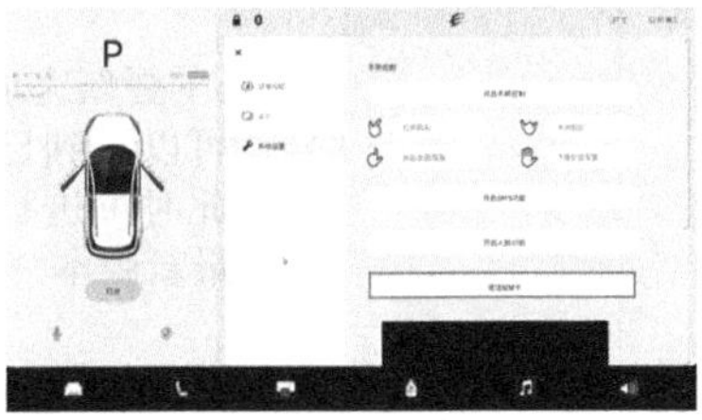
		（3）在弹出的界面上填写相应的信息。号码输入"10086"，发送信息输入 SIMJH，单击"发送"；如果信息输入错误，会导致激活失败，需要返回上一步重新操作。如果信息输入无误，显示激活成功	
		（4）单击"校对流量"，查看总流量和剩余流量	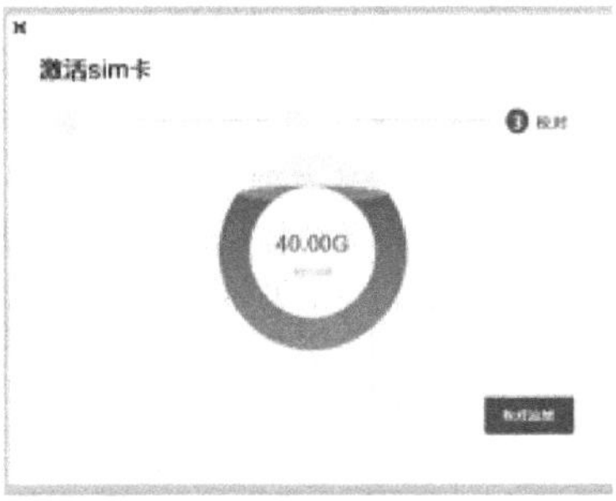

（续）

步骤	具体内容		图示及备注
7	车辆 OTA 升级	（1）在车辆中控屏上单击 EISA 图标； （2）查看当前车辆系统版本，单击"检查更新"，可以进行更新检查 （3）当有新版本时，会弹出更新窗口，显示当前版本和升级版本，还有新版本的版本说明	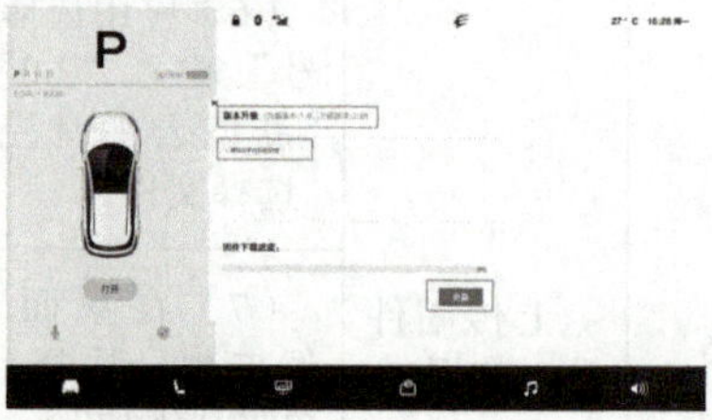
		（4）单击"更新固件"进行更新，单击后会下载固件，同时显示下载进度，下载完成后会关闭程序	
		（5）下载完成后，显示"正在更新中"	 正在更新中
		（6）更新完成后可以查看版本号，可以看到已经更新到最新版本。此时可进行更新检查，会显示为最新版本	
8	关闭台架和车辆 （1）测试完成后，在台架上一键还原车辆和台架 （2）关闭测试软件 （3）关闭智能座舱测试装调台架上的计算机 （4）关闭智能座舱测试装调台架电源开关并拔出电源线 （5）关闭车辆 （6）拆卸连接车辆和台架的联机通信线		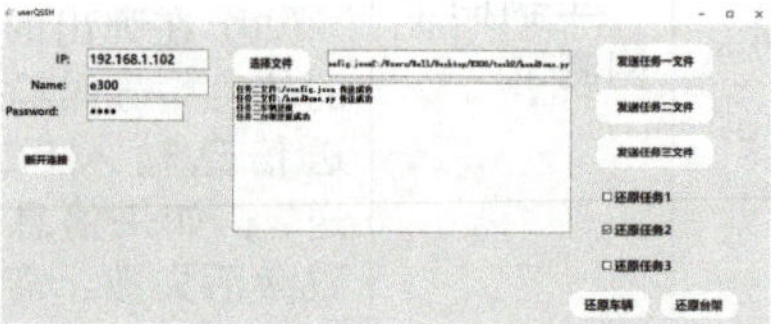
9	6S 整理 （1）清洁整理触控笔 （2）清洁整理线束 （3）清洁工具 （4）清洁整理工作台 （5）回收座椅、地板、方向盘、变速杆四件套 （6）清洁整理车辆和台架 （7）卸下并整理安全帽和工作手套 （8）回收安全警示牌 （9）离场并恢复围挡		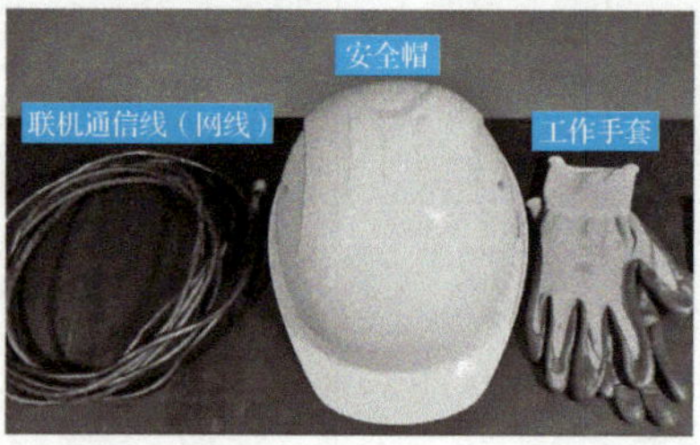 安全帽 联机通信线（网线）　　工作手套

★视频 13：OTA 系统的调试

子任务 2 汽车远程控制系统的调试

任务要求：基于教学车和平板计算机进行汽车远程控制系统的调试。

前期准备

1）设备准备：
①智能座舱教学车的准备同子任务 1。
②平板计算机或手机一台。
2）工具准备：同子任务 1。
3）教学车检查：同子任务 1。
4）平板计算机检查：
①外观结构完整，表面不应有破损、变形、裂痕、生锈等问题。
②启动平板计算机，用触控笔控制平板计算机，检查平板计算机运行是否正常。

任务实操

步骤	具体内容	图示及备注
1	教学车上电 （1）踩住制动踏板，给车辆上电 （2）车辆 READY 上电后，仪表 READY 灯点亮，且档位处于 P 档	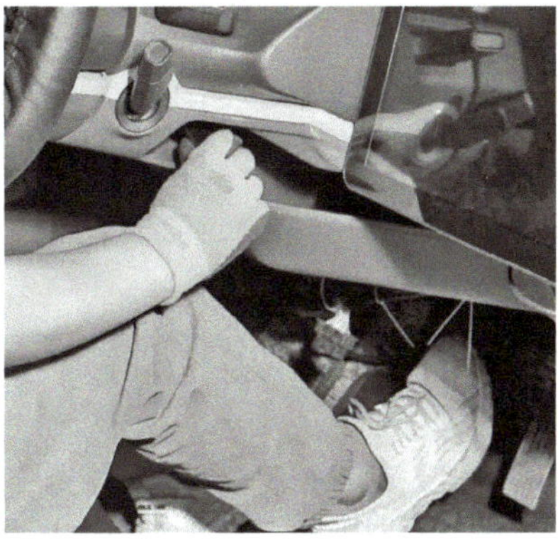
2	远程获取车辆信息状态	（1）车辆连接云平台。在中控屏上单击左下角的小车图标 ▣，单击"显示"，单击"连接云平台" 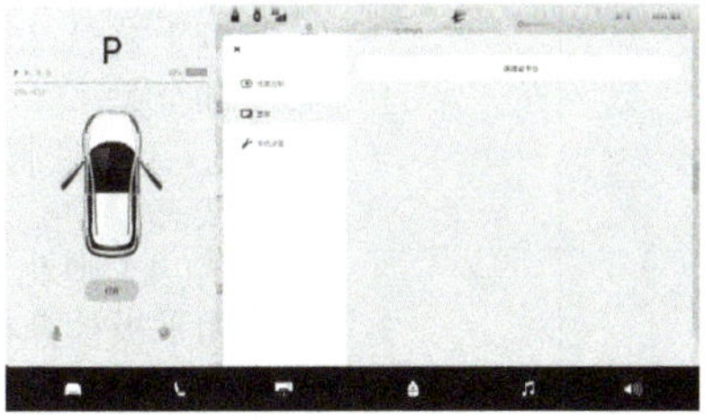

（续）

步骤	具体内容		图示及备注
2	远程获取车辆信息状态	（2）在平板计算机上打开浏览器，进入云平台客户端（网址：http://panel.eisagoodjobs.com） （3）输入账号：0535_test 和密码：123456，登陆云平台客户端	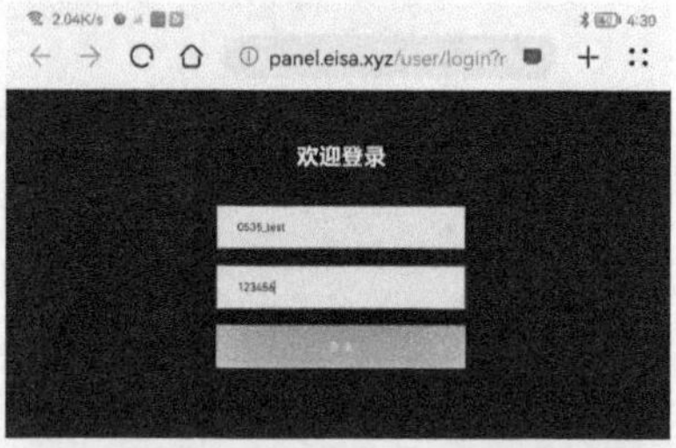
		（4）查看云平台客户端显示的车辆 VIN 码，并核对是否正确 （5）远程获取车辆剩余电量、档位、车速、车门、灯光等设备的信息，并核对与车辆的真实信息状态是否一致	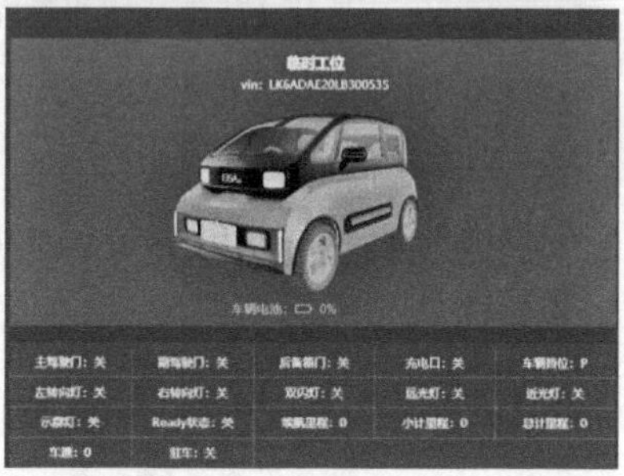
3	远程控制升级 检查当前车辆系统版本，并将 OTA 升级到 2.0 版本（具体操作流程见任务1）		
4	远程控制车辆的调试	（1）车辆连接云平台。在中控屏上单击左下角的小车图标，单击"显示"，单击"连接云平台"	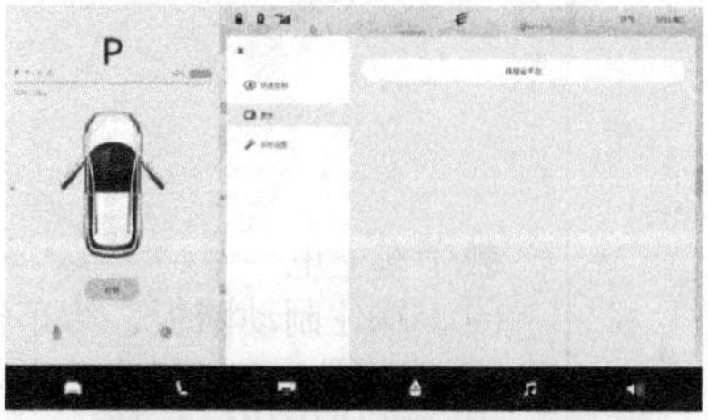
		（2）在云平台客户端，控制刮水器、车窗、仿真香薰、仿真空调等的工作状态，并在车辆上确认（车窗控制时需全开和全关） （3）控制完成后恢复初始状态 （4）退出云平台客户端，关闭平板计算机	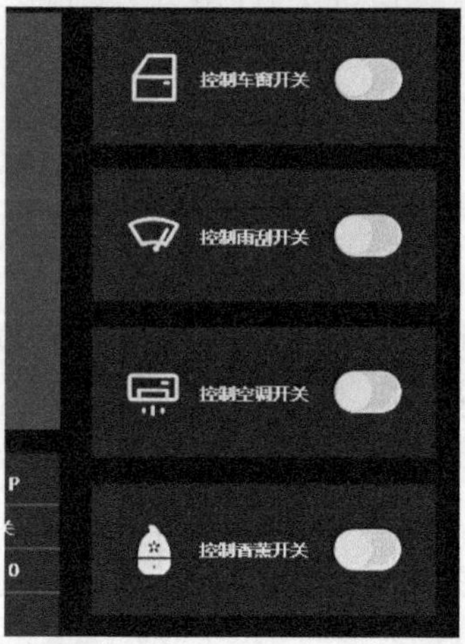

（续）

步骤	具体内容	图示及备注
5	关闭车辆，拔出车辆钥匙并放置工作台上	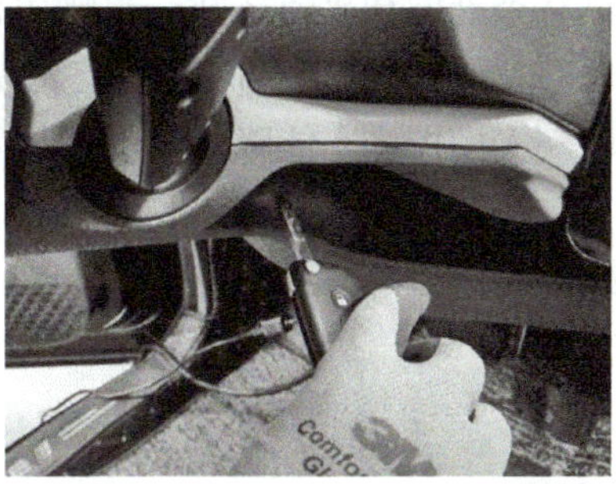
6	6S 整理 （1）清洁整理触控笔 （2）清洁整理线束 （3）清洁工具 （4）清洁整理工作台 （5）回收座椅、地板、方向盘、变速杆四件套 （6）清洁整理车辆和台架 （7）卸下并整理安全帽和工作手套 （8）回收安全警示牌 （9）离场并恢复围挡	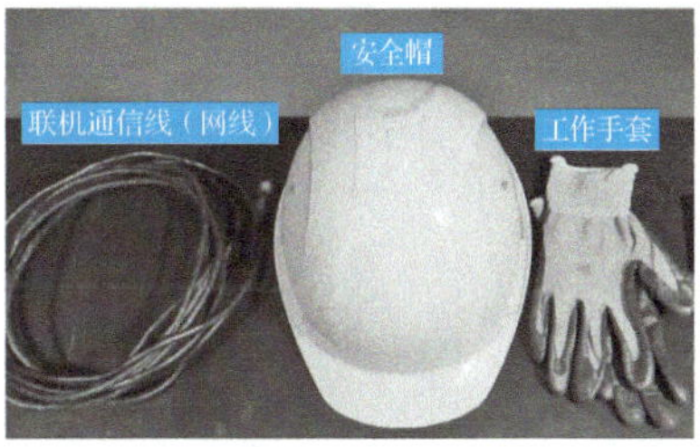

★视频 14：远程控制系统的调试

任务小结

1）OTA（Over-the-Air Technology）是空中下载技术的简称，是指通过无线通信网络（蓝牙、Wi-Fi、4G、5G 等）实现对移动终端设备及 SIM 卡数据进行远程管理的技术。

2）智能网联汽车的 OTA 架构由 OTA 云端、OTA 终端和 OTA 升级对象三部分组成。

3）OTA 云端为汽车主机厂专属的云端服务器平台，OTA 终端采用 T-BOX，OTA 升级对象包括车载操作系统、各类 App 应用程序及各类电子控制单元（ECU）。

4）OTA 常见类型包括 SOTA（Software OTA，软件升级）、COTA（Configuration OTA，配置升级）、FOTA（Firmware OTA，固件升级）、DOTA（Data OTA，远程数据升级、Diagnostic Over-The-Air，诊断 OTA）、XOTA（Everything Over-The-Air）。

5）OTA 下载方式包括：短信方式、基于浏览器方式和推送方式三种。

6）远程控制是指利用无线信号、电信号、网络信号等控制信号对远端的设备进行操作的一种能力。

7）车辆远程控制功能包括对车身部件的控制、车内电器的控制、车辆驾驶的控制、车辆状态查询和故障诊断、车辆定位及寻车。

8）车辆远程控制优点：极大提高了用户使用汽车的舒适性和便利性，可远程驾驶车辆、一人操控多车能降低驾驶员成本等。

车辆远程控制缺点：长时间待机问题、控制稳定性、个人隐私泄露、网络安全风险、车辆安全风险等。

任务工单

一、判断题

1. OTA 全称为 Over-The-Air technology（空中下载技术），通过移动通信的接口实现对软件的远程管理。（　　）
2. 时间是 OTA 优先考虑的内容。（　　）
3. OTA 云端也称为 OTA 云服务平台，包括 OEM 支持 OTA 升级的 ECU 全部的完整升级包。（　　）
4. OTA 系统接收效率比较低，所以不建议用在智能座舱上。（　　）
5. OTA 可以为车辆增加新功能，增加用户的新鲜感。（　　）
6. 车辆远程控制可能会导致个人隐私泄露。（　　）
7. 远程控制处理流程会持续进行，不断循环，直到达成目标。（　　）
8. 车联网后台发送指令给车辆的 T-BOX（智能车载终端），如果此时 T-BOX 处于休眠状态，无需唤醒也可以直接接收远程控制的指令。（　　）
9. 远程控制系统极大提高了用户使用汽车的舒适性和便利性。（　　）
10. 汽车的远程控制面临黑客攻击、数据安全等问题，所以不能用在汽车上。（　　）

二、不定项选择题

1. OTA 整体架构包含（　　）三部分。
   A. OTA 云端　　　B. OTA 终端　　　C. OTA 始端　　　D. OTA 设计对象
2. OTA 系统的下载方式有以下（　　）几种。
   A. 短信方式　　　B. 基于浏览器方式　　C. 蓝牙方式　　　D. PUSH 方式
3. OTA 的设计要求包括以下（　　）。
   A. 安全性　　　B. 时间　　　C. 版本管理　　　D. 异常处理方案
4. 汽车 OTA 对象主要包括（　　）。
   A. ADAS 软件　　　　　　　　B. 车内娱乐影音系统
   C. 车内嵌入式 ECU　　　　　　D. 车机操作系统
5. 汽车 OTA 常见类型包括（　　）。
   A. SOTA　　　B. COTA　　　C. FOTA　　　D. DOTA
6. 汽车 OTA 下载方式包括（　　）。
   A. 短信方式　　　B. 订购方式　　　C. 基于浏览器方式　　　D. 推送方式
7. 车辆远程控制需要经过以下（　　）模块。
   A. T-BOX　　　B. ECU 模块　　　C. 执行模块　　　D. 降噪影音模块
8. 通常远程控车包含以下功能（　　）。
   A. 远程打开发动机/空调　　　　B. 远程解锁/上锁车门
   C. 远程寻车　　　　　　　　　D. 远程查看车辆位置

9. 远程控制车辆的缺点包括（　　）。
   A. 用户个人数据泄露风险　　　　　B. 网络安全风险
   C. 车辆安全风险　　　　　　　　　D. 待机问题
10. 车辆远程控制技术的核心模块包括（　　）。
   A. 车载传感器　　　　　　　　　　B. 通信模块
   C. 手机远程控制 App　　　　　　　D. 智能控制系统

三、简答题

1. 简述 OTA 系统的定义？
答：

2. 简述 OTA 系统的组成？
答：

3. 简述汽车远程控制系统的工作原理？
答：

4. 简述汽车远程控制系统的优缺点？
答：